新时代〈管理〉新思维

待办任务
（JTBD）

重塑产品创新和市场策略

崔大鹏　何琳　著

清华大学出版社
北　京

内 容 简 介

本书是理解待办任务的入门书。待办任务理论已有四十多年的发展历史，虽然已达成许多基础性的共识，但仍有一些各抒己见的争议。本书系统整理和挖掘了这个领域的各种理论和概念，让读者可以充分理解待办任务这一革命性的思想。

本书同时也是一本实践待办任务的指导手册。待办任务是一系列概念、原则和实践方法的集合体，也是一种重塑问题和解决问题的方式。本书中的各种方法都有经过实践检验、行之有效的分步骤操作流程。

本书既可作为相关专业本科生、研究生的教材，又可作为相关企业和行业人员的工作参考手册与培训教材。

本书封面贴有清华大学出版社防伪标签，无标签者不得销售。
版权所有，侵权必究。举报：010-62782989，beiqinquan@tup.tsinghua.edu.cn。

图书在版编目（CIP）数据

待办任务（JTBD）：重塑产品创新和市场策略 / 崔大鹏，何琳著.
北京：清华大学出版社，2024.12.--（新时代·管理新思维）. -- ISBN 978-7-302-67707-9
Ⅰ.F273.2
中国国家版本馆CIP数据核字第2024MN4139号

责任编辑：吴 雷
封面设计：徐 超
责任校对：宋玉莲
责任印制：杨 艳

出版发行：清华大学出版社
网　　址：https://www.tup.com.cn，https://www.wqxuetang.com
地　　址：北京清华大学学研大厦A座　　邮　编：100084
社 总 机：010-83470000　　邮　购：010-62786544
投稿与读者服务：010-62776969，c-service@tup.tsinghua.edu.cn
质量反馈：010-62772015，zhiliang@tup.tsinghua.edu.cn

印 装 者：三河市春园印刷有限公司
经　销：全国新华书店
开　本：148mm×210mm　印 张：10.625　字 数：281千字
版　次：2024年12月第1版　印 次：2024年12月第1次印刷
定　价：79.00元

产品编号：106607-01

推荐语

（按姓氏拼音排序）

待办任务为您提供了一个包括生命科学在内的各行各业站在客户角度来制定公司策略的方法和流程，用于重新思考现状和制定提升创新成功率的路线。在我投资的初创企业中，我看到创新者通过无数艰辛的试错，重新发现创新过程的核心工作。如果他们早些看到这本书，就会少走很多弯路。当下中国各种"内卷"的部分原因就是缺乏创新和差异化，本书是一本推动创新或打破常规的必备书。

陈杰

元生创投创始合伙人

《待办任务（JTBD）：重塑产品创新和市场策略》这本书为理解客户需求和推动创新提供了全新的框架和多维的角度：关注客户想要完成的任务，来映射真实的和可触碰的客户需求，并对客户的行为进行更有实用商业意义的洞察。此书不仅仅是方法和应用，对我来说更像是一个工具箱。当工作遇到问题，我总能在书中找到方法与建议，这是一本非常值得一直留存并不断翻阅的宝典。

陈杨

费列罗贸易（上海）有限公司资深媒介总监

待办任务体系完美地将顾客、产品和营销连接在一起，有效地弥合了顾客洞察与市场战略之间的差距，帮助我从一种新的角度思考和开展实际工作。本书引导我寻找和发现业务方向，并在具体工作中带来巨大的想象空间。书中充满了方法、技巧和实例，不仅告诉我如何加强对顾客的理解，还告诉我如何将这些知识转化为赢得市场的具体步骤。

崔剑

浙江美之源化妆品有限公司品牌总监

这本书的独特之处在于将待办任务理论与实际应用无缝结合，并通过简单易懂的方式来呈现。书中基于待办任务重新对市场做了定义，使用"焦糖布丁市场细分法"开展细分，进而挖掘和评估最具潜力市场机会，为企业从消费者视角制定增长战略提供了实操指南。对于任何需要创新并希望取得竞争优势的企业或个人来说，此书都是一本不可或缺的指导书。

邓嘉琪

根元咨询品牌体验总监

传统的企业经营和品牌营销理论往往以企业本身为研究主体，多聚焦在产品和服务上。而本书介绍的待办任务体系跳出产品本位思维的桎梏，从一种新的视角剖析产品的本质，探寻企业经营和产品创新的逻辑。本书帮助我们真正从消费者需求出发，超越现有产品已积累的内容，制定正确的可持续发展战略。

贾凤翔

上海能友文化传播有限公司合伙人

消费者并不总能告诉你什么能让他们的生活更美好，但理解和满足他们的需求是企业制胜的关键。本书汇集了两位作者多年来深耕用户洞察领域的宝贵经验和深刻思考，展示了如何通过识别和理解客户的待办任务，来推动产品创新和优化市场策略。本书既有扎实的理论基础，又注重实用性。期待它能为你在复杂多变的市场环境中带来深刻的启发和实用的指导。

梁红颖

南孚集团 CMO

从书面上的理论到现实中的应用，需要既有理论功底又了解应用场景的践行者。而本书之所以能做到结构清晰、内容翔实，正是作者在理论和实践结合中不断观察、思考、调整和沉淀的结果。希望本书能够启迪读者利用待办任务的视角更好地理解消费者需求，进一步优化工作流程和方法，同时也促使市场导向而非产品导向的营销观念成为主流。

刘宏举
北京大学光华管理学院教授、市场营销学系主任

五年前我们跟崔大鹏博士团队做了博西家电集团第一个待办任务的研究项目，为不同的业务单元、不同的职能部门和不同文化背景的员工深入理解消费者诉求及快速达成共识提供了一个行之有效的理论框架。如今待办任务在博西已经成为洞察市场需求，寻找创新机会，确定沟通方向最重要的决策依据。本书结合了待办任务作为方法论的最新发展和作者十多年的实践经验，充满真知灼见，值得每一位创新者和市场人阅读。

刘开亚
博西家用电器（中国）有限公司消费者洞察高级总监

正如作者所言，"待办任务不是一种单一的方法，它是一种视角，一种观察和理解世界的方式"。读完这本书，我迫不及待地想透过待办任务的滤镜去看消费者、去看产品、去看市场、去看世界和去解决问题。我相信这会让我的工作更有成效，生活更开心。

刘姿萌
陈克明食品创新总监

"企业贯彻以客户为中心"这句话由来已久，但"以什么客户为中心"和"以客户的什么为中心"却没有明确的答案。本书彻底讲透了"以客户为中心"的含义，颠覆了我们对需求、产品、市场与竞争等概念的传统认知。更重要的是，本书还提供了一整套行之有效的创新工具和方法，让"以客户为中心"能真正地在企业落地生

根。值得强力推荐!

马树玉
领教商学堂战略辅导师、市场洞察及咨询专家

理解并应用"Jobs-to-be-done"思维,能够帮助你挖掘潜在商机,洞察顾客需求,以极具创新性的产品与服务,赢得商业突破。

潘琪
方太集团洗碗机产品管理部部长

此书从待办任务体系出发,给我们带来一种崭新的看待需求和产品的视角,以及一系列把需求转化为产品的工具和步骤,为我们架起了消费者需求和创新实践之间的"桥梁"。

王芹
度小满用户体验研究高级经理

本书透过待办任务的视角,带给我们富有新意的构建用户画像和绘制消费旅程图的方法,帮助我们真正理解顾客,并不断提醒我们——当我们帮助用户完成任务时,我们才能更有效地吸引新用户、维护老用户并取得令人愉悦的成效。那么多构建待办任务的书,这是最值得推荐的一本。

严俊
老板电器用户洞察部部长

授人以鱼,不如授人以渔。这本书综合作者对待办任务体系的深入理解及数十年从事产品创新和市场营销的业务实践,系统性地讲述了待办任务是什么、适合什么及如何应用于从产品创新到市场营销的各项业务中,是近年来不可多得的方法工具书。同时,书中展现的开阔视野和兼容并包精神亦尤为可贵。

姚琳
美的家用空调事业部海外用户研究负责人

我喜欢待办任务理念的原因在于它远远超出了产品的范畴。这本书阐述了如何利用关于客户的洞察和知识来重新思考开展业务和提供价值的方式，值得反复阅读。

杨睿
中国（海南）改革发展研究院副院长

　　宇航员在月球上完成了什么任务？他们怎样才能完成任务？我们从这些问题出发，思考如何帮助他们更好和更快地完成各项任务。待办任务体系与我们的设计思维如出一辙，这本书无疑是一本系统的产品设计指南。

张崇峰
上海航天技术研究院，神舟飞船和天宫一号副总设计师

　　待办任务理念提供了一种直截了当、令人耳目一新的方法来发掘隐藏的消费者需求，包括那些客户自己难以告诉你的需求。所有公司，无论规模大小，都可以使用JTBD方法来创造产品，让消费者更好地完成任务。读者会发现本书是寻找创新之路和创造具有持久价值的产品的绝佳资源。

张鸿钊
西牛物流集团联合创始人、常务副总裁
IAI传鉴国际广告节特聘专家评委

　　大多数伟大的品牌都能帮助消费者完成某项待办任务。通过细致的概念剖析，本书深入浅出地讲解了什么是待办任务，以及待办任务对产品、品牌和营销的意义。本书通过具体的方法和步骤，让我们能够完成从理论到应用的全流程实施。本书值得每一位洞察行业的从业者阅读。

赵亚洁
李锦记国际控股有限公司业务分析和
洞察高级调研主任

本图片由 DALL·E2 协助制作

推荐序

待办任务（JTBD）——一种跨学科的市场智慧

在数字经济时代，企业需要持续创新来应对市场竞争和消费者需求的快速变化。但是，任何创新都有风险，都有成本，商业需要努力平衡这种不确定性。究竟应该如何通过市场需求来拉动企业经营，这涉及对营销最本质的解读。《待办任务（JTBD）：重塑产品创新和市场策略》这本书对于当前我们应该如何将新质生产力落地为市场绩效，提供了一套系统而深入的见解。作者崔大鹏和何琳具有深厚的市场调研和营销科学研究功底，横跨产业界和学术界。在作者的帮助下，管理者、设计师、营销人员、产品经理以及企业家能够更好地理解和应用"待办任务（JTBD）"这一概念，实现以市场驱动产品和服务的创新。

书中清晰地提出了帮助公司增加利润、减少浪费、保持竞争力的方法，并强调以客户为中心的核心战略意义。通过深度剖析消费者的内在需求和任务目标，能够将产品设计和市场策略与消费者认知紧密结合。本书不仅强化了任务思维的理论根基，同时也提供了丰富的操作性指导和现实世界的应用案例，使抽象的理念得以落地生根。尤其在今天这个注重高质量经济发展的时代背景下，书中提出的理论和实践方法对企业寻求差异化竞争和持续增长具有直接的指导意义。

作为长期致力于消费认知神经科学与消费行为数据模型交叉研究的学者，我要高度赞赏本书作者的跨学科研究精神。他们不仅提炼了消费者行为背后的"任务",而且还将这种理解转化为可以量化的数据模型和可执行的策略。本书展示了待办任务理念如何与现代消费者的认知过程相结合,其中涉及的大脑决策机制与预期效用论等元素在我的研究中占据核心地位。书中指出,产品和服务的开发要紧密关联消费者内在的需求和期望,这正是神经营销学的核心理论。本书显著地拓展了传统营销研究的边界,将消费者认知的深层次结构和功能性需求转化为创新和市场策略的基石。尤其是在数据驱动决策的当今,本书所提供的待办任务挖掘方法与市场机会识别技术,开启了一条连接消费者认知行为数据化与实际商业策略制定相结合的新路径。我个人特别喜欢这种将前沿理论方法放到一个商业实践场景中进行归纳与解读。作者不仅解释了如何通过科学的方法来洞察消费者的隐性需求,而且提供了一套将这些洞察转化为产品特性、设计和市场战略的具体指导。

在我眼里,《待办任务(JTBD):重塑产品创新和市场策略》将是一本关于创新、市场战略和营销实践的案头必备之书,它为我们在追求创新的同时实现市场变现提供了强有力的智慧支持和行动指南。在当前的经济环境下,任何希望引领市场和创造长期价值的企业,都应该认真阅读并应用本书所提供的方法论和工具。

王小毅

浙江大学管理学院副院长、教授、博导

中国首位神经营销学博士

自序

本书将助力你更好地创造和销售人们乐于购买的产品。[1] 你将系统了解：如何从用户角度思考，让创新更可预测、更有回报，从而帮助企业增加利润空间、减少沉没成本、保持市场竞争力。由此，你不仅能为自己与团队提供稳定的工作和对未来的信心，更为企业生存提供坚实的经济基础与社会基础。

人类历史的进程告诉我们，社会经济发展受益于健康的企业创新和创业——然而，前进的道路充满挑战。本序在介绍这些困境的同时，将向你简要说明"待办任务"的价值。请记住，理解用户的待办任务、发展任务思维以及运用相应的待办任务方法将帮助你走向成功。

在正式介绍陌生的内容前，先让我们看一下两家耳熟能详的公司的故事。

两家公司的故事

苹果公司在 2001 年 10 月推出一种全新的数字音乐播放器 iPod，从而实现人类将音乐装进口袋、不受环境约束自由收听的梦想。事实上，iPod 推动了数字音乐的兴起，并迅速成为苹果公司的畅销产品。其上市最初六年的销量走势如图 1 所示[1]。

试想一下，如果你是史蒂夫·乔布斯，当看到这个陡然上扬的

---

① 如无特指，全书中提到的产品包括产品和服务。

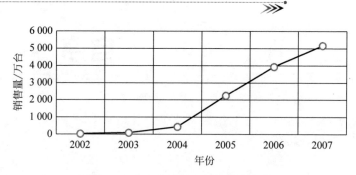

图 1　iPod 上市最初六年的销售走势

曲线,你将作出何种选择?

(1) 扩大 iPod 生产与营销,尽可能延长产品在其生命周期中的上升期,从而创造更多商业价值。

(2) 在 2007 年 1 月向市场推出一个将 iPod、手机和上网功能高度整合的设备——iPhone。虽然你比谁都清楚:iPhone 将扼杀正在飞速增长、口碑爆棚的自家兄弟 iPod。

相信大多数人会选择前者,毕竟 iPhone 的音乐功能意味着 iPod 的使用价值大大降低,因此,没人会主动推出一款新品,导致自己当红大卖的另一款产品被蚕食殆尽(图 2 为 iPhone 上市后 iPod 的销量,与图 1 同来源;2015 年起,iPod 销量不再被公司单列)。

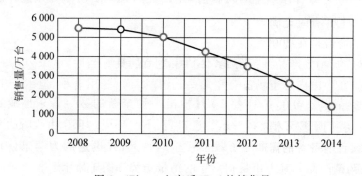

图 2　iPhone 上市后 iPod 的销售量

然而,乔布斯恰恰选择了后者。这个世界上真的很少有像苹果这样的公司!

你也许会问：苹果公司是不是预测到 iPod 销量将下跌，所以推出 iPhone？事实正相反，2007 年 1 月 iPhone 上市前，未有任何迹象显示 iPod 的销量将达到顶峰并开始低落，这表明前者的上市不是对后者销售下降的响应。

对许多企业而言，这种自毁的思维模式闻所未闻，甚至反经验、反常识。站在 2007 年的时点，我们对苹果公司的选择也非常不理解！管理层疯了吗？抛弃快速成长的产品，全身投入从未踏足的手机领域。事实上早在 2004 年，苹果公司就决定投入巨资推出一款新产品（手机）。为此，它不得不从零开始研发新技术、新专利、新生产工艺和新流程。虽然 iPhone 最终成为一款令全球疯狂的产品，但一定要自毁 iPod 吗？难道没有两者兼顾的商业选择吗？

事实上，在乔布斯的领导下，苹果公司有着令人咋舌地蚕食自己产品的纪录。2005 年，当 iPod Mini 的需求量依然巨大时，苹果公司推出 Nano，这实际上摧毁了前者的收入来源；而当 iPod 的销量如日中天时，乔布斯又推出了 iPhone；2010 年 iPad 首次亮相，导致 Mac 台式电脑销量滑落。据说乔布斯曾表示："如果你不吃掉自己，别人就会吃掉你。"

生活有时充满戏剧性！

恰恰是在 2007 年，一家跨国集团公司寻求我们的帮助：开发更好的 MP3 产品开拓市场，延长其生命周期。当时，这家公司的产品在中国内地市场占有率第一，且以时尚、好用著称，但由于市场竞争激烈，增长几乎停滞不前。

我们研究了消费者的生活方式、消费旅程、使用场景……我们洞察到消费者的需求和痛点，确定了很多可以改进的方向；借助创新工作坊，我们生成了许多很有创意的产品概念和设计；客户将其中一部分很快变成产品并推向市场。我们自认为一切都很成功，客户也非常满意，棒极了！——然而，2013 年，客户被迫宣布放弃 MP3 的研发和生产，转而全力推进手机线。

随后的若干年，作为观察者，我们见证了众多 MP3 品牌和生产商的消失；作为消费者，我们经历了音乐产业链的崭新开始。

那几年，不仅有变革的产业，甚至有彻底消失的产业，如光学影像。100 多年来，柯达公司在影像拍摄、分享、输出和显示领域一直处于世界领先地位，帮助无数人留住美好回忆和享受娱乐时光。然而随着数码技术的崛起，柯达公司于 2012 年申请破产保护。更可惜的是，柯达公司的一位工程师在 1975 年就发明了数码相机。但管理层当时的反应是什么呢？他们认为柯达"可以"，但有什么理由卖数码相机？那个年代，柯达几乎垄断了美国的摄影市场，并在摄影过程的每一步都赚到了钱。如果你想拍摄孩子的生日派对，你可能会使用柯达照相机、柯达胶卷和柯达闪光灯。你可以在街角的便利店冲洗胶卷，或者将胶卷邮寄给柯达，然后在柯达相纸上用柯达化学试剂冲洗照片。这是一个非常完美的商业模式。即便发明者向管理层预测了数码相机将取代化学胶卷这一前景，但最终柯达管理层决定将数码相机技术束之高阁，继续专注于制造和销售胶卷。结果呢？

恰恰是在柯达破产的 2012 年，我们接触到待办任务（jobs to be done，JTBD）这一概念。因为它，我们终于能够彻底看清苹果和柯达选择的底层逻辑。

消费者购买产品不是因为爱上你的产品，更不是为了与你的品牌和公司互动，而是为了完成生活中的某项任务——这是待办任务的核心思想。当消费者不再需要胶卷时，他们不会因为柯达的百年历史、优秀产品与服务就对柯达恋恋不舍。但是通过制造卓越的产品创造一家成功的公司后，管理层常常会变得过度自信，会不愿放弃原有的产品与业务模式。对他们而言，转向以消费者为导向比登天还难。

相反，乔布斯早已顿悟：永远无法保证产品不会过时。如果一家公司自己的创新没有让现有产品过时，另一家公司的创新也会让其过时。消费者总是期待能获得更快、更好、更轻松完成更多任务的产品；与其固守自己的产品和模式，不如关注是否有更好地帮助顾客完成任务的方法。

待办任务的价值

重塑产品创新

待办任务揭示了一个非常简单但却常常被企业所忽视的理念：客户购买产品是为了完成任务。其任务独立于他们所购买的产品之外，因此必须从客户的角度而不是从恰好销售某种产品的角度看待这个世界。这个理念很直观，但并不那么显而易见。说直观是因为"以用户为中心"已说了许多年，说"不那么显而易见"是因为我们的产品创新纪录很糟糕①。

（1）超过50%新推出的产品没有达到公司的预期目标。

（2）每100个新品中只有1个能收回开发成本。

（3）每300个新品中只有1个能对客户购买行为、产品类别或公司发展轨迹产生重大影响。

为何成功的创新不常见？是因为产品研发人员不够聪明吗？是因为我们的营销人员不够努力吗？究竟是什么导致这些聪明的企业误入歧途？在过去20多年为国内外客户服务的过程中，我们观察到许多企业都认为创新是一种可"自由发挥"的创造性活动。让我们试举一些例子说明面对攸关生死的创新，企业却如何任性地"自由发挥"。

（1）创新产品不是通过任何一个有逻辑、有标准的流程甄选出来的，而是由领导的主观偏好、感觉或经验决定。我们不否定经验的作用，但一个选择或一个战略成功过一回，并不意味着依葫芦画瓢会再次成功。大多数经验本质上只是其他场景下的"如何做"。"按照经验"意味着刻舟求剑般复制同样的做法，而不去问

---

① Frost & Sullivan. Growth process toolkit-new product development: accelerating growth through unbiased and rigorous early-stage product evaluation [EB/OL]. https://vdocument.in/growth-process-toolkit-new-product-development.html?page=1.

"为什么"。事实上，大多数企业并未常常全盘反思过去成功的关键因素。

（2）要想做对一件事，意味着前期必须投入足够的时间，但在典型的企业工作中，这个要求也常常过于奢侈，前期工作准备不足而仓促上马的例子比比皆是。我们经常看到创新项目组被要求在两个月甚至一个月内，完成从项目立项到确定一个产品的规格和特征，结局可想而知。

（3）为了获得有深度的消费者研究结果，企业需要列出一系列高难度的问题，其中一些连提问者本人也不知晓答案。然而，大多数企业不奖励甚至不鼓励这种提问方式。企业更愿意看到所谓清晰流畅的访谈，而不是提出尴尬的问题引起受访者尴尬的停顿。由此，企业恰恰错过了挑战性问题带来的巨大机遇。

（4）将客户告诉自己的话奉为圭臬，总是希望客户告诉企业要做什么。殊不知，许多顾客不仅不能准确地表达他们需要什么产品，而且表达的意思还常常变化，甚至前后矛盾。因此，大多数企业倾听顾客的方式存在误区：相信顾客提出的新的解决方案，而不是询问顾客一个产品能为他们做什么。

（5）企业投入巨资了解所谓的客户声音。它们收集了大量有关当前和潜在客户的行为、意见和态度的数据。然而，当这些企业试图处理所有信息时，却发现问题：缺乏一种结构化的方法确定哪些信息重要、哪些不重要。最终企业貌似拥有海量的客户数据，但仍然很难找出正确的创新方向。

（6）错误地聚焦于用户的人文统计特征。性别、年龄、教育/工作背景等人文特征信息很容易为企业所收集，内容直观、易于理解，用这些信息绘制的顾客画像也非常生动。不幸的是，这些信息与企业最关心和最重要的工作——创新无关。例如，一对双胞胎，长相、成长经历一致，兴趣爱好接近，上的大学都在一个城市，为什么两个人选择了不一样的手机？相反，年龄相差很大、人生经历也大不同的两个人，可能拥有同样品牌和型号的手机。那么，通过人文统计特征可以解释这两种选择背后的驱动原因吗？

（7）企业如飞蛾扑火般被新技术趋势所吸引。人工智能、增强现实技术、机器学习、可穿戴设备、大数据模型……企业对这些热点科技词如数家珍，并相信只要包含数个高科技，就能创造出撒手锏般的爆品。然而，把科技武装到牙齿的新产品就一定能帮助用户达到他们想要的状态吗？漠视用户最关心的问题，而不停地给产品增加看起来很酷的特征，只能让用户体验更糟糕。

（8）企业倾向于只考虑产品变化的优势、忽略劣势，也无法接受解决问题的新方式。它们一年一年程序化的创新投入仅仅体现在产品功能边际变化的降低和成本的上升，而消费者不但无法理解变化给自己带来什么价值，甚至感知不到变化，自然也不会为变化而买单。

面对上述种种创新挑战以及挑战带来的失败，企业非常渴望存在某种实现成功的创新配方。过去很多年，许多自己并未经历过创新残酷的所谓"传道者"，向求贤若渴的创新者传授创新的对与错。对此，诺贝尔经济学奖获得者 Daniel Kahneman 解释了人们对创新配方竞相追逐的原因：我们之所以被这些所谓理论吸引，是因为它们通过寓教于乐的方式讲述，聚焦在几个简单、具体、引人注目的事件，而非的确发生过的无数"跬步"般、毫无乐趣的小事件。后者可能才是通向创新"成果"的真正方式。然而，善于讲故事的人可以轻易骗过一些在科学严谨性或统计学方面没有经验的人。"幸存者效应"就是一个经常被用来达成讲述效果的手段。例如，挑选一家成功企业，对其文化、领导力和价值观进行归因，那些有着类似文化、领导力和价值观的大量不成功企业却被刻意忽略。我们中许多掌握统计技能的人都认识到，这些管理和创新大师掉入"选择因变量"的陷阱，他们没有提供任何客观的数据支持结论，典型的例子包括《追求卓越》《基业长青》《从优秀到卓越》等[1]。

---

[1] KIN W C, MAUBORGNE R. Blue ocean strategy Brighton，MA：Harvard Business School Press，2004.

相反，让我们着迷的待办任务理论与方法，并没有试图兜售任何"即插即用"的成功配方。待办任务之所以能帮助我们提高创新成功的概率，是因为它将创新的重点放在寻找正确的问题上，而不是让我们直接去设计解决方案。这一关注点也许与你的直觉相反，毕竟，无数颂扬天才的故事都在强调解决问题时的洞察力。但实际上，问题的视角和框架往往带来突破性的想法。虽然常常被忽视，但清晰而又严格地去定义和表述问题才是创新的关键步骤。爱因斯坦曾说："如果我有一个小时解决问题，我会花55分钟来思考问题，花5分钟来思考解决方案。"一旦你能很好地框定一个问题，答案可能会显而易见。换而言之，重大突破往往来自对问题的重新构想，而不是为一个已被充分理解的挑战逐步创造出更好的解决方案。

对于一个要持续创新的企业，仅有一个强烈的愿景或一个伟大的创意远远不够。要想成功持续创新，而不是模仿其他竞争对手，企业就必须看到市场上的一系列机会。市场上的所有机会来自用户日常生活和工作中要完成的任务。如果企业能有一个市场机会全景地图，就会知道哪些地方蕴含着能创造竞争优势的潜在机会，并能明确如何改善当前产品的痛点，有智慧地引导客户购买和使用自己的产品，从而走上可持续的盈利之路。虽然这不是持续成功创新的唯一要求，但确定当前和未来客户试图要完成的待办任务与理解完成这些任务的过程是任何长期创新战略的核心。

我们认为正确掌握创新的"方法"在很大程度上将决定"内容"的质量，即企业最终产生的创新成果。待办任务并没有告诉我们去做何种创新就能成功，它教给我们如何在充满未知和不可知的世界里发现事实和探索问题的本质。这样的理论和方法才具备真正指导实践的力量。

重塑市场策略

当今的营销世界中，不仅充斥着与无效创新类似的任性与"自由发挥"，而且常常陷入自嗨和盲从的旋涡，典型表现如下。

（1）"流量"被许多营销人天天挂在嘴边，但是流量并不等于销量，甚至两者根本无法相提并论。流量与销量之间仍存在重要且高难度的转化挑战。然而，很多企业认为流量等于销量，花费众多资源千方百计引流，却不知如何将流量转化为销售成果，最终只成就了负责引流的第三方公司或平台。

（2）不停去蹭营销热点和风口。私域营销和社区互动接踵而来，KOL（关键意见领袖）和MCN（多频道网络）你方唱罢我登场，数字营销和人工智能营销一个都不能少……企业似乎认为营销就是要紧跟市场流行概念。缺乏独立判断的它们可能怀有"被时代抛弃"的恐惧而追逐潮流，最终被各种媒体平台和媒体机构所挟持、所引诱。殊不知，上述营销"新"事物本质上都为工具而非营销本身。

（3）总是不断模仿，不断随意变化自己的定位和诉求。昨天看海底捞成功是因为服务好，就要求全员学习海底捞的服务；今天很多企业都讲"情怀"和"匠心"，就投入大量广告告诉消费者"我们是一个有情怀、有匠心的品牌。"盲目去蹭一些和品牌自身毫无关系的热点，只会让人觉得莫名其妙，甚至扭曲消费者对品牌的认知。

（4）营销沟通千篇一律，如"全国销量第一""京东销量第一""苏宁'双11'销量第一"等。这样的沟通内容不但有巧立概念名目的嫌疑，而且与消费者生活无关，毫无意义。许多营销者总想让"显眼"的字眼打动消费者，殊不知这些字眼完全出自企业的一厢情愿而非基于消费者的需求。

上述做法让企业投入大量资源追逐市场热点、模仿或炒作，造成极大的资源浪费。恒大冰泉曾立下"一年100亿，三年破300亿"的宏大销售目标。从邀请巨星为品牌代言，到恒大亚冠夺冠之夜的胸前广告，恒大冰泉最终却以"三年花掉100亿、巨亏40亿"而惨淡收场。大投入有可能导致短暂的火爆，但这真的能持久吗？

克里斯坦森一针见血地指出很多品牌故意创造一些在任何语言中都毫无意义的词汇为品牌做广告宣传。它们花费天价广告费建设品牌资产，却没有意识到广告本身并不能创造品牌资产，广告也不能取代研发生产产品。广告只是在产品面市后广而告之这种产品能专门用于完成某项任务，并努力为产品起一个人们能朗朗上口的名字。

另外，许多企业盲目追求营销费效比。"百货业之父"John Wanamaker 曾说过流传甚广的一句话："我知道在广告上的投资有一半是无用的，但问题是我不知道是哪一半。"作为广告营销界的"哥德巴赫猜想"，大家至今也未找到解决的好办法。然而企业却受此影响，追求让每一笔营销费用都必须有显著、可见的产出。问题是所有花费的产出都必须体现在明处吗？一棵大树长得越高，它的根在黑暗中就扎得越深，那些在暗处的根须（隐性的产出）却供养着明处的枝繁叶茂（显性的产出）。

此外，过于纠结细微处的损耗往往带来方向和战略层面失误的可能性。正如开车去某地，假设我们总是总结和探讨如何开车油耗最低，如红灯要提前减速、不能大脚油门、时速不能过百……却不愿花费时间研究方向和路线：方向开错的情况下，根本无从讨论节省油耗的价值；高速路程远还有过路费，虽然最省时，但你仍然为了降低油耗选择那条从市中心穿行而过、貌似最短的路，结果体验到最堵、油耗最高、到达时间最晚的糟心旅程。省油的方法不能说没有价值，但从战略角度看可基本忽略其作用。换而言之，当战略方向错误时，任何战术动作都是浪费。

许多企业在考虑如何向市场推出新产品或吸引新客户时，都只关注人们当前正在购买什么。因此，在销售下滑或管理层提出激进增长要求的情况下，企业往往提出错误的问题：广告应投向哪里？如何才能卖得更多？怎样促销？它们很少关心消费者为什么不购买其产品，也不关心产品的用途。更进一步，当下的商业环境正发生深刻变化，消费者有了真正的权利：他们敲打几下键盘就能够轻松查到公司的背景，比较用户的评价，找到更好的替代品。不仅如此，有些替代品是同类产品，而有些来自意想不到的非同类，后者甚至不知不觉间已颠覆原有商业格局，这意味着数字时代浮夸营销的背后,产品为用户提供的绝对价值尤为重要。因此,传统的营销方式已力不从心,我们需要从新的角度看待市场竞争和塑造市场增长策略。

面对这一情况,待办任务提供的不仅仅是一套创新的框架和方法,更是一种看待市场和竞争的方式,即企业的对外视角应该是什么。过去,我们习惯于将同类产品看作竞争对手,事实上,我们缺乏从消费者的角度看待竞争的能力。当消费者开始使用一个新的解决方案,他们会停止使用其他,这意味着竞争是一个零和游戏。消费者并不考虑解决方案之间的差异,他们关心的是解决方案能否帮其解决问题以及如何解决。消费者并不会基于外观和功能定义竞争,他们只有一个筛选标准:采用这个解决方案后,我的生活会变得更好吗?

企业的市场增长战略亦是如此。传统战略要求分析市场环境、上下游产业、竞争、技术、利润与市场份额,这些分析本质上是一种由内向外的视角。而待办任务期待我们回答"消费者'雇用'我们的产品做什么",这一视角及其延伸的商业逻辑指出,业务增长来源于帮助更多人完成一项任务,或是更经济地完成一项任务,又或是帮助人们完成更多任务。

企业需要增长,消费者需要更好的生活,待办任务则成为两者间的桥梁。当消费者意识到有必须解决的问题,就会主动在现有企业提供的产品中搜索、比较和选择。当采用的产品圆满解决问题后,消费者虽然不会在原有问题中继续挣扎,但此时新的任务可能又会产生。由此,消费者的待办任务和企业的解决方案之间相互依赖,就像一枚硬币的两面。后者定义了前者的求解空间,而消费者原有任务完成后衍生出新的任务,反过来推动企业继续创新。消费者当然可以不理解这种依赖关系,但企业各个部门必须努力理解,因为企业需要走在顾客之前:当顾客使用了我们的产品后,企业会有哪些新的挑战?企业应该生产新的产品满足这些新的需求,还是做一些延伸与别的产品整合?企业必须持续去理解顾客的待办任务将如何进化。请注意,待办任务帮助我们重新塑造对行业、竞争、增长等词汇的认知和理解，这种说法一点都不夸张。

只有明确产品满足的真正需求是什么，我们才能清晰市场与竞争的真正含义。在此基础上，我们再决定沟通什么内容，采用何种表达方式，通过哪些渠道和技术，才能更好地与受众产生共鸣。被浪费的营销资源大部分来源于营销人员没有从企业战略目标的高度，没有从产品和消费者关联的角度，策划适合企业现阶段的营销活动和广告内容。

此外，待办任务有助于实现组织内各团队的协调一致，推动产生当今快节奏商业世界所需的新型协作。为了协调不同的团队，企业需要一个共同的焦点。待办任务为组织和团队提供了一个共同、可见的分析单元。它虽不是灵丹妙药，但却提供了一个起点，将与顾客的一致性和跨层级、跨部门的一致性联系起来，从而加快决策速度、降低协调成本。此外，待办任务还提供了一个共同的工作语言体系。过去，企业的商业语言体系基于诸如"需求""痛点""洞察"等模糊的概念。虽然心理学和经济学提供了一些定义，但在商业实践中，这些概念有太多含义，不同人对这些词语的理解也很不一样。待办任务重塑了这一语言体系，为组织内部沟通和协调达成一致创造前提和基础。

关 于 本 书

本书是你理解待办任务的入门书。待办任务并非来自某一特定领域，而是基于众多学科和领域发展而来，如设计、工程、营销、质量管理等。待办任务理论已有40多年的发展历史，虽然已达成许多基础性的共识，但仍有一些各抒己见的争议。我们设想通过这本书，带你穿过树木交错断裂、重峦叠嶂起伏但又充满无限生机与美好的一片原始森林。

本书也是你实践待办任务的指导手册。随着阅读的深入，你会发现待办任务并未飘浮于空气中，它与其他理论的不同之处在于有许多可以落地的方法。待办任务是一系列概念、原则和实践方法的集合体,是一种重塑问题和解决问题的方式。我们将之贯穿本书,并称为"任务思维"。塑造一种思维方式,需要大量的实践和感悟。囊括在本书中的方法都有经过实践检验、行之有效的分步骤操作流程。

本书中的方法都是基于我们过去十多年对待办任务的思考和实践。我们在这里不是树立一个流派,或者从头至尾原创某种方法。相反,我们借鉴了待办任务和其他众多领域前人的方法,并努力将之结合。我们也并非要完全替代前人的流程与方法,而是将待办任务视角植入其中,用这一视角重新审视和优化。待办任务与其他方法并不冲突,相反,它们可以兼容,并且有"1+1＞2"的效果。我们希望这样的做法能帮助你迅速思考如何将待办任务概念带入现有工作方法中。我们对这些方法的诠释基于过去的实践体会。我们的视线未必够远、视角未必全面,但通过展现在各个应用领域的各种可能,希望你获得启发,并在自己的工作中逐步发展任务思维,选择和运用最适合你的方法。

最后,请记住待办任务仍不断进化,新的方法和应用不断涌现。因此,我们鼓励读者随着对待办任务领域的探索,逐步开发自己的方法。我们希望你将本书作为一个起点,一个你理解和使用待办任务的开始。

本书的构架

我们认为,任何一种方法论体系都离不开以下三部分,本书的内容与组织结构如图 3 所示。

第一部分,方法论的基础篇,包括基本概念、原则、框架等,作为方法论的基石,在未来较长时期不会变化。第一部分是进入该领域必须掌握的基础知识。这部分有自己独特的视角,甚至有自己的语言体系。虽然这个方法论领域可能有不同流派,但基础部分为所有流派一致接受。本书对应这部分的是第一章和第二章,聚焦于这个领域的核心理论,满足你对待办任务概念和原则究竟为何的兴趣。

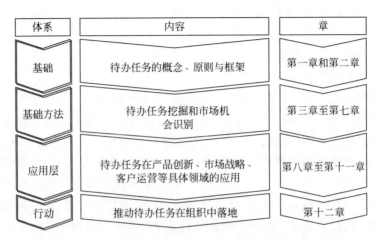

图3 本书的内容与组织结构

第二部分,方法论的基础方法篇。作为中间层,这一部分包含了该领域中和基本概念密切相关的方法。换而言之,如果基本概念不存在,这些方法的存在没有任何意义。但反过来,这些方法是帮助我们将待办任务思想落地的工具和手段。本书对应这部分的是第三章至第七章,聚焦于挖掘待办任务的方法、思路以及识别市场创新机会的策略。毕竟我们理解了第一部分核心概念——待办任务后,随之而来的就是"如何找到待办任务",以及从哪个角度进行创新。请注意,虽然不同流派在这一领域有分歧,但是它们并不冲突,只是切入视角略有不同。

第三部分,方法论的应用层篇。作为应用方法,这部分基于不同应用领域特点,延伸并拓展解决各个应用领域问题的方法。需要注意的是应用方法也在不断迭代与进化中。本书对应这部分的是第八章至第十一章。彼得·德鲁克曾说:"因为企业的目的是创造客户,所以企业有两个——也只有两个基本职能:营销和创新。"这并不是说待办任务思维和方法不能运用于组织其他职能,但本书聚焦讨论如何将待办任务思维和成果运用在两个核心领域——创新和营销,包括拟定产品规划、开发产品特征、产出产品创意、发展价值主张、制定增长战略、分析比较竞品和运营用户……

最后，本书设置第四部分——行动篇。这是因为在介绍大量应用方法后，我们不能将待办任务停留在纸面和脑海，我们需要行动起来，推动待办任务在组织实际工作中落地。本书对应这部分的是第十二章，分类并详细列出在一个组织中实践待办任务的几种情景，并推荐实施步骤，希望读者能有一个易于上手的开始。

从本书的结构，你可以看出这是一本以实践为导向的指导书。不积跬步，不行千里，让我们从实践开始。

本书的读者

写这本书的出发点，是因为虽然待办任务在国外已有 40 多年的历史，但我们观察到，国内企业人对这个领域仍然非常陌生或是不了解，或是仅知道一些零碎的原理和方法，特别是对于如何运用无从下手或缺乏衡量原则。他们需要一本系统讲述待办任务从概念到实践的指导书。

然而，关于待办任务的中文出版物少之又少，也以国外译作为主。例如，《与运气竞争》是克里斯坦森与其同事所著的 *Competing Against Luck* 的中译本，但是这本书里对待办任务的描述过于抽象，没有具体的可执行方法，读完之后很多人都说有了一个基本概念，但是仍然不知道该怎么做。《产品经理的设计思维》是 Ulwick 所著 *What Customers Want* 的中译本，书中较详细地陈述了如何挖掘待办任务和期望成果，但是某些关键环节语义晦涩模糊，实际操作时按图索骥非常容易走入误区。

作为中文版首次对待办任务理论进行阐述和应用，王茁的《美丽洞察力》糅合 Ulwick 和克里斯坦森的理论，认为待办任务为系统性挖掘顾客洞察提供了一个理论基础和框架，呼吁企业要重视和运用待办任务理论。我们很高兴中国企业家开始关注待办任务体系。与王茁先生《美丽洞察力》的不同之处在于，本书更关注实施方法和细节，更关注待办任务在企业各条线上的落地运用，例如，如何在访谈中发现待办任务，如何定义一个市场，如何挖掘期望成果，如何基于期望成果细分市场，如何基于待办任务开发产品，如何基于待办任务定义价值主张，如何提升客户留存率……

此外，Ulwick 的方法只是待办任务领域中的流派之一，尚有不少我们思考和实践后觉得非常有启发的流派并未在国内显露一字一句。种种原因强烈地推动我们要写出自己十多年的观察、思考与实践。

刚开始写书时，我们不断反问：谁是我们的读者？谁可能会使用我们的书？但很快我们意识到犯了一个大多数产品人经常会犯的错误：聚焦在一个以人文统计信息定义的顾客群体。于是反复问自己的问题变为"读者使用这本书想完成什么任务？"

为了找到答案，我们访问了大量客户，包括设计人员、营销人员、战略规划人员和企业管理人员等。作为快消品、家用电器、数码、体育和金融等各个领域的专业人士，他们从自身成长经历出发，与我们进行了感性、深入、让人大受启发的讨论。他们的焦虑在于以下几方面。

（1）"虽然学了很多方法，但在实际做产品设计时，又非常不确定这是否为市场需要。"

（2）"顾客想要的东西太多，不知道该如何选择投入哪一项。"

（3）"做战略分析时，经常是老一套 SWOT 分析，写不出独特而有价值的点。"

（4）"做客户维护，就是促销、促销、促销，我自己都觉得没有意义。"

（5）"做消费者分析十年了，除了数据还是数据，自己没有任何进步。"

（6）"整天就是顾客画像，画像好像必不可少，但是从来不觉得起什么特别作用。"

……

我们将这些焦虑、挣扎、困惑等归类整理总结，经过数次迭代后，重新写出客户的如下待办任务。

（1）找到顾客需求。

（2）提升企业创新成果。

（3）规划产品路线。

（4）开发产品价值主张。

（5）吸引新顾客，维护老顾客。

（6）制定企业增长战略。

……

有这些待办任务的读者可能是学生、教师、设计人员、营销人员、广告人员、咨询人员、创业人员或者CEO（首席执行官）和他的高管们。他们缺乏更好的解决方案，也不认为掌握零碎的知识可达成目标。他们不希望支付高昂咨询费、学费，也缺少通过项目成长和获益的机会。因此，我们希望这本书提供针对他们各自任务的一个优秀的解决方案。以此为出发点，收集海量、散落在各个角落的资料、方法和案例后，我们最终确定该如何组织和呈现本书的内容。

正如前述，顾客的待办任务会不断演进。如果读者通过本书对待办任务有了一定理解并开始应用，那么他的下一个待办任务可能是"解答我在待办任务应用中遇到的问题"。对此，我们提供的解决方案是：在微信上有我们生成的一个学习待办任务小组，欢迎加入、提问和分享。我们期待与读者共同推动待办任务的应用与发展。具体情况，请参阅本书后记。

现在，请带上你的待办任务开始思考之旅吧！

目 录

第一章 待办任务的含义 ……………………………………… 1
第一节 待办任务的定义 ……………………………………… 2
第二节 待办任务的原则 ……………………………………… 7
第三节 待办任务的起源 …………………………………… 14

第二章 待办任务的核心概念 ………………………………… 23
第一节 待办任务的流派 …………………………………… 24
第二节 待办任务的构成元素 ……………………………… 27
第三节 待办任务的层级、范围和种类 …………………… 34

第三章 发现待办任务——任务访问 ………………………… 45
第一节 任务访谈须知 ……………………………………… 47
第二节 在任务访谈中发现任务 …………………………… 55
第三节 制作任务地图 ……………………………………… 65

第四章 发现待办任务——转换访问 ………………………… 77
第一节 如何在转换访问中挖掘待办任务 ………………… 78
第二节 运用四力模型分析转换访问的访谈结果 ………… 84
第三节 我们对两种方法的立场 …………………………… 91

第五章 挖掘期望成果 ………………………………………… 99
第一节 表述需求 …………………………………………… 99

第二节　期望成果的概念和意义 ·················· 103
第三节　分析与输出期望成果概述 ·················· 107

第六章　识别市场机会 ························· 119

第一节　确定期望成果优先次序概述 ················ 120
第二节　定义和理解市场机会 ······················ 126
第三节　识别市场机会的方法考虑 ·················· 132
第四节　评估产品表现 ···························· 137

第七章　基于期望成果的市场细分 ················ 143

第一节　市场细分在创新领域失败的原因 ············ 144
第二节　以任务为细分市场 ························ 146
第三节　重新认识市场 ···························· 152
第四节　开展基于期望成果的细分 ·················· 157
第五节　使用基于期望成果的细分结果 ·············· 162

第八章　开发产品功能 ························· 171

第一节　规划产品路线 ···························· 172
第二节　创建任务故事概述 ························ 183
第三节　如何运用待办任务引导创意产生 ············ 190
第四节　在实验中运用待办任务验证概念 ············ 197

第九章　定义竞争和价值主张 ··················· 209

第一节　竞争分析的新视角 ························ 210
第二节　基于待办任务定义价值主张 ················ 217
第三节　围绕待办任务的品牌延伸 ·················· 224

第十章　优化顾客运营 ························· 231

第一节　构建顾客画像 ···························· 231
第二节　基于 JBTD 绘制消费旅程图 ················ 240

第三节　优化订阅经济中的顾客运营…………………… 247

第十一章　发展市场战略………………………………………… 259

　　第一节　围绕待办任务制定企业增长战略…………………… 260
　　第二节　在颠覆式创新中活下来……………………………… 264
　　第三节　评估你的核心业务…………………………………… 268
　　第四节　基于任务拓展市场机会……………………………… 271
　　第五节　基于任务的市场战略与蓝海战略…………………… 275

第十二章　让待办任务行动起来………………………………… 283

　　第一节　对本书的回顾………………………………………… 284
　　第二节　待办任务两大阵营的主要方法……………………… 286
　　第三节　特定场景下待办任务的运用逻辑…………………… 289
　　第四节　将待办任务带入你的组织…………………………… 294

延伸阅读一　目标心理学对待办任务的解释……………………… 303

延伸阅读二　基于"需求"的细分实践……………………………… 303

后记……………………………………………………………………… 305

本图片由 DALL·E2 协助制作

第一章

待办任务的含义

> 人是一种追求目标的动物。只有为目标而努力奋斗,人的生命才有意义。
>
> ——亚里士多德

你很容易说服自己:刚刚想到的那个关于产品的构想真是妙极了!如果再加入正流行的人工智能和大数据,一定能成为杀手级产品!

然而遗憾的是,究竟这个产品能否成功,你说了不算。如彼得·德鲁克所说,很少有顾客认为他们所购买的东西就是企业认为卖给他的东西。除了海阔天空般的假想,你更需要一个能让你看清客户真实需求的滤镜。因此,当评估自己的想法时,你也许需要迟疑地反问一声:"构想的这个产品能让客户达到他们想要的状态吗?"

待办任务可以帮助你创造性、理性地限制对产品天马行空的想象。通过关注客户的待办任务,你能够开发、制造和销售他们真正想要的东西。当要解决的需求已存在时,制造满足这种需求的产品并将其卖给需要的人,比费力地说服人们他们需要你的产品,要容易得多。

第一节　待办任务的定义

　　每天我们有很多事情需要完成。以我为例，早上我需要在最短的时间内吃完早餐赶去公司；开车通勤路上我要打发无聊的70分钟时间；公司里我需要和同事配合完成一项方案；下午我要买一杯咖啡让自己提神；傍晚我需要接孩子放学回家，等等。除了这些规律性的事情，还有偶尔出现或意料之外的事情需要处理，如我在机场找不到行李，必须想办法应付第二天的商务谈判；不小心摔了手机，我必须在最短时间内重新建立起自己与周围人的联系渠道。

　　这些都是我的待办任务。它们并不独特，相信很多读者也拥有类似的任务。尽管其中有些让我很纠结，有些让我很困惑，有些让我很疲倦，但我都会努力去完成。我一天中所做的许多决定——用哪种牙膏、喝咖啡还是红茶、为公司购买什么产品，都是为了完成一些任务，只不过有些任务是短期、有些任务是长期。我认为这些任务的完成与我的幸福息息相关。

一、诠释"待办任务"

　　表面上看，似乎说一个人有一个待办任务，就像说一个人有一个问题需要解决这样简单。但是，当我们仔细分析时，就会发现这个概念远比看起来复杂。

　　"待办任务"由两个词构成："待办"+"任务"。"任务"是主语，是核心，是一个需要达成的目标或需要解决的问题。"待办"是等待执行，含有"马上去执行"的意思。在表面词义的基础上，待办任务包含三个含义。

　　（1）为什么会产生这个待办任务？当现有生活状态与理想生活状态不匹配时，人们内心会感到冲突，一项任务就此产生——消灭这个冲突。只有消灭它，人们才有可能达到自己理想的生活状态。换而言之，待办任务根植于人们的生活中，描述了人们生活中一个不仅让自己感到冲突而且必须去解决的问题。

（2）待办任务的边界清晰吗？既然要去解决，那么这项任务必须边界清晰，否则无法明确评判这项任务是否完成。因此，一个清晰定义的待办任务必须包含边界及任务是否圆满完成的具体标准。

（3）完成待办任务后会怎样？人们心中都有一幅他们期望的生活图景。完成某项待办任务后，生活会取得预期进展，变得更好。因此，待办任务描述的是人们想去做让自己生活变得更好的事情，有个体向上的意志在其中。在后面的章节中，为了表述得简洁和方便，我们有时用"任务"一词指代待办任务，两者将交叉使用。

这三个含义对我们理解和发现消费者的待办任务有非常重要的意义，也是判定任务存在合理性的关键标准。我们将在第三章深入讨论。

也许可以这样说，待办任务为我们提供了一个看待人们生活的视角：人们的生活由一个一个待办任务组成。

二、定义待办任务

大多数文献紧跟 Ulwick 对待办任务的定义：在一个特定的场景下，人们试图要解决的问题或达成的目标。因为待办任务的英文首写字母是"JTBD"，所以本书中也会用"JTBD"代表待办任务。在中文语境里，"JTBD"是"焦糖布丁"的拼音首写，因此待办任务思想体系和方法常在非学术场合被称为"焦糖布丁"。本书作者开发和延展的应用待办任务的方法，我们将其称为"焦糖布丁工作法"。

我们并不想标新立异地重构上述定义，因为大多数人都已欣然接受；也没有试图完善它，因为我们的实践表明它足够好。然而，需要指出的是这个定义极其容易让人将注意力放在"问题"或"目标"上，聚焦于任务"完成"的终极状态，而忽略完成任务的过程。事实上，Ulwick 对待办任务的阐述中非常明确地指出，理解消费者完成任务的过程是创新的关键。同时，克里斯坦森和其他思想者，有的使用"进步"，有的使用"挣扎"，有的使用"力图"，这些词语的英文原义也都包含"过程"的意思。

我们并不想在定义的用词上做过多争论,但想强调完成待办任务是一个逐步展开的过程。一个好的产品必须在过程上能帮助消费者更好、更快、更经济地完成任务。在以往与客户共同工作的过程中,我们意识到必须不断强调理解消费者任务完成的"过程"。仅仅讨论"达成目标"或"完成任务",许多人会觉得对他们没有帮助。一旦讨论任务完成的"过程",许多人会立刻意识到自己的盲点。

例如,仔细推敲"洗衣服"这个常见任务。很可能,在你的待办事项清单上仅仅单列其为某个项目,但实际上这项任务由多种活动组合而成。作为某个连续的过程,洗衣服有需要完成的一系列步骤,并且由于任务复杂程度不同,如洗一双袜子和洗一周积攒的衣物,花费的时间、需要的工具截然不同。你可能会根据自己有多少时间,还有谁参与其中及当天的心情,每次以不太相同的方式完成这项任务。

如果洗衣服烦琐、耗时、累人,人们可能会愿意花钱购买一种产品,让过程中的某些步骤变得更容易甚至能够完全被省去。如洗衣凝珠胶囊的出现省去了"计算该用多少洗衣剂合适"这一相对琐碎的步骤。现在,这一小小的改变在全球已发展成为一个年销售额达 90 亿美元的市场[1]。所以,并不是需要解决整个过程,才能创造出人们愿意购买的产品,有时只需让其中某个步骤变得更简单、更快捷或更经济,就能给人们的生活带来巨大的不同,从而引发其强烈的购买欲望。

请注意,待办任务并未定义什么是好任务、什么是不好的任务,也未规定什么是应该完成的任务、什么是不应该完成的任务。和人们相关才最重要,即他们想要完成的事情,而且这些事情必须真实、边界清晰、完成之后生活会更好。

这个定义强调了特定场景,是因为任务受到场景的驱动和制约。任务中的场景要素比消费者特征、产品特征、新技术和趋势更加重要。例如,早上刷牙不仅仅是为了去除细菌,还要清新口气、提神醒脑,让自己尽早进入状态。这项任务显然与晚上睡觉前刷牙——去除牙垢、防止蛀牙有所不同。很明显,不同的特定场景有着不同的产品含义。再如,听音乐,但是在哪里听?什么时间听?单独听还是和谁一起听?……当场景具象化后,边走边听音乐、在家听音乐和剧场听音乐,显然是三个不同的任务。没有场景细节,就像画布上只有颜色没有线条,各种理解皆有可能但都不确定。

待办任务不关注传统营销学意义上的人口统计和背景因素,关注的是人们在一个特定的场景里寻求什么。事实上,拥有同一项任务的人可能形形色色,来自不同地区、不同背景、不同教育水平和拥有不同大小的房子……他们唯一的共性就是需要完成的任务。例如,家中有肠胃敏感的宠物猫狗时,不论宠物主人是男或女、是老或少,是生活在上海还是生活在广州,都不希望宠物经常拉肚子,不仅导致家中气味难闻、清理烦琐,宠物健康也会受影响,因此都有着改善敏感型宠物肠胃的待办任务。在待办任务体系中,人和待办任务的关系体现在克里斯坦森的"人们'雇用'产品去完成任务"这句话里。

待办任务也和企业的产品、服务以及品牌无关。人们关心的是任务是否完成和如何完成。如果一个产品能帮助人们满意地完成这项任务,那么它下一次依然会被购买。如果这个产品不能令人满意,那么人们会去寻找更好的替代品。待办任务强调购买产品不是为了消费,而是优化生活。它将产品/品牌放到一个更宽广、更根本的视角下去解读。例如,如果你想将汽车卖给我,与其花费口舌介绍各种眼花缭乱的新功能,不如关心我到底买汽车想达到什么目标,以及未来在日常生活中将如何使用汽车来达到我的目标。正如在热门日剧《卖房子的女人》中,女主能将山坡上一室一厅的小公寓卖给原本想购买三室一厅独立别墅的医生一家,就是敏锐捕捉到他们换房子的真正待办任务:经常加班的同时,父母与孩子也能经常相见。站在医院旁山坡上公寓阳台的孩子,可以与站在医院天台上的父母相互挥手问候,既不影响工作,又可以宽慰彼此的牵挂。因此,企业与其将视线高度聚焦于自身提供的产品,不如首先了解人们想要解决什么问题,以及为什么这对他们非常重要。

再举一个例子。一旦你拍了照片,有若干个任务你可能想要完成。这里列举六个。

(1)私下捕捉两人之间的某一时刻,让你可以深情地回首往事。

(2)让朋友在另一个朋友面前难堪。

(3)将这张照片备份到网上,这样我就可以指给别人看。

(4)将这张照片送给我奶奶,她不会用电脑和手机。

(5)让照片看起来很酷、很有趣,让我获得点赞和分享。

(6)将照片编辑好,放进我的作品集里,以便将来有人聘用我。

在国外,能帮助你完成这些任务的产品包括 Facebook、iPhoto、Instagram、Flickr 或者 500px。当你考虑有多少 App 可以使用时,可能意识到,它们的区别在于所服务的任务,而不是你个人。换而言之,这些 App 聚焦于任务而非任务背后的人。如果从创新的角度看,有助于减轻红眼效果、能生成多种照片尺寸或滤镜效果的功能只对某些任务有用。

综上所述,"待办任务"这一概念帮助我们聚焦在理解人们试图要达成的目标上。由于待办任务也是消费行为的动机和驱动因素,这促使我们越过人们行为表面的相关性,寻找更有意义的因果关联。

三、进一步理解待办任务

如何更进一步理解待办任务? Charles Revson——美国护肤和彩妆品牌露华浓的创建者,深刻理解其公司销售什么产品,也理解为什么消费者不断购买。他曾这样描述露华浓的生意,"在工厂里,我们生产化妆品;在商店里,我们销售希望。"

苹果公司副总裁 Susan Prescott 也曾说过:"(苹果公司)致力于打造让人们生活得更美好的产品,这些产品往往以人们无法想象的方式,让他们能够做一些以前从未做过的事情。"

这就是待办任务的思维方式。Revson 知道他的顾客并不一定需要露华浓的化妆品，或者说露华浓的化妆品仅仅是他的顾客变美的解决方案之一。他的顾客希望变得更美丽、生活更有希望，这才是她们购买的目的。Susan Prescott 也知道苹果公司的目标不是销售产品，而是"让人们生活更美好"。

哈佛大学教授 Theodore Levitt 被广泛引用的一句话是"人们不想买四分之一英寸的钻头，他们想要的是四分之一英寸的孔"。这句话抓住了待办任务的精髓：关注结果，而不是解决方案。方案是达到目的的手段，而不是人们想要的结果。

待办任务聚焦的就是消费者为什么选择和如何选择。它告诉你事情本来的样貌而非告诉你应该做些什么；它是客观描述而非强制规范。

待办任务的思想明显与其他创新或设计理论不同。其他理论要么通过客户所购买的产品描述做什么事，例如人们购买了汽车所以可以从 A 地到 B 地，要么直接告诉你做什么，例如你应该打造一款低端汽车瞄准底层市场，要么去看一家公司在某一成功产品上做了什么，然后创造一些假概念追溯解释发生了什么，例如："让我们学习史蒂夫·乔布斯几年前在 iPhone 上的做法……"毕竟，乔布斯的做法可能对其他人毫无作用，因为变量太多，我们不能假装一个历史实例可被重复。此外，乔布斯无法告诉用户使用汽车要去完成什么任务，因此也不能告诉你设计和制造一款什么样的汽车才有可能在市场上制胜。

简而言之，待办任务是一种真正以消费者为中心的思想，提供了一种以人为本的方式看待你要服务的对象。

第二节 待办任务的原则

为什么我们要讨论原则？原则帮助我们理解世界。这并不意味着原则必须完美，它们没有必要完美，只是它们必须有用。事实上，有用才最重要。物理学家 Richard Feynman 曾说："你的理论有多美并不重要,你有多聪明也不重要。如果它与实验不符,它就是错的。"

原则也没有必要精确,即便数学家,也用直线来逼近非线性现象。他们这样做是因为这样已足够好,能让他们在其他方面取得更重要的进展。原则有助于我们在纷繁复杂的世界中,以最快的速度、最简洁的方式在无序中发现有序。

原则给出了生活和人生的准则。我们需要原则帮助自己在纷繁复杂的世界中穿行。为了应对未来的问题,我们需要相信一些原则。就像在数学中,我们需要相信公理一样。公理并不是配方,也不提供操作指令,但能提供帮助我们摸索前行的准则和法则、定义和术语。

原则提供了一种思维方式。如果我们掌握它,就能够比他人看得更远、创造出更成功的产品、建立出色的价值主张或者颠覆一个市场。我们将会比他人更懂消费者,可以以更合理、有效的方式与消费者沟通。

这就是原则的作用。以下将阐述我们认为是关于待办任务最重要的原则。

一、顾客"雇用"某个产品是为了完成他们的任务从而优化他们的生活

克里斯坦森在其著作中提到:要理解顾客的行为就要询问"顾客'雇用'你的产品做什么?"(What does the consumer "employ" your product to do?)——这是待办任务的灵魂拷问,如同暮鼓晨钟,具有穿透人心的力量。语言体现思想的精妙。"雇用"一词完美表达用户和他们所选择的产品之间互动关系的奥妙。"雇用"的意思是我们支付金钱交换我们想要的结果。刷涂料、清洁房屋、恢复体力、准备晚餐,这些都是任务。但我们最后想要白色的墙壁、干净的房屋、充沛的体力以及丰盛的晚餐,不是吗?人们"雇用"你的产品是为了解决他们的问题或者达成他们的目标,他们并不关心你产品的构成、配方或原理,他们并不在乎产品的生产过程,他

们更不在意品牌或公司历史。如果你的产品能很好地解决他的问题，下一次他仍然乐意"雇用"；反之，他会冷酷抛弃你的产品，转而继续寻找新的解决方案。人们购买产品或使用产品是为了完成任务从而优化他们的生活——这是待办任务的核心思想。

可能你被诱导相信人们喜欢你的品牌。你看，他们因为我的品牌而疯狂追着"黄牛"以高溢价抢购我的产品。事实是，人们会将这个品牌与他们喜爱的事物联系在一起，他们喜欢的并非你的品牌而是他们自己。人们会选择与其理想自我形象相符的品牌。人们或许喜欢你的品牌，因为你以前帮助过他们完成某项任务，他们也希望你未来继续帮助他们。他们了解你，和你继续在一起能避免转换成本发生。品牌熟悉度当然有价值，已经变成了产品的一部分。然而一旦另外一个产品能帮助人们更好地完成任务，他们就会离开你。品牌忠诚度？这完全不是消费者视角。消费者只忠诚于完成任务，而不是忠诚于你的产品。

请注意：是人们有需要完成的任务，产品并不拥有任务。因此，如果企业聚焦于产品本身，或者人们如何使用产品，则会对创新机会视而不见。试想一下，通常出售钻头的商家会认为人们购买钻头是为了在墙上钻孔。然而3M公司却发现：人们钻孔的主要目的是在墙上挂画或者挂照片，于是3M发明了不损坏墙面的悬挂产品，这个产品不仅可用于挂画、挂相框，还可挂电视等超大重量物品。

你可能会问，"顾客'雇用'我的产品是为了完成什么任务？"这是一个非常有力的问题。这个问题比你想象得更深刻。当你问出这个问题时，已经在从消费者的视角看待市场。否则，我们就是欺骗自己去相信顾客会在这里等着我们，也会相信我们的品牌会构筑起护城河。

但是，我们必须给一个提醒。例如，人们购买咖啡能完成很多任务，如补充水分或避免犯困。但他们选择星巴克可能是为了专业感、时尚感。看到了吗？这不是产品的问题！人们购买的是待办任务的完成。

二、即便时间推移、技术变化，但任务长存

人们要完成的任务不仅与解决方案无关，也与技术变化无关。许多任务是从古至今不同时代的人类都必须面对的任务，如出行——从一个地方前往另一个地方。自人类出现，这项任务便存在。人们寻求各种解决方案，从远古的步行，到古代借助动物——骑马，借助风能水流——行船，直到近代借助煤炭石油热能——坐火车、乘轮船、搭飞机，甚至未来搭乘马斯克的 SpaceX 发射器前往火星。有出行任务的人可能变多，也可能变少，但出行这项任务从未消失。虽然技术的进步推动解决方案不断优化，但出行这项任务从古至今从未改变。

类似的例子比比皆是。例如，人们听音乐的解决方案从黑胶唱片、CD（激光唱片）播放器、MP3，到当下的手机和流媒体。技术发展支持人们获得更好的解决方案，但人们听音乐这项任务的本质未曾改变。3000 年前，我们的祖先在岩石壁上作画，今天我们在社交媒体里晒着用智能手机拍的照片。尽管绘画的载体和工具发生了改变，但任务始终如一：晒图——通过与别人分享自己觉得特别的事开展社交。

在描述待办任务时，我们会谨慎地规避解决方案，包括产品、服务、技术、方法等。因此，待办任务的研究通常为基础性，具有很长的保质期，可长期应用于企业各个部门和创新项目。这也是我们聚焦在待办任务，而不是技术上的重要原因：待办任务价值有持续性和稳定性。

但是新的任务可能会随着新的技术产生。例如，给汽车加油、修理电视，或者更新手机里的 App。在汽车、电视和手机被发明之前，这些任务并不存在。随着新技术的产生，新的任务也会被创造出来（参看第四条原则）。

三、人们寻求能让他们更好、更快、更轻松和/或更便宜地完成更多任务的产品

一项任务的完成往往需要很多步骤，需要各种人力的参与。

市场上许多产品也只能完成一项任务的部分环节,用户只能通过拼凑解决方案完成一项任务的全部。然而,客户并不想费力拼凑,他们想要的是一个整体方案。例如,苹果数字音乐生态系统极大简化了音乐发烧友听音乐的过程。他们不仅在手机上听音乐,还可使用iTunes系统获取和管理乐曲。将获取、管理、听音乐等各项任务整合到一个平台上,极大提升了苹果相关产品的竞争优势。而现在,流媒体音乐服务可确保听音乐这项任务更好地完成。再如,小美多功能料理机,不仅能快速实现各种烹饪方式,如蒸、煮、炒、焖等,而且将查找菜谱、选择菜谱、准备食材等任务完成也集合于产品中。用户根据提示加入食材后,可一键启动完成烹饪任务。

请注意,原则三具有重要意义。首先,你的产品战略不应经常变化,事实上,它可能永远都不应改变。你的目标应该始终是帮助客户在单一平台上完成全部任务。浓遇咖啡(Nespresso)品牌就是一个很好的例子。该公司多年来始终坚持一个战略:让客户在一个平台上完成"准备热饮"的任务。

产品通常会自然(但缓慢地)发展,以帮助用户在单一平台上完成整个任务。然而,企业一旦知道任务由哪些步骤组成,就能加快这一进程。从这个意义上说,挖掘和理解任务执行过程可以帮助企业明确应进行哪些产品改进,以及应开展哪些并购和研发投资,以创建终极解决方案,并尽可能早于竞争对手。

原则一曾告诉我们,人们并不忠于公司或品牌,他们忠诚于以更好、更快、更轻松和/或更便宜的方式完成任务,他们会用那些能帮助他们实现这些目标的产品取代现有的产品。我们都知道,有些人愿意花更多的钱将任务完成得更好,而有些人则愿意花更少的钱将任务马马虎虎完成。了解市场上存在哪些类型的客户(以及他们的比例),是我们采用待办任务方法思考增长战略的基础。

四、随着已有待办任务完成，新的待办任务将出现；待办任务与解决方案共同构成一个相互依赖、相互推动去优化人们生活的体系

例如，我每天通勤或者去某地都很依赖公共交通，但高峰时段地铁常常挤得像沙丁鱼罐头。在购买汽车解决出行空间狭窄不适的问题后，我又面临各种新任务：如何找到好的保险公司？如何为我的家庭计划一次周末自驾游？如何找到一个靠谱的车辆修理店负责保养和维护？等等。这些任务大致可分为两类：一类包括驾驶、停车、加油、买保险、保养、维修……这些任务是为了完成通勤这一任务必须完成的，完成上述任务才能确保车辆使用方便、安全。另一类是被解决方案解锁了的新任务，例如：有了车出行更随意，周末可自由自在地到更远的地方去看看，那么你该如何执行一趟周末自驾游？这些任务与购买和使用汽车这一解决方案无关，是从该解决方案衍生出来的新任务。

如原则二所言，这两类任务都是汽车发明之后才产生的新任务。同样，手机解决了移动通信的问题，但也衍生了自拍等新任务。任务与解决方案相互转化，任务促进产品，产品衍生任务，从而构建起一个让消费者需求不断演进的系统。企业需要理解该系统如何工作，待办任务的角色是什么，待办任务与解决方案如何互动……毕竟理解这一系统有助于企业研发创新，战略布局思考得更为长远、全面。

打个比喻，想想鼓声独奏。鼓点之间必须有空隙，鼓点和空隙配合才能产生节奏。没有空隙一成不变的巨响，不可能是鼓的独奏，只有沉默也不能算是鼓的独奏。两者缺一不可。声音和寂静共同构成切分音，并最终构成音乐。它们是独立、截然不同的，但共同构成了一个整体。类似地，任务和解决方案彼此分开，但共同构成一个系统。

美国烧烤炉制造商 Weber 深谙将产品作为系统一部分的理念。Weber 不仅销售烧烤炉，它还提供教育材料、食谱、部分规划指南、烧烤配件,甚至提供一条免费的烧烤咨询热线。如果你能够像 Weber 一样,将各种衍生服务看作烧烤炉产品的一部分,那么恭喜你,你也拥有了难能可贵的系统视角。

五、竞争由任务定义,而不是由产品特征定义

传统的竞争理论认为竞争在类似的产品间发生,但"类似"这个词本身就相当不易定义。大众和福特的燃油车是类似产品吗?电动车和燃油车呢?汽车和火车、飞机相比呢?我们似乎很难确定产品之间的相似性。但待办任务赋予我们一个清晰的标准:如果两个产品都能完成人们某个相同的任务,那么在人们心目中就是竞争产品。

著名的奶昔故事里,克里斯坦森讨论了可供早上通勤时选择的不同形式的早餐。他的研究显示在顾客心里,奶昔、香蕉、贝果、士力架都是竞争产品,只不过奶昔能更好地完成边开车边填饱肚子并打发无聊时间这几项任务。

同样,吃晚餐这项任务,可以自己做,也可以点外卖,甚至可以去餐厅。我们有诸多选择完成吃晚餐这项任务。产品只是解决问题的方式。顾客并没有限制竞争是在产品特征或者外观特征相似的解决方案中进行。至于顾客会如何选择,取决于人们心中的评判"是否能更好地完成任务"这一标准。

不管怎样,消费者并没有基于产品的功能和物理特征定义竞争。相反,他们自由地使用任何一切能帮助他们完成任务的产品。因此,竞争由任务而非产品特征限定。

以上即待办任务的核心原则。它们是不是有些过于理论化?达·芬奇曾说:"只爱实践而不爱理论的人,就像没有舵和罗盘就上船的水手,永远不知道自己会被抛向何方。"

我们知道这些原则并不完美,但很有用。虽然,我们不了解你面对市场的具体样貌、业务的明确内容,也不清楚你的技术详细指标以及将如何变化,甚至不知道你所在行业的发展趋势。但是,请

注意，正因为我们已经在诸多毫不相关、各具特征的市场与行业成功应用了这些原则，我们相信这些原则将同样对你起魔法。

随着待办任务的概念逐渐融入你的意识，这些原则也将慢慢成为你思维的一部分。很快，你将体会到原则之间的关系，它们不是独立星球。相反，它们都有自己的引力，牵引着其他所有星球。

第三节 待办任务的起源

正如罗马不是一天建成，杰出的概念或理论都是很多人在历史的长河里点滴积累而成。待办任务也不例外，待办任务的内涵和外延源于众多领域创新者和研究者的辛勤工作。

一、待办任务思想起源

待办任务的起点至少可追溯至奥地利政治经济学家约瑟夫·熊彼特（Joseph Schumpeter）和他的破坏性创新概念。在其著作 *Capitalism, Socialism and Democracy* 中，他认为创新就是企业家对生产要素的重新组合，即"建立一种新的生产函数"，其目的是获取潜在利润。熊彼特观察到创新产品会从现有产品中抢走顾客，并最终在主流市场取而代之。

对待办任务而言，熊彼特的破坏性创新理论蕴含了两个真知灼见。第一，他试图解释为什么消费者会选择这种而非另一种产品。创新者创造了新产品，但只有通过客户与创新者之间的互动，破坏性车轮才能转动。第二，竞争不会只在同类产品间发生。他坚持认为竞争来源于存在任务之处。

相比熊彼特对待办任务的影响聚焦于市场动态变化和竞争维度，W. Edwards Deming 则带来全方位的影响。在接近 60 年的学术和实践生涯中，其理论和思想渗透到全球各个角落。在他最有影响力的系统性思维体系中，Deming 博士认为所有组织都必须被视为一个流程系统，其中"顾客和生产者必须作为一个系统协同工作"[2]。组织的目标是优化整个系统，而不仅仅是将作为系统一部分的产品做得越来越好,因为最终有人会发明崭新的方法来解决客户的问题。他说道:"我们必须不断提问,什么产品和服务会更好地帮助我们的顾客。我们五年后生产什么?十年后呢?"[3]其思想强调系统内各个部分相互依赖,是待办任务的一个重要部分。

此外还有 Theodore Levitt,其引用报刊记者 Leo McGinneva "四分之一钻头"的名言,经常被用来印证待办任务的核心原则。Levitt 1960 年在《哈佛商业评论》(*Harvard Business Review*)上发表的文章《营销近视》(*Marketing Myopia*)是有史以来最受欢迎的文章之一。他指出,铁路公司的失败是由于它们目光短浅,错误地将自身业务视为"铁路行业"而非运输业务。他还一针见血地指出电影业的错误观点——将自己视为电影而非娱乐业。Levitt 详细分析了为什么石油产业会最终消失,预测了以石油为动力的传统汽车产业会被替代。虽然他没有使用"任务"这个术语,但有效地描述了"任务"哲学如何为公司带来远见——超越现有产品的能力。他强调公司不应以其生产的产品,而应以其试图满足的客户需求定义自己。没有使用现代待办任务术语的 Levitt,是这个领域一位让我们仰望的先驱。

德鲁克被公认为"现代管理学之父",其著作影响了数代追求创新以及最佳管理实践的学者和企业家。在其 1964 年的著作 *Managing for Results* 中,他明确了"待办任务"的核心思想:

> 顾客很少购买企业认为卖给他的东西。原因之一当然是没有人会为"产品"买单。顾客花钱买的是满意。但是,没有人能够制造或提供满足感,充其量只能出售和提供获得满足感的手段。因为顾客购买的是满足感,所以,所有的商品和服务之间都展开了激烈的竞争,这些商品和服务看起来完全不同,似乎具有完全不同的功能,其制造和销售方式也不同——但它们都是顾客获得同样满足感的替代手段。

这是我们在文献中看到的最早关于待办任务的核心思想表述:顾客购买产品是为了完成任务。不过同样,德鲁克也没有明确使用待办任务这一术语。

二、心理学对待办任务理论发展的贡献

心理学领域的众多学者也对待办任务发展有重要启发和影响。例如,2002 年诺贝尔经济学奖得主 Daniel Kahneman 在《快思考,慢思考》一书中,详细阐述了人脑中的两个工作系统,并指出大脑喜欢自动性远胜于有意识的主动思考。当面临同样选项时,大脑极有可能作出同样的选择。由此,客户购买不曾买过的新产品就会变得越来越困难。毕竟选购新产品需要其消化外部信息去比较评估,大脑将不可避免地转换到慢思考模式,而慢思考模式将消耗更多能量,导致客户大脑进入不舒适区。根据快思考、慢思考模式,新产品要引发人们产生购买欲,必须比现有产品更好地完成人们的待办任务。

我们认为目标心理学是与待办任务密切联系的一个心理学细分领域。目标心理学详细阐述和论证个体的目标如何产生、人为什么会去满足目标、目标对人的意识和行为产生哪些影响等问题。Alfred Adler 认为:"如果没有对某种目标的感知,我们就无法思考、感觉、意志或行动。"[4]虽然"待办任务"这个概念并不在目标理论体系的范畴内,但我们认为目标理论为待办任务概念和原则奠定了坚实的心理学基础,对我们理解和应用待办任务有重要的指导作用。因此,我们将目标理论作为延伸阅读内容之一。

三、待办任务的术语由来

"待办任务"一词的出现可追溯至德鲁克。在其 1985 年出版的 *Innovation and Entrepreneurship* 一书中,他写道:"一些基于流程需求的创新利用了不协调性,另一些则利用了人口统计学。事实上,与其他创新来源不同,流程需求并不是从内部或外部环境中的某个事件开始,它始于待办任务。"但是,德鲁克并没有用"待办任务"这一标签来特指解决业务问题的某种思想或方法,这个词只是被创造出来用于描述特定场景。

谈到待办任务发展史，我们也必须提到 Bob Moesta、John B. Palmer 和 Rick Pied。20 世纪 80 年代末 90 年代初，他们将前人有影响力的理论与自己的工作实践相结合，创造出第一个"待办任务"原则，第一次在真正意义上定义了"待办任务"：顾客有他们想要完成的任务[5]。但是，他们所定义的"待办任务"与我们现代大多数人所理解和接受的待办任务有区别，他们认为所有的待办任务归根结底都为情感而非功能性。

Tony Ulwick 应该是待办任务领域最重要的旗手之一。从早年质量管理中的六西格玛原则中，他意识到创新也可以是一个过程。如果六西格玛可以被应用于生产，那么它应该也可被应用于创新的过程，从而让创新具有更高的可预测性和成功可能性。他将现代市场研究的概念融入其中，并创造了一种新的创新方法，记录在 1999 年出版的 *Business Strategy Formulation* 一书中。2002 年，Ulwick 在《哈佛商业评论》中发表了 *Turn Customer Input Into Innovation* 这篇让其声名鹊起的文章。之后，他和克里斯坦森交换思想、互相激发，并取得一个关键突破：在六西格玛中，生产过程是重要分析单位；创新中，任务过程应该是分析单位。至此，Ulwick 终于拼齐了他的理论和方法论中所有部件。2015 年，巨著 *What Customers Want* 问世，在书中他的方法论被称为"成果驱动的创新"（Outcome-Driven Innovation），简称 ODI。

我们还需要关注 Lance Bettencourt。他曾经提出"服务主导逻辑"，这是一种侧重于营销需求方的营销理论[6]。这套理论认为：公司销售的所有产品都是服务，甚至包括产品。例如：一家空调销售公司实际上是在销售保持建筑物内部凉爽的服务。这与待办任务有异曲同工之妙：要从顾客的角度而不是从生产者的角度看待产品；要从解决问题的角度而不是从产品特征的角度定义企业。Bettencourt 与 Ulwick 曾合作产出"任务地图"这个概念，并在 2008 年发表于《哈佛商业评论》，成为阅读量最大的论文之一。他们也合作写了一篇关于如何输出待办任务及其期望成果（desired outcomes）的文章，2008 年发表于《麻省理工斯隆管理评论》(MIT Sloan Management Review)并广受重视。

然而，直到哈佛大学克里斯坦森教授在其著作 Innovator's Solution(其里程碑作品 Innovator's Dilemma 后续)中普及了这一术语，待办任务才得以广泛传播。但也因此，当下"待办任务"在各个领域的传播常常仅溯及至克里斯坦森。本书中，第一次呈现待办任务哲学的首要宗旨：消费者"雇用"一个产品去完成一项任务。此后，虽然待办任务思想还未完全成型，但是革命已然被点燃。2005 年，克里斯坦森在《哈佛商业评论》发表 Marketing Malpractice: The Cause and the Cure 一文，并首次介绍了奶昔案例。案例中麦当劳采用新思维获得耀眼突破。他们没有关注奶昔的属性，而是问了一个核心问题："顾客'雇用'这款奶昔是为了完成什么任务？"2016 年，克里斯坦森和同事完成著作 Competing Against Luck。在书中，待办任务哲学与思想被详细论述。

同时，在这个领域中还有大量的思想者和实践者，包括 Alan Klement、Des Trayno、Scott Anthony 等。他们发展的一些概念、方法以及总结的一些原则，也受到了人们的关注。

这些大师和思想者带给大家众多新知。在此，我们表示衷心感谢。对我们而言，掌握待办任务思想和方法不仅仅是一项学习任务，消化这些思想并应用于真实商业世界，也带给我们众多乐趣。

章后回顾

1543 年，哥白尼发表《论天体的旋转》一书。他用数学方法证明地球围绕太阳旋转，而不是之前所认为的地球是宇宙中心。尽管随后发生的哥白尼革命耗费数十年时间才最终形成气候，但他的发现不仅具有重要的科学意义，而且震撼了当时社会的思潮：我们不再是宇宙的中心。

某种意义上，我们正在见证一场哥白尼式的商业革命。企业、品牌和产品不再处于中间位置，消费者站在了商业宇宙的中心。

毕竟,鼠标之下,消费者面临的选择越来越多。要在竞争中赢得胜利,企业必须理解市场上人们的根本需求和目标。

遗憾的是,众多企业还未准备好应对模式转变带来的影响。例如,一些企业试图通过向后看进行创新。它们关注已销售的产品或正在做的事情,以及顾客目前的行为方式。相反,如果能将重点放在待办任务上,就会看得更深——待办任务揭示了因果关系:人们的行动和决策方式有助于他们实现目标,反过来又揭示了真正的市场机会。这种视角可以彻底改变创新范式,确保产品构想与客户的真正动机而非与他们正在做的事情相联系。关注待办任务而不是过去的购买行为,可以让你定义更广阔的解决方案空间、带来更多创新机会。你的最终目标是运用任务思维,找到产品与市场契合度高、需求量大的解决方案。

从本章任务的定义和原则来看,待办任务是人们的基础性活动,具有长久的生命力。任务从来不是为了解释产品必须做什么,它们代表的是用户必须做的事情。当我们第一次接触待办任务时,它很快与我们直觉上已知的东西产生共鸣——伟大的产品都是围绕解决问题而打造的。人们"雇用"产品是为了帮助他们完成任务,拥有产品并不是目的。随着时间的推移,我们发现待办任务不仅是一种思考产品创新的好方法,也是一种更根本的营销战略,同时它也为广告、沟通、销售和顾客运营提供了有价值的思路与策略。

待办任务提供一种更好的方式描述我们的感受——一种将团队团结在产品战略背后的语言系统和思考框架。共同的语言有助于促进跨部门合作,并确保不同团队的目标一致,因此,待办任务可以成为整体思维转变和文化转型的一部分。

章后思考

1. 现在让我们看看以下一些待办任务,你可以想象出一些解决方案吗?如果你觉得有困难,那么看看答案,想想这些待办任务如何带给解决方案明确而非模糊的创新方向。

（1）边走边听音乐。

（2）在家里洗干净、烘干、消毒、储存餐具。

（3）在通勤的路上吃早饭。

（4）在家里和许多人一起健身。

（5）有漏尿情况的成年人愿意使用纸尿裤。

（6）房屋已破旧的住户有意愿翻新墙面。

答案：

（1）Apple iTunes。

（2）洗碗机。

（3）星巴克便携式早餐。

（4）野小兽互动健身平台。

（5）越做越像正常内裤的金佰利成人纸尿裤。

（6）强调解决家具移动、保护、复位的立邦刷新服务。

2. 请观看日剧《卖房子的女人》前两集，三轩家万智为什么能卖出别人卖不出去的房子？请尝试从待办任务的视角重新审视买家的需求。

3. 请尝试梳理一下从古至今书籍载体的变化，人们为什么要读书？读书是要完成什么任务？如何优化他们的生活？

4. 从待办任务原则出发，下面哪些话看似正确、实则错误或者并不具备实践价值：

（1）产品创新的关键是要抓住消费者心智。

（2）顾客要的不是便宜，要的是感觉占了便宜。

（3）没有卖不出的货，只有卖不出货的人。

（4）市场趋近饱和，品牌增长需寻求第二曲线。

（5）抓住18～25岁、26～35岁人群的需求最大公约数，打造双引擎产品系列。

（6）在产品概念上进行横向破圈，赋予产品更多使用场景。

参考文献

[1] Laundry detergent pods market size, share & trends analysis report by product (non-biological, biological), by application (household, commercial), by region, and segment forecasts, 2019-2025, Report ID: GVR-3-68038-366-9[R/OL]. http://www.grandviewresearch.com/industry-analysis/laundry-detergent-pods-market.

[2] DEMING E W. Quality, productivity and competitive position[M]. Cambridge, MA: MIT Press, 1988.

[3] DEMING E W. Edwards, Out of the crisis[M]. Cambridge, MA: MIT Press, 2018.

[4] ADLER A. Individual psychology[M]. London: Kegan Paul, 1933.

[5] KLEMENT A. When coffee and kale compete: become great at making products people will buy[M]. Charleston: CreateSpace Independent Publishing Platform, 2018.

[6] BETTENCOURT L A. Service innovation: how to go from customer needs to breakthrough services[M]. New York: McGraw-Hill, 2010.

本图片由 DALL·E2 协助制作

第二章

待办任务的核心概念

他们并不是看不到解决办法,而是看不到问题所在。

——Gilbert Keith Chesterton

为了解释日心说,哥白尼创建了太阳系模型——九个同心圆,每一个圆代表一条行星运行的轨道。他的模型是一个不准确的抽象概念——行星的轨道并不是完美的圆形,行星之间的距离也不像模型所显示的那样均等。事实上,行星的真实运动要比模型所显示的复杂得多,但是哥白尼的模型清楚地表明一点:地球并不在太阳系的中心。

正如日心模型,待办任务的模型也抽象。然而,正是这些抽象的概念构成了人类需求融入商业决策的重要基础。为了了解待办任务如何转变思维方式,我们需要明确模型框架下的各个要素,以及它们如何结合在一起,为我们提供了一个指引方向的"北斗星"。

与日心说不同的是,待办任务理论领域仍存在不同的竞争流派。有些概念与这些流派有密切关系,因此我们先来了解一下这些流派。

第一节 待办任务的流派

经过40多年的发展,待办任务理论这棵大树已从主树干延伸出众多形态各异的枝蔓。尽管已形成一些共同的术语和已被普遍接受的原则(树根与树干),但仍有一些观点引起了该领域思想领袖之间的重大分歧,还未达成充分共识。广泛存在的有争议的实践方法,更是加剧了不同流派之间的分歧。

对初学者而言,你可能会发现有关待办任务的方法和观点五花八门,让人备感困惑。更让人气馁的是,关于待办任务的文献也非常碎片化。面对此景,我们想强调:不论何种流派,它们都基本立足于相同的原则之上。

一、流派的两大阵营

从践行待办任务的方法出发,我们将流派大致分为两个阵营。

(一)转换方法阵营

这一阵营的代表方法为 Bob Moesta 引领开创的转换访问(switch interview)。通过定性访问,该技术旨在逆向分析消费者从一种解决方案转向另一种解决方案的根本动机,研究者因而能推断为什么人们"雇用"某种解决方案去完成一项任务,并分析推动改变的力量。该方法的目的是希望提高某个产品的市场需求,代表性的特征是使用时间线技术。相对而言,Alan Klement 发展了另外一种更具普遍意义但更适合有经验访问者的访问方法[1]。不过无论是哪种方法,它们都沿袭了"顾客案例研究"(customer case research,CCR)——一种试图挖掘购买驱动要素的探索性的定性研究方法。我们将在第四章详述 CCR。换而言之,这些访谈方法的目的是了解顾客对产品作出购买决策的过程,最终梳理和分析出顾客的任务以及顾客如何完成任务。

这些方法背后都隐藏着它们的待办任务思想。例如,克里斯坦森认为顾客行为不仅仅是被一个产品的功能特征所驱动。顾客

"雇用"产品去完成的任务与他们生活中的挣扎场景息息相关,这些场景具有强大的社会和情感维度。这些维度不能被数据所捕捉并在 Excel 表中被分析。因此,他推荐关于挖掘待办任务的方法都为非结构化,基本基于定性访问。

Alan Klement 进一步认为顾客没有能力准确地表达他们想要什么;即便能,由于某些心理现象的存在,这些需求也并非一成不变,将随着时间的推移而发生变化,并容易受到外界的影响。因此,唯一值得研究的是通过顾客行为所揭示的需求,而这些需求往往为情感性。因此,他认为所有的待办任务都应是情感而非功能性。

请注意,在转换方法中,一个显著的特征是定量分析没有用武之地。

(二)成果驱动创新阵营

这一阵营的代表性方法是 Ulwick 在 1996 年推出的成果驱动的创新方法 ODI。某种程度上,ODI 可被称为待办任务的前身。这是一种专注于以客户为中心的精准创新方法,强调在进入一个市场之前识别未满足需求的重要性。相对于当时硅谷盛行的"快速转向和快速失败"思维模式,ODI 具有变革意义。在定性访问阶段,ODI 识别人们希望在某一场景下完成任务的所有期望成果,这些期望成果代表顾客想要实现,而不是顾客认为他们想要的成果;随后的定量问卷调查对这些期望成果进行优先排序。简而言之,ODI 通过创造满足过去未满足需求的产品提高其市场接受度。

相比其他定性方法,ODI 被实践者广泛使用,其中一个很重要的原因是数据的使用。从某种程度而言,只有通过数据,才能有效衡量一项任务。例如,当有众多维度都可以优化解决方案从而帮助用户完成一项任务时,如何分配资源取决于这些维度对用户的重要性。另外,在 ODI 中,每个任务都遵循大致相同的结构,完成任务的过程可以统一的方式表示和分析。对于初学者而言,这是一种比较容易学习和使用的方式。

ODI 背后的待办任务思想与转换方法阵营有所不同。在 ODI

中，不是任务的情感性，而是任务的功能性占据核心位置。Ulwick承认情感维度的重要性，但他认为这只是针对比较简单或个别极为特殊的产品而言，如香水或化妆品，人们购买这些产品是为了完成情感任务。当产品比较复杂时，如电子或软件，待办任务应该更多聚焦在功能上，因为这些产品的情感吸引力非常有限。功能任务与情感任务的关系类似于"皮之不存，毛将焉附"。因此，Ulwick非常强调产品首先要从功能上帮助客户完成任务。

二、我们的看法与立场

我们认为这两个阵营并不相互排斥，都有其存在的价值，都有其应用的场景。有时，我们需要从下往上去理解人们的需求和目标具备的价值（如ODI），如当开发一个新产品或重新定义你的市场时。另外一些时候，我们应该从某一特定产品入手，了解人们为什么要使用该产品完成某项任务（如转换访问）。

最终，两个阵营的方法都可以促使企业关注人们的根本目标，这些目标独立于任何解决方案，且它们都可以帮助组织将其思维方式从由内而外转变为由外而内。最终，企业的目标是生产人们想要的产品，同时让人们想要企业的产品。

过去10年里，我们在众多咨询项目中使用ODI，也对ODI方法中的一些环节成功做了优化，从而让ODI更适合中国市场和企业。同时，我们也非常关注转换访问，在众多项目中尝试使用，并努力改进其适应性。这两种方法的应用极大丰富了我们的工作思路和方法。此外，我们也吸取其他很多从业者的工作方法和内容。我们也发现越来越多的从业者受益于各种各样的待办任务方法。

本书力图将这两种视角汇集到一个广义的"待办任务"实践中。我们无意去重复他人的工作，但在必要时我们会呈现其他人的部分工作，从而更好地与我们的方法做比较。我们的目标是分享自己的思考和经验，让读者了解前沿实践。我们也鼓励读者通过阅读其他著作找到适合自己的待办任务实践方法。

总而言之，待办任务不是一种单一的方法，它是一种视角，是一种观察和理解世界的方式。它让我们从当前的业务中后退一步,去理解和思考我们所服务的顾客想要达成的目标。

更重要的是在待办任务旗下汇集的众多实践方法,能将理念落地成行,转化为我们日常工作中有用的成果。再完美的理论,如果没有可落地的方法支撑,就如水中月、镜中花。本书将仔细解读我们认为重要的方法,让读者成为一个能用待办任务视角看世界、能用待办任务方法解决问题的人。

第二节　待办任务的构成元素

传统的消费者行为研究经常用到"5W1H"分析框架,即when,where,who,what,why,how,什么时候,在哪里,是谁,做了什么,为什么,怎么做。如果我们将一项待办任务看作一个消费者行为,那么这个框架同样适用于分解待办任务。这样的分解可以更好地理解、分析、灵活运用待办任务。

一、场景元素(when 什么时候、where 什么地点)

完成一项待办任务需要时间和地点,因此这两者构成了待办任务的场景要素。没有场景要素的待办任务不完整,为了让我们理解,需要补充许多解释。例如,"听音乐"就是一个非常含糊的任务,我们可在此范围下想象出众多场景。

(1)边走边听音乐。
(2)边运动边听音乐。
(3)在家听音乐。
(4)在剧场听音乐。
……

这些待办任务体现出充满细节的画面感,是更加精准的任务,赋予待办任务有意义的联想。

场景要素还决定了解决方案是否与待办任务相关,在一定程度上定义了解决方案的空间。例如,同样是喝饮料,运动之后喝饮料我们希望迅速补水、补电解质,逛街的时候喝饮料则要求有口感又好玩。这两个待办任务蕴含了对解决方案不同的要求和期待,定义了解决方案的价值。而没有场景的待办任务会让产品创新失去方向和焦点。

有时候,仅仅使用 when 和 where 还不足以清晰表述场景,那么就需要关联特定行为。例如,在上段的例子中,"运动之后"和"逛街的时候"是两个被关联的行为。再例如,同样是下午在室外,"走"和"跑步"是两种不同的行为,"边走边听音乐"和"边跑步边听音乐"成为两个不同的任务。

因此,当我们拟定一个待办任务表述时,场景要素不可或缺,是我们理解待办任务的必要条件。

二、任务执行者(who 谁来执行和完成待办任务)

任务执行者是试图去完成任务的人,当我们研究待办任务时,我们是在理解任务执行者的行为和动机,关注的是任务执行者和实现自身目标之间的关系。

为什么我们需要这样一个名词?因为它比其他词语更准确。

顾客?是指购买产品的人吗?那批发商和零售商算不算?使用产品的人呢?

用户呢?当我们说用户的时候,我们通常指使用一个产品的人,但是使用某一产品并不意味着这个人有待办任务。另外,我们经常会看到用户使用产品的方式与企业设想得并不一致。

消费者如何?这个词更有挑战性,强调的是"消费"。克里斯坦森在其书中有个专有名词"非消费者",指不消费特定产品的人,但他们仍然有待办任务。例如,有高血压的人虽然有待办任务"管理血压",可能依赖的手段是控制饮食种类与数量,但并不是某种血压药物的消费者。有待办任务"旅行"的人选择的可能是高铁,但并不是航空公司的消费者。

顾客、用户、消费者等词语其实都是暗暗将解决方案牵扯进来,而解决方案并不一定能够嵌入任务和执行人两者之间的关系,因此都不如任务执行者表达得准确。待办任务关注的是人们和实现自身目标之间的关系。我们希望所提供的解决方案能被"雇用",需要关注的是最终可能"雇用"我们所提供产品的人。因此,这些人首先必须是任务执行者。

任务执行者并不意味着他们正在执行任务,也许他们仍停留于思考或寻找阶段。举个例子,许多人想减肥,但为什么不去做?除了金钱成本,还有许多个人成本,包括牺牲的时间、损失的精力、忍受的肌肉疼痛。市场上那么多减肥产品,也从侧面证实完成这项任务的困难。因此,那些虽然没有将减肥付诸行动的人,仍保有一颗渴望减重的心,仍然是待办任务的执行者,只是他们眼下缺少有效协助其完成任务的好产品。

我们再次强调任务执行者和购买者并不总是一个人,一定要清晰区分这两者,因为这两者有截然不同的需求。在B2C(指电子商务中企业对消费者的交易方式)市场,如果你发现购买者和执行者不是同一个人,那么就要严格区分两者的任务边界。在B2B(指电子商务中企业对企业的交易方式)环境,购买者和执行者往往隶属于不同部门,购买者可能在没有执行者任何输入的情况下直接采购。在影响待办任务的圈子里,除了任务执行者和采购者,可能还包括批准者、审议者、维修工、管理经理、下游受众、渠道、助理等。

待办任务视角为我们提供了一个满足不同利益相关者需求的顺序:从任务执行者的需求开始,然后是购买者,最后才是其他人。毕竟,解决方案必须首先满足任务执行者的需求。

不过在后面的讨论中,我们会交叉使用顾客、用户或消费者等词语:一是任务执行者这个表达太长;二是在很多上下文中,顾客、用户或消费者等表达起来更顺畅。但需要明确,运用顾客、用户或消费者这些词都是在代指任务执行者。

三、任务(what)

任务执行者要完成什么?当然是任务。如前所述,任务是人们试图解决的问题、试图实现的目标、试图完成的活动，或者试图避免的情况。在上述每种情景下，人们往往会求助于产品和服务帮助自己完成"任务"。

任务并不是对客户正在做的事情、正在使用的解决方案或完成任务步骤的描述。相反，"任务"的表述要体现用户正在最终试图要达到的目标。客户正在做的事情可能是表面，而且也不一定能达成客户的目标；任务与解决方案完全脱钩，不依赖于解决方案。解决方案只是达成目标的手段而并非目标本身。完成任务的步骤只是达成目标的一个环节，并不是目标本身。

任务将保持长期不变。问一下自己，"人们在50年前面临同样的任务会如何完成？"我们需要努力构建的是一个尽可能稳定的任务，即便环境和技术发生改变。随着时间的推移而发生变化的是企业为更好完成任务而提供的产品。

任务是一个被执行的行动，应该具备一个清晰的终极状态。任务是所有其他要素的锚点，定义了研究探索的边界和产品创新的竞技场。

我们建议用最简单的功能性词语来表达任务，如以下几个。

（1）在家听音乐。

（2）周末打扫房间。

（3）计划一个周末的长途旅行。

（4）毕业了找工作。

（5）减肥。

（6）洗车。

（7）做一个演讲。

……

任务事实上是一个多面体。虽然我们用最简单的词汇描述任务，但期望完成的事情通常不是那么简单、直接。我们将在第三节详细论述。

我们先回答另一个问题："任务"不是什么？

（1）任务不同于需求（needs）：相比任务，需求的存在更具有普遍性，作为个体拥有各种各样的需求，例如：我需要吃饭，我需要睡觉，我需要谈恋爱。但是对创新者而言，需求只能提供一个模糊的创新方向，它并不能准确解释为什么消费者选择这项产品而不选择其他。例如：人有吃饭的需求，这也是餐馆存在的价值，但为什么消费者选择这个餐馆不选择那个？不仅如此，为什么明明已经吃饱了，出餐馆看到奶茶店，还是想来一杯料很多、看着就很管饱的"芋泥牛奶茶"？对需求的详细论述，请见第五章。

（2）任务也不同于"需求状态"（need states）："需求状态"是消费者行为和心态的基本驱动因素，它跨越了行为与心理/态度的划分、功能与情感的划分以及产品类别和形式的划分等，以确定未得到满足的共同潜在需求或愿望。"需求状态"通常是基于场合的陈述，说明客户想要什么以及如何获得。虽然任务定义中也采用基于场合的视角，但重点是目标或问题。任务框架可以指引提供量身定制的解决方案，满足多种任务需求，包括客户尚未想到的方式。

（3）任务也不同于愿望（aspiration）：笼统地说，愿望也是一个目标。但相比任务，愿望更为抽象、宏大叙事。例如：我想成为一个好父亲，这可以是一个人的人生目标。但是对创新者而言，这个目标的存在很难具象化解释为什么拥有这个目标的消费者，在某个时候会选择这项产品或服务而不选择其他，例如：我想成为一个好父亲，那么经过麦当劳时，我就一定想给7岁的小朋友买份麦乐鸡套餐吗？

（4）任务也不是产品属性（attributes）：产品属性是给新产品增值的功能，可用于推广产品，易于复制，代表客户所阐述他们希望在新产品中看到的内容。而任务代表客户的根本问题，为新产品提供更广阔的解决方案空间，并使其形式更加多样。

四、任务完成的过程（how）

任务如何被完成？任务执行者在努力达成目标的过程中，会经历不同阶段。从过程这个视角出发，一项任务可按照执行时间顺序分为几个阶段。因为任务要完成，最后要保证有一项任务完成的终结状态。掌握和分析任务执行者的执行过程是我们运用待办任务的关键。

以"清洁房间"这项任务为例，我们可将该任务拆解为以下执行步骤和顺序，如图2-1所示。

图2-1　任务地图示例

在确定清洁房间分为八个阶段后，我们进一步决定每个阶段中的具体步骤和内容。在这里，每个步骤都可以是一个更小的任务。更小的任务还可以被继续分解。换而言之，更小的任务是上一层级任务的解决步骤。图2-1被Bettencourt和Ulwick称为任务地图(job map)。

任务地图与流程图不同。任务地图一步一步描述客户想要完成什么（从需求角度），而不是描述客户正在做什么（从解决方案角度）或应该做什么（从企业梦想角度）。

任务地图也不是消费旅程图(consumption journey map)。消费旅程图的目标是记录人们如何选择你的解决方案、如何购买以及如何使用。这不是消费者的待办任务，这是消费者与企业或品牌的接触点和动线全景图。任务地图既不是关于人们对解决方案的体验与互动，也不是关于人们与特定解决方案或品牌之间的关系。任务地图是对个体日常生活中行为和需求的一种观察视角。这种视角可能包括企业的解决方案也可能不包括。消费旅程图有它的用处，但并未触及产品创新的根本。

任务地图不仅能让你看到战略机遇的全貌,还能让你审视具体要点,从而产生具体的创新想法帮助完成客户的任务。在某些情况下,任务地图本身将带给你足够的灵感去找到对的解决方案。在第三章,我们将详细阐述任务地图的用处和制作。

五、需求(why)

任务需要一步一步去完成。在每一步,任务执行者都实施行为,确保进展。为什么任务执行者在完成任务时会有这一行为?这是因为任务执行者在众多维度对执行方式、执行过程等有要求,这些要求制约、鼓励或引导某些行为。这些要求被我们称为需求。在 ODI 中,这些要求被称为期望成果。例如,在清洁房间这项任务里,我们希望尽可能减少厨房台面去除油污的时间,尽可能避免宠物毛发在空气中飘浮,等等。

"需求"一词在不同的领域有不同的内涵。在消费者研究中,需求常常指的是消费者寻求的利益点,如更省电、更耐用等;有时,也指产品规格,例如更大功率的电风扇。在软件开发中,需求指代系统要求;在敏捷管理中,需求又为与系统打交道的用户所必有。总而言之,需求是非常笼统的一个概念。我们之所以在这里使用"需求"一词,是希望读者有个更容易理解和更容易表达的方式。

待办任务方法的一个优势是它将目标和需求区隔开来。将任务定义为一个总体目标,需求则是完成任务过程中的成功标准,一项任务往往有多个成功标准。关于如何标准化地表达需求,我们将在第五章详细讨论。

请注意,转换访问一派对 why 有不同的诠释,他们认为 why 这个元素指向"为什么会有这项任务?"或者"为什么要完成这项任务?",探索的是任务的来源和动机。正如我们所说,从易于实践出发,我们更偏向 Ulwick 的定义和方法,本书"why"元素指向完成任务中的需求。

第三节　待办任务的层级、范围和种类

待办任务是我们关注的焦点,但待办任务有不同的层级、不同的范围和不同的种类。我们区别这些概念,是因为我们在挖掘、理解和使用待办任务时,它们为我们企业的产品创新和市场战略提供了不同的意义。

一、待办任务的层级和范围

让我们回到 Levitt 那句话:"人们不想买四分之一英寸的钻头,他们想要的是四分之一英寸的孔。"这个例子表明消费者的任务是"在墙上打孔"。

如果我们继续询问:"为什么要在墙上打孔?"那么他们可能会回答:"因为要在墙上挂画。"

如果我们再继续询问:"为什么要在墙上挂画?"那么消费者可能会说:"因为我想家里显得更温馨。"

在待办任务中,我们会碰到任务"抽象度"的问题。Levitt 的例子中,如果聚焦于非常具体的"打孔"任务,创新目标是如何让打孔更精准、更快、更省力。然而当你将抽象度向上一个层次提升、关注在"挂画"时,创新目标则变为设计能帮助消费者在墙上轻松挂画的产品。当我们继续上提抽象度时,创新目标再次转变为设计能帮助消费者的家呈现温馨效果的产品。

那么,究竟在何种抽象程度上确定我们的任务,从而去创新呢?答案没有对错之分,取决于你的场景、目标和资源。但是,设置一个恰当的抽象水平度却非常具有挑战性。有时,你需要将任务边界划得相当宽泛;有时,你需要将范围设置得相对狭窄。

究竟有多少抽象水平度呢?我们的经验是:有两个问题可以帮助人们有效上移或下移,从而透彻了解与不同抽象水平度匹配的待办任务。第一,"为什么要完成这项任务?",这个问题帮助人们上移到更高层次抽象度上的任务;第二,"怎样完成这项任

务?",这个问题帮助人们下移到更低层次抽象度上的任务,如图2-2所示。

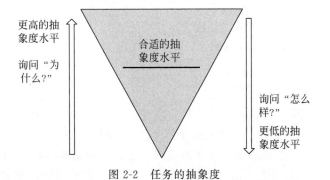

图 2-2　任务的抽象度

在打孔例子里,不断询问"为什么"将得到更大范围的任务,而在第二节面对"清洁房间"的任务,如果我们询问,"你打算怎样打扫房间?",可能获得低一层级的任务,例如,"地板吸尘""拖地""去除地面污渍"……如果我们继续询问,"你打算怎样去除地面污渍?",可能获得"浸泡污渍"或"使用强力去污剂"等范围更窄的任务。

与抽象度高度相关的另一个概念是待办任务的范围。例如,"做饭"是一个范围很广的任务。你可能并不想一开始就投入这么大的一个任务中。你认为缩小任务范围并不影响你的出发点和目标,或者关注一个有足够代表性的小任务能够达到目的,那么你可以考虑增添一个场景要素。例如,我们可以增添时间或地点将"做饭"这一任务范围缩小。

（1）在家做饭。

（2）在公园做饭。

（3）早上做饭。

（4）晚上做饭。

也可以考虑共同的任务执行者,或者任务的受益者。

（1）和爱人一起做饭。

(2)和孩子一起做饭。
(3)给爱人做饭。
(4)给孩子做饭。
甚至考虑任务执行的输入条件。
(1)用有机食材做饭。
(2)用素食材做饭。
……

值得注意的是,"在家做饭"和"在公园做饭"是两个不同的任务。换而言之,更换一个场景词即改变一项任务。

设置任务的抽象水平和范围是为了让创新范围匹配企业的业务目标,当任务足够宽泛,企业面对的可能是业务创新;当任务相对微观,企业面对的可能是产品的微创新。

二、待办任务的种类

你最终打交道的任务有几种类型,需要通过实践对其进行分类和定义。

(一)情感性任务和社会性任务

任务是复杂的,不仅有功能性的一面,还有情感性的一面[2-3]。当用户使用产品完成一项功能性任务时,他们往往希望有某种感觉,并希望同行和/或朋友以及其他人对他们有某种看法。他们希望获得的感受和被感知的方式构成他们的情感性任务和社会性任务。例如,洗车的目的不仅仅是把车洗干净,更重要的是车子用起来舒服,自己在周围人眼里勤快、讲究。冰箱的目的不仅仅是让食物保存得更久,更重要的是确保家人的健康,在家人眼里你是一个好妈妈。这甚至适用于奢侈品。当某位男士购买一块名牌手表时,可能会告诉自己这是出于它的精湛工艺和精美设计(功能性),但同时他也考虑借助手表给别人留下更好的印象(社交性),甚至觉得买一块渴望已久的名表是对自己辛勤工作的最佳奖励(情感性)。

完成任务不仅仅是关于产品功能特征,更多时候隐含着情感和社会特征。我想获得一个MBA(工商管理硕士)学位,那么好的MBA产品仅仅满足职场人学习知识的需求足够吗?显然不行,还要达到人们建立和拓展人脉的目的。再如,我买这件衣服不仅仅是为了合身,更重要的是展现我的审美和品位。了解功能任务中的情感和社会因素能为企业带来丰富的洞察力,从而创造出在功能和情感层面都能与客户产生共鸣的价值主张。

在Ulwick和克里斯坦森的体系中,我们会看到情感性任务和社会性任务这两种任务。事实上,他们认为任务主要是功能性,用户对功能性任务赋予情感和社会要素。

产品研发领域大部分从业者的经验法则是:相比任务情感性的一面,任务功能性的一面总是要优先考虑。以我们自身为例,在一个女鞋研究项目中,虽然多数时间讨论围绕着女鞋的情感性和社交性进行,女性热烈地表达鞋子在自己的生活中如何重要。例如,穿上这双鞋让"我"在公共场合感觉很自信,觉得很独特……但是我们发现,所有受访的女性都会貌似随意地提一句:购买女鞋时一个未满足的需求是鞋子合脚,而这恰恰是鞋子功能性的一面。这意味着鞋子可以是女性情感的寄托和社交的工具,但是首先鞋子得满足其功能目标,不然一双一走路就磨出几个水泡,或是脚趾被挤压变形的鞋子,让满足女性的情感目标变得空洞无物。

我们的观点是待办任务为创新提供了一个次序:首先满足功能的需求,然后递进到情感和社会性的需求。如果我们只是瞄准情感需求,那么就会有无数的可能,如有无数的方法让女性在公共场合显得自信。因此,需要从功能性入手为创新提供可行的具体方案,再叠加情感性需求。

(二)项目型任务和维护型任务

项目型任务始于"认知"或"意识到"。意识到一个问题存在,那么一项任务就产生了。你被通知去乌鲁木齐开会,那么"订机票"这项任务便产生了。你的爱人还有两周就要过生日,你有了"准备生日礼物"这项任务。当机票订好、生日礼物准备好,那么任务完成。每一个项目型任务都有一个明晰的起始点和一个明晰的结束点。

维护型任务则不同,它似乎没有明晰的起始点,也似乎没有明晰的结束点。维护型任务需要消耗能量来维持状态。例如,维持房间温度,保持房间清洁,避免蛀牙,等等。对维护型任务,解决方案通常是一个控制系统。维护型任务一般至少包括三大步骤。

(1)明确控制范围。

(2)测量当前的状态是否在范围内。

(3)采取纠偏行动。

事实上,维护型任务也可以设立起始点和结束点。例如,避免蛀牙,我们以典型的一天为单位来分析任务执行者在每一次使用牙齿之后想要达到什么状态。而像"维持房间温度"这样的任务,我们需要分析的是从发现问题之后的纠偏过程和步骤,将"纠偏"当作一个有头有尾的任务。

比较复杂的情况是项目型任务的步骤镶嵌了维护型任务,那将让制作任务地图变得复杂而烦琐。

(三)利益型任务和消费型任务

完成某些任务是为了它提供的利益点,如做演讲、度假、规划婚礼、制订促销方案等。这些任务被我们称为利益型任务。

然而,当我们选择某个产品后,一大类的新任务产生。这类新任务被称为消费型任务,是当我们消费一个产品时,也是在产品的生命周期,我们需要执行的任务。以"洗衣"为例,当我们"消费"洗衣机时,需要完成以下几项任务。

(1)评估洗衣机。

(2)挑选洗衣机。

(3)购买洗衣机。

(4)支付购买款项。

(5)接收洗衣机。

(6)退货。

(7)安装洗衣机。

（8）学习如何使用洗衣机。

（9）使用洗衣机。

（10）修理洗衣机。

（11）维护洗衣机。

（12）处理废旧洗衣机。

……

只有完成这些任务，我们才能使用洗衣机完成"洗衣"任务。区分消费型任务的用处是当我们去做访问或研究用户的任务时，我们需要明确研究的是利益型任务还是消费型任务。消费型任务不可避免地会带入产品，因此，我们识别的是现有产品的问题。

虽然，人们一般不会渴望执行消费型任务，但一些公司却固执地认为消费者渴望消费它们的产品。产品只是达成目的的手段，是"how"。我们购买洗衣机是为了洗衣，而不是为了使用洗衣机带来的快乐，更不是想维修洗衣机，或者想定期清洁洗衣机。我们学习电脑技术，是为了工作更有效率，不是为了学习电脑带来的快乐，更不是为了有一天能升级电脑。

（四）主任务和相关任务

主任务是任务执行者的总体目标。确定主任务，就确定了你的整体竞争领域，也就确定了你的创新范围。主任务通常广泛而直接，是调查所有其他要素的前提和基础。

还有另一类任务存在，如周末郊外露营是你的主任务，但是在你看来如果还能顺带爬趟山，周末露营任务完成得就更完美了。爬山独立于周末露营，无须在完成周末露营时执行，仅仅是你想或者你希望在同一旅程中完成数项任务。这些任务与主任务相邻，但与主任务有实质性的不同。Ulwick 和 Bettencourt 将其称为相关任务。相关任务是在完成其他任务的同时你想完成的任务。例如，在执行"增长投资组合"主任务时，我想完成"买房"这一相关任务；在执行"带孩子看电影"主任务时，我想完成"增长孩子知识"这一相关任务。

需要注意的是有些相关任务和主任务有竞争关系。例如，购买一件大宗物品,如汽车,可能会影响投资组合的增长,但扩大孩子眼界与带孩子看电影却可以非常融洽。因此,生活的最终状态反映了众多任务作用之和,要求我们取舍与平衡。

人们在实际生活中的确有多个相互碰撞和交叉的目标。世界并不像你的待办任务模型所显示的那样整齐划一。在确定主任务时,要确定相关任务,以了解任务执行者的目标整体情况。只有这样,你才能确定要关注的单一主任务,并将相关任务保留在你的周边视线范围内。

现在,我们以"清洁房间"的任务为例子,总结一下任务涵盖的各种要素,如表2-1所示。

表2-1 任务元素示例

元　　素	例　子
任务执行者	居家主人
主要任务	清洁房间
相关任务	清洗衣物 晾晒被子 通风换气
情感和社会任务	感觉很舒服 感觉被认可 感觉自己很能干
过程	(1) 计划 (2) 选择 (3) 准备 (4) 预处理 (5) 清洁 (6) 后处理 (7) 核验 (8) 收纳
需求	(1) 减少清洁的时间 (2) 节省体力 (3) 减少工具损耗 (4) 尽量不留死角 ……

续表

元　素	例　子
场景	（1）周末 （2）当家中很久无人居住时 （3）在有限的时间内 ……

章后回顾

仅仅知道待办任务的概念和原则，并不能让你成为一名待办任务的实践者。就像学下围棋一样，知道围棋的概念和基本胜负原则，并不能让你成为一个棋手。你需要学习什么是定式、棋形、棋眼、手筋，还需要知道什么是飞、断、刺、跳、扳、镇、并、顶、虎、征子、弃子等。你所了解的知识和技巧的颗粒度越细，你才越有可能成为一个棋手。

同样，要想成为一名待办任务的实践者，你就必须对细节和乏味习以为常，特别是抽象的定义和概念。事实上，这些东西看上去简单，因为它们只是定义而已。但是，不要被简单的定义所迷惑，这些概念在待办任务中的重要性不言而喻，特别是当你将其运用到实际工作中与业务相结合时。

没有必要去背诵，反正一开始也不会。你只需思考你正在阅读的内容，大脑多做几个例子，或者做一下每一章后附的思考题。有时，理解是后话。掌握呢？可能更晚。

当你了解了这些语言，却需要与不懂这种语言的人合作时，可能会令人沮丧，但这是你智慧增长的代价。这就是生活！

现在，你已经有了待办任务框架的基本概念、构成元素、层级、范围和原则。你需要时间消化和接纳，让它们成为你思维的一部分。下一次描述消费者需求时，请努力使用这些概念和定义，但也要用词谨慎，特别是刚开始时。在第三章，我们就要讨论如何为业务挖掘待办任务了。

章后思考

1. 请尝试开放性地思考,为什么我们普遍认为克里斯坦森开创了待办任务理论,而忽略了前人以及同时代其他人的贡献?

2. 请尝试为以下描述模糊的待办任务增加场景细节:

(1) 吃饭。

(2) 睡觉。

(3) 健身。

3. 请仔细辨别以下哪些任务执行者与购买者为一体,哪些分别为不同的人,都有谁:

(1) 为到访客户预订商务酒店。

(2) 小朋友上钢琴课。

(3) 春天在家中花园种花。

(4) 为企业采购一批商务用车。

4. 以下选项,哪些是待办任务,哪些是需求,哪些是愿望:

(1) 我想拥有一份好工作。

(2) 我想好好睡一觉。

(3) 在仅提供盒饭的高铁车厢里,我想吃一顿美味。

(4) 我想在上海有一间大房子。

(5) 使用自动削铅笔机时,我希望铅芯不要总是断。

(6) 我想在夏天来临时,有许多漂亮的裙子。

5. 以"晚间在家上在线课程"为例,试试看运用两个问题询问你的朋友,挖掘出一系列与更高层次以及更低层次抽象水平度相匹配的待办任务。

参考文献

[1] KLEMENT A. When coffee and kale compete:become great at making products people will buy[M]. Charleston:CreateSpace Independent Publishing Platform,2018.

[2] CHRISTENSEN C,HALL T,DILLON K,et al. Competing against

luck: the story of innovation and customer choice[M]. New York: Harper Collins Publishers,2016.

[3] ULWICK A. What customers want: using outcome-driven innovation to create breakthrough products and services[M]. New York: McGraw Hill,2005.

本图片由 DALL·E2 协助制作

第三章

发现待办任务——任务访问

如果我问人们想要什么,他们会说要更快的马[1]。

——Henry Ford

无论是《天空之城》《龙猫》,还是《千与千寻》,"动画大师"宫崎骏超越常人的想象都带给观者无与伦比的观影体验。然而,当面对待办任务时,我们必须将肆意狂奔的想象拉回到真真切切的现实,这是因为任务不是想象出来,任务需要被发现[2]。

我们的思考与实践是:任务既不会来自冷冰冰的销售数据报表,也不会来自办公室里众人热气腾腾的头脑风暴,因为任务潜藏于他人内心,我们必须主动狩猎——与任务执行者接触,讨论他们的生活,分析他们的行为动机。

这与军事上主动出击侦察战场有着相同的意义。在商业上就是对用户开展调查。用户调查需要观察、参与、写作和思考。它需要知道在哪里寻找、寻找什么、如何寻找以及如何解释你的发现[3]。通过调查,我们学到以前不知道但最终帮助我们采取有价值行动的新知。

调查通常分为两种:一种是定性调查,一种是定量调查。定性调查的目的是探索和发现待办任务或与待办任务相关的需求。为了达到这个目的,我们通常采用的方式是与消费者做一对一的深度访谈。访谈即为一种看似闲谈但却讲究章法与发现线索紧咬不放的交谈。或者更形象地说,大侦探波洛深谙此道。翻一翻《尼罗河惨案》一书中他与众人一对一的对话,你就会明白这种四两拨千斤的交谈对于破案至关重要。同样,与消费者的访谈能让你省去数月或数年在办公室令人沮丧、毫无结果的努力。

请不用担心客户会告诉你一些你已经知道的事情,或者,更糟糕的是,客户在交谈中流露出对现有产品的种种不满。这没关系,因为你很可能从中发现新的机会、找到百思不得其解的答案:究竟下一步该为产品添加哪些功能?如何让更多的人购买我的产品?人们为什么大量取消订阅我的服务?对于这些现象,你手边冰冷的数据也许只能告诉你发生了什么,却无法揭示为什么。而不知道为什么意味着你的改进无从下手。因此,请将具备专业的客户访谈能力加入你的技能组合中。

事实上,与消费者的一对一深度访谈是发现待办任务的基石,因为我们有时间长度和谈话自由度获取一手资料。作为一个定性过程,研究人员可以随时调整研究方法,这是为了探索与发现。

请注意,你不能将一对一访谈想象成是和邻居闲聊,访谈需要能力、技巧和思考,因为访谈有非常明确的目标。没有目标的访谈就像一艘没有舵的漂流船。

市场上许多关于如何开展访谈的入门书籍,如果你是访谈的新手,请参阅本书作者写的一本关于访谈入门的著作。此外,快速学习一种访谈技能的最好方法是由某位访谈经验丰富者指导开展访谈、分析信息和提炼洞察。

定量调查,顾名思义,涉及数字和分析,比如平均值和比例,统计和模型。它用来验证,或者推翻某个假设;也被用来测量大小或重要性。然而,定量调查需要从定性调查得到输入。如果定性调查做得很糟糕,那么定量调查的数字也无法施以援手。

本章和第四章聚焦于如何开展以发现待办任务为目标的一对一访谈思路,如何辨别有价值的信息并追踪深挖,以及一些可用作任务访谈行之有效的基础模型。我们希望这些内容并不是限制性的条条框框,而是能带给你更多思考的火花。

第一节 任务访谈须知

对产品创新、市场营销以及消费者研究专业人士而言,一对一访谈是一项熟悉得不能再熟悉的事物,那么执行任务访谈有哪些特殊之处?

一、只有理由充分的条件下才开展

如果健康状况良好,你愿意花钱去找医生看病吗?我们唯一需要找医生的时候大概就是察觉到了身体有异常,并怀疑哪里可能出现问题,必须找医生及时诊断,以免更大的风险发生。

正如我们不会无缘无故地找医生,我们也应该避免在理由不充分的情况下开展任务访谈。企业管理专家 Dr. Deming 曾道:"获取数据不是为了存放于博物馆,而是作为做事的依据。如果不利用数据做任何事情,那么收集任何数据都是没有用的。收集数据的最终目的是提供行动依据或行动建议。收集数据和采取行动之间的中间步骤是预测。"[4]

在没有一个清晰商业目标的指引下,贸然通过任务访谈收集数据,不仅徒劳无益,甚至可能获得一堆影响业务发展的"坏"数据。商业目标决定访谈目的,访谈目的决定访谈项目恰当的边界、方法以及对象,所以只有当你能为任务访谈理直气壮地找到商业理由时,访谈才有价值,也才能开展得当。以下是我们认为支持任务访谈一些恰如其分的商业理由。

(1)按照企业战略规划,你真的需要开发一款全新、与现有产品完全不同的产品,你需要了解在此预设创新方向上顾客是否确实存在试图完成的任务,竞争产品可能有哪些,顾客如何看待这些现有产品。

(2)你不知道顾客使用公司现有产品完成哪些任务,也许顾客一些别出心裁的做法能为你的产品/营销提供意想不到的商业机会来源。

（3）你感觉现有产品需要更新迭代，从而成为更好的解决方案，但是你不确定顾客希望改进什么。迭代后的产品应该具备哪些更好的特性？或是现有产品其实有哪些功能，顾客根本不需要，完全可以去掉以降低成本？

（4）顾客停止使用你的产品，但是你完全不明白这是为什么，为什么你的产品无法满足顾客的任务，是不是有别的竞品完成得更好？

（5）你想为现有产品开发一款新的互补产品，但是你并不确定：是不是由于使用现有产品，顾客出现了新的任务？

（6）产品销量不尽如人意甚至差得出奇，你需要反思购买模式中是否存在异常，顾客为什么根本不在意你觉得"很棒"的产品？为什么顾客挣扎着就是下不了购买决心？又或者，他们即将要选择竞品帮助其完成任务吗？

二、对任务访谈对象要有选择

古希腊哲学大家柏拉图在《会饮篇》中写道：我们每个人都一直在寻求与自己相合的那一半。如果你只打算泛泛了解一个市场或一个行业，那么应该随机确定受访者，从而了解事物本来的面貌。相反，如果你非常明确针对某一任务要去创新，我们需要了解人们为什么有这项任务，为什么买或不买，为什么买这个、不买那个，那么访谈的对象应该是任务执行者。任务执行者与主要任务直接相关。例如，如果主要任务是参加会议，那么任务执行者就是会议参加者。或者，如果主要任务是准备晚餐，那么任务执行者就是做晚餐的人。请记住，与执行任务有关的主要因素（如专业知识）可能会影响任务执行者的定义。专业厨师在准备饭菜时的做法可能与家庭厨师不同。你可以根据相关情况对主要任务进行限定，从而找到合适的任务执行者，例如，在家准备晚餐。

此外我们要考虑那些在主要任务上挣扎过的人。只有那些在为达成目标挣扎的人，才可能最终愿意支付、购买能帮助他们达成目标的产品,任务访谈就是要挖掘他们挣扎背后的行为动机,从而反思你的创新和营销工作该如何开展。而那些对现状感到满意的人,缺乏突然更换产品或购买更多产品的冲动。

(一)访谈对象是谁

仅仅找到挣扎的顾客还不够,根据任务访谈目的,你需要进一步明确哪些细分顾客群正是你要寻找的另一半。

(1)如果想开发新产品,作为访谈对象的任务执行者有四种。

① 非消费者。

② 那些在产品使用上展现不同模式的顾客。

③ 那些虽然使用"竞争产品"或你的产品但对解决方案很不满意的顾客。

④ 那些别出心裁将你的产品用在你从没设想过的任务上的顾客。

(2)如果需要全面掌握你的产品会被购买的各种理由,访谈对象应为购买你产品的顾客,他们未必是任务的执行者。

(3)如果需要深入了解顾客为什么会抛弃或减少使用你的产品,访谈对象应为刚购买或刚离你而去的顾客。

(4)如果需要显著提高新客获取率,访谈对象应为刚刚获得的顾客。

(二)访谈对象要多少个

关于访谈对象数量,目前的答案可能不会令你满意。让我们先看一下在这个问题上的科学研究。基于 Abbie Griffin 和 John Hauser 的论文,10 次访问将会挖掘出 70%的市场需求。如果要达到 100%,那么我们需要 30 次访问。我们通常认为 10~30 次是一个参考的范围[5]。

Bettencourt 认为访谈人数控制在 10~15 人即可,"通过 10~15 个一类受访者的访问来识别顾客需求是完全可能的。"[6]事实是,大多数研究者都会倾向于数量少一点。我们的思考和实践是:虽然 20 人以上的访问也不错,毕竟更多受访者意味着对结论有更多支撑,对研究发现也会更有信心,但超过一定人数后,不仅边际收益会下降,预算要求也变得很高,对企业并不是一件高性价比的事。

那么,如何保证数量相对比较少,又能有足够多的产出呢?——确保受访者有合理的多样性。

(三)访谈对象的多样性

在满足我们基本条件的前提下,受访者多样性的重要性不能被低估。假设我们访问克隆人,那么我们访问1个还是访问100个,没有区别,我们挖掘出来的任务以及和任务关联的需求没有区别。再多的访问,除了提升成本之外,也不会帮助我们挖掘出更多的不同之处。在目标市场、任务和任务执行者范围内,我们需要受访者群体尽可能具备"相关的"多样性。

你可能会问什么是"相关的"多样性。试举一例,我们正在研究的任务是"安排一次迪士尼假期"。有哪些最重要的变量会导致任务执行者在需求上提供不同的内容?这里有一些变量。

(1) 有无孩子。

(2) 孩子年龄。

(3) 收入水平。

(4) 来自哪里。

(5) 出行方式。

(6) 旅程距离。

(7) 是否结婚。

(8) 每年度假次数。

……

以上变量可能都会影响人们度假的标准和需求,但我们并不想在每一个变量上都有受访者,因为那样会让寻找受访者的甄选过程变得耗时而又昂贵。我们只需要选择两个最相关的变量,在每个变量上满足最基本的数量要求即可。"最相关"的意思是你相信这些变量最有可能影响人们如何做安排。

对上述迪士尼任务,我们需要筛选哪两个?很明显,"有无孩子"会影响度假需求。另外一个可能是出行方式。假设有三种出行方式：飞机、高铁和开车，那么我们就有表 3-1 所示的受访者配置要求。

表 3-1 受访者多样性

出行方式	家庭结构		合计
	有孩子	没有孩子	
飞机	2	2	4
高铁	2	2	4
开车	2	2	4
其他	2	2	4
合计	8	8	16

我们将会访问 2 个有孩子的家庭计划乘坐飞机前往迪士尼，2 个没有孩子的家庭计划乘坐飞机至迪士尼，等等。需要注意的是，选择这两个最重要的变量"有无孩子"和"出行方式"，并不意味着在其他变量上不寻求多样性。我们在其他变量也寻求多样性，但采用随机搭配的方式，不需要在这些变量上设置硬性指标。例如，在没有孩子的 8 个家庭中，我们最后可能获得 2 个收入较高的家庭、3 个收入中等、3 个收入较低，但不会规定必须得有几个高收入家庭。

三、明确任务访谈需要收集哪些信息

假如你已有充分的任务访谈理由，并且不论是访谈方法还是访谈对象都已明确，接下来的重点是：你应该在访谈中获取哪些信息？虽然，收集的信息应该和任务访谈目的、你所理解的待办任务相关，但有质量的信息都具备三个重要特征。

（1）都与隐性需求相关，与显性需求无关。前者是关于顾客做了什么和为什么，后者是关于顾客说了什么。顾客并非有意撒谎，而是想给你一些他们认为有意义但又无须费力思考的答案。尤其是当你询问一个他们不太确定该如何回答的问题时，常常会给你一个错误但又很容易解释的答案，而不是一个真实但很难解释的答案。

例如，你询问一名顾客为什么喜欢海尔冰箱，他可能告诉你看到不少海尔的电视广告，是大品牌，保鲜效果也不错。他可能更进一步说，我喜欢它的外观。然而，他可能没意识到更应该告诉你：我本来想买另一个看起来功能更多、冷藏区域划分更细致的品牌，但是去探望父母时，发现他们使用的海尔冰箱十多年没坏过，反正冰箱就是要质量好，所以我还是买了海尔。

正因为人们习惯于不去深度思考究竟是为什么，我们特别需要聚焦顾客做了什么，为什么这样做，希望做什么和不做什么。一定是有什么深层次的原因，顾客意识到某种方式不管用、不得不采取另一种方式。你需要坚持不懈地挖出每个行为的目的、促使行为改变的事件以及改变之前顾客的困惑与焦虑。请注意，最有用的信息是它们！而不是顾客不假思索地答复。

（2）**与客户的挣扎点以及他们对美好生活的想象息息相关**。任务访谈就是去理解待办任务及其期望的完成状态，因此收集的有价值信息和这两者高度相关。顾客如何完成他们的任务，喜欢或是不喜欢他们现在采用的解决方案，以及花费怎样的努力找到他们喜欢的方案，这些都提供了大量价值非凡的信息。

请注意，待办任务＝挣扎的过程。挖掘待办任务就是要找到那些让他们挣扎的点，以及那些导致挣扎出现的原因。他们在这个阶段期望完成什么？旧方案有什么问题？希望新方案能完成什么？为什么在那个时点或阶段感到特别挣扎，而不是其他时点或阶段？有什么因素加速了顾客必须解决挣扎的冲动？

只有收集这些信息才能帮助你发现顾客究竟在挣扎什么（任务），以及他们想象中任务完成后自己的生活将变得如何的好。由此，在选择解决方案时他们重视什么、不重视什么（选择产品的标准）。

（3）**顾客愿意作出哪些取舍**？当与顾客讨论他们为什么选择这个产品或更喜欢这个特性时，就好比通过逆向工程分析他们的喜好。例如，如果你想开发一个生鲜送货上门的服务，请不要就事论事地询问为什么顾客喜欢或不喜欢在本地超市购买，而是更具实践意义地与他们探讨是否愿意从本地超市转为线上购买，为什么，带来什么好处。这样你才会有效对比本地超市与线上购买这两个方案，究竟哪一个顾客愿意优先考虑。

请注意，理解顾客如何作出权衡是定义产品特征开发优先次序的好办法。虽然联合分析量化法也可探测顾客偏好的优先次序以及顾客如何作出权衡，但并不能解释为什么。相反，任务访谈可以帮助我们揭示背后的原因，并从权衡点出发找到创新的好机会。

四、任务访谈要避免哪些无效模式

到目前为止，我们一直没有讨论访谈模式，只提到一对一的访谈形式。在这一形式下，有很多模式可供选择，我们将在后面的章节讨论两种主要方法。现在，我们先说明哪些模式需要避免：请注意，所有特地研究顾客习惯的内容都要尽量避免单独使用，其中典型的是民族志研究和日志研究。

民族志旨在研究人们的行为，通常通过深度描写和参与式观察开展，目的是收集某一社会文化环境中人们的"原生态"行为方式，即在没有访问者干预之下人们本来的行事风貌，简单理解就是相对长期的行为和习惯。民族志研究收集信息的目的不是影响需求-产品-生产-消费这个系统。因此，它有助于人类学家理解人群但并不适合创新产品。

日志研究，顾名思义，即要求一组人通过写日记的方式，记录用户长期行为、活动和体验的定性研究方法。日志研究需要研究的参与者在一段很长的时间内（几天、一个月甚至更长）进行自我报告。在这段时间内，研究参与者被要求记录有关正在研究的活动的具体信息，这些活动可包括特定产品的使用过程和体验。

民族志研究和日志研究被大量公司广泛采用。这些公司通常认为有了视频和数百页的文字记录，它们就掌握了所有信息。配合上相当数量的访谈，就能深入了解顾客的行为、态度、功能和情感需求以及对产品改进的想法。然而，在大多数情况下，顾客很少会思考已有行为模式的利弊。

现在请你强迫自己喜欢放松的大脑深度思考一下，为什么运用任务访谈研究"习惯"不合适?

MIT(麻省理工学院)教授 Ann Graybiel 研究解释了当我们形成习惯时,大脑如何改变[7]。一开始执行任务的大脑活动非常活跃,这是大脑思考的部分——包括情境分析、选择方案的心理模拟、未来状态和行动结果的可视化、差异分析、做什么、不做什么、什么重要、什么不重要等。这些数据蕴含着丰富的洞察,有助于我们了解驱动顾客行为的动机。因此,研究产生这些数据的这个过程可以深刻揭示:客户重视什么,不重视什么,他们的挣扎是什么,以及当他们找到正确的解决方案时,他们想象自己的生活会得到怎样的改善。这恰恰是我们非常需要用来开发产品创新业务的依据。

然而,随着我们执行任务的次数增多和习惯的养成,大脑会在执行这些活动时进入"睡眠"状态。"睡眠"状态下大脑的工作方式倾向于首先从其神经元网络中检索和获取以前工作时固化下来的信息,而不是重新吸收和消化外部新信息。毕竟固化信息最容易被检索,处理所需能量也最少,大脑不需要费劲思考,当然觉得非常舒适。

请注意,因为耗损能量少,大脑喜欢无意识的自动思考远胜于有意识的主动思考。所以,当面对相同的选择条件时,大脑极有可能作出相同的选择。例如,我们大脑中已有关于某品牌洗衣液洗衣服更干净的固化信息,并且这个品牌的产品很容易买到,那么对大脑而言,最舒适、最轻松的决策就是一而再、再而三地买这个品牌。要是换个品牌,需要消耗能量重新收集信息、比较分析,这么耗费能量的事大脑可不愿意做。不仅如此,每完成一次重复购买,都会让下一次重复购买变得更轻松简单一点,因为大脑不停地对该品牌惯性点赞。这意味着,面对需要重复性作出决策的问题,大脑采用自动"思考"的工作方式。

大脑的这种惰性导致研究消费者的习惯并不能提供洞察其动机的信息,因为这些研究聚焦在大脑中的"睡眠"区域,习惯是无意识的条件反射,是大脑无须主动深入思考就作出的反应。换而言之,大脑根本就没挣扎过,如何去收集为什么挣扎的数据?在一个已经成为习惯性的行为模式中,我们很难甄别出顾客行为的动机。因此,我们建议在创新工作中不要单独采用日志研究或民族志研究等任何类型的长期研究技术。

最后一句话不应被视为贬低:我们是民族志研究和日志研究的支持者,我们经常使用它来收集客户信息。我们喜欢这种方法,因为它允许我们观察客户执行"待办任务"的过程,还因为它为客户洞察的挖掘带来了丰富的背景。在某些条件下,客户会思考已有行为模式的利弊,开始想象事情怎么做才能更好。这恰恰就是任务访谈非常需要寻找的关键内容:触发客户思考和权衡的问题、目标、场景、过程等信息。

更重要的是,研究人员在进入现场时,要清楚他们在寻找什么,要问什么问题才能获得他们需要的信息。我们曾目睹过一些消费类电子产品公司在完成民族志研究后,在没有了解客户的所有需求或哪些需求尚未得到满足的情况下,就进入了创新流程的其他部分。这些公司几乎总是无法发现所有必要的洞察,无法成功地为正确创意的产生提供依据。

第二节 在任务访谈中发现任务

到目前为止,你应该很清楚待办任务究竟意味着什么——它是在某个特定场景中顾客努力想解决的问题、达成的目标或避免的陷阱。待办任务是理解一个市场的核心。它是内部决策和满足客户需求的向心力。那么,我们该如何挖掘和识别待办任务?

在第二章,我们简述了待办任务的两个阵营:ODI 和转换访谈。我们在本章本节和第三节将讨论如何实施任务访问。这两节的主要概念和思路框架基于 Ulwick 的 ODI 方法,但具体诠释方法与工具则基于我们自身 10 多年的实践与思考。

开展消费者访谈挖掘任务前,我们首先要了解如何准确地表述一项待办任务,因为待办任务的表述方式引导工作思路。ODI 的一个重要特征就是对所有输出形式和内容有严谨的语言要求。

也正因此，待办任务为组织提供了一种共同的工作语言，确保各部门、各职能在相同的体系里推进下一步工作。Ulwick 和 Bettencourt 在这一领域作出了重要贡献。

一、表述待办任务

Ulwick 和 Bettencourt 认为：待办任务的价值在于描述人们目标和需求的一致性。一项任务不是你的组织（解决方案提供方）需要做什么，而是任务执行者需要做什么。因此，我们必须始终坚持从用户（个人）视角思考如何表述待办任务。

为了在描述时保持一致，请遵循以下简洁的语句结构表述一项待办任务：

情景（备选）＋动词＋对象

运用这样的语句结构，我们可以结构化表述所有的待办任务，如以下几个。

（1）边走边听音乐。

（2）晚餐后在家洗碗。

（3）周末学习一门技能。

（4）减肥。

（5）夏天度假。

（6）吸引异性。

（7）公司年会上演讲。

……

这一表述结构的好处在于两个方面。

一方面，包含待办任务必需的"场景"和"问题/目标"，其中"动词＋对象"构成对具体问题/目标准确的描述，例如：在所居住的房屋翻新墙面。这项待办任务发生的场景一目了然，既不是房内空无一物全新的毛坯房，也不是刚刚购买的二手房，这两类房子粉刷墙面时，由于空间内没有家具，因此不需要规划粉刷前如何移动、保护家具，也不需要负责粉刷后如何复位家具、打扫卫生，更不需要考虑翻新时自己暂居何处。问题非常具体、直接——如何在家具林立的房间里翻新墙面。

另一方面,这样的结构省略一切可以省略、不必要的部分。例如:在上述待办任务中,没有任何表述任务执行效果的形容词,也不需要提及主语,更不需要按照传统营销研究涉及年龄、性别、职业等,因为任何人都可能有这样的任务。

请注意,某些时候为了表述更加清晰,可在语句结构后添加以"例如"开始的状语从句,从而增加一些示例进一步说明情况。例如,针对"在特殊的日子看望父母"这一任务描述,你可在其后增加:"例如,春节、中秋节和父母结婚纪念日等。"对特殊的日子进行更有细节性的补充说明,避免之后解决方案的研究者无法判断究竟特殊日子指哪些。

表述任务精准到位,既全面又丝毫不添废话,既让自己看得懂,又让他人一目了然,确实需要大量时间练习、揣摩。我们强烈建议谨记表 3-2 列出的一些撰写任务的表述规则。

表 3-2 任务的表述规则

要 做 的	不 能 做 的
(1) 反映任务执行者视角	(1) 绝不提及解决方案
(2) 确保长期稳定	(2) 避开方法或技术
(3) 厘清上下文	(3) 不要提及需求
(4) 抽象程度适中	(4) 不反映观察或偏好
(5) 根植于生活	(5) 避免使用复合概念

表 3-3 是一些错误的待办任务表述例子,我们列出问题所在并给出正确表述。

表 3-3 待办任务表述例子

错误表述	问题所在	正确表述
在数据库中通过关键词寻找文件	包括了方法(关键词搜索)和技术(数据库)	检索内容
尽快找到最便宜的机票	包含了需求,比如便宜、尽快	查找机票
炒菜时避免油烟损害身体	包含了需求,避免损害	炒菜

续表

错误表述	问题所在	正确表述
提高打印机打印效率	包含了需求,比如效率	打印文件
避免爱吃糖的小朋友近视	包含了没有必要的限制词,比如爱吃糖	防止近视

直接采用动词描述任务有着重大意义,因为它意味着思维模式的转变——从旁观者视角转为主人公视角。当下的企业已经意识到顾客会抱有自己的观点,并提出诸如"顾客想要做什么?"之类的问题。然而,我们发现,答案通常表述为这样的句子,例如,"顾客想安装系统"。请注意,这种表述模糊而危险。"顾客想……"这一句式隐藏着一个潜台词:说话者并不是顾客,而是其他人在描述对顾客的揣摩和猜测,带有不自信的口吻。

问题是,如果企业确切知道顾客的想法,就需要更自信地阐述这些行为,使用从顾客角度描述行动的动词。因此,请抛弃"顾客"这一主语,也不要再用"想"这一代表猜测的词语。相反,直接写下能代表具体情况并富有表现力的动词,从而确保我们的逻辑清晰、表达精确和切中要害。当我们写下"安装系统",则意味着顾客正在或即将安装系统,他的目的是顺利使用安装系统之后的设备。请仔细揣摩两个句子的差别。

直接运用动词让我们能够更顺利地进入顾客的内心世界,与其产生共情,从而产生强大的力量。在过往为企业提供咨询时,我们非常强调使用从顾客视角出发的动词,表达他们对世界和所要完成任务的看法。某种程度上,动词是让企业在产品设计中转向"客户至上"的最有力方法。

二、通过访问挖掘和识别待办任务

任务表述非常重要,正确清晰的任务是产品创新的第一步。然而,掌握任务撰写仅仅是发现任务的预备工作。接下来的问题是:我们如何挖掘任务?

请注意，产品没有待办任务，是人们有待办任务。待办任务往往悄悄藏身于消费者的生活细节里。大多数情况下，即便是消费者自身，也很难意识到任务的存在。所以我们说消费者其实知道自己想要什么，如更快地从A地到B地，但是他们不知道如何表述，更不知道如何概念化一个尚不存在的产品。当我们直接问消费者需要什么时，他们只能说"更快的马"。由此，当挖掘受访者的待办任务时，我们打开消费者心智的那把关键钥匙是理解他们使用产品做什么。

我们建议你参照以下逻辑组织一系列必须明确、深挖的核心问题。

（1）**你认为这个产品从功能上能帮助你达成什么目标？** 我们需要收集和挑选关于这个问题的回答和反应，然后将所有答案放入一个标准模板中：这个产品将帮助特定人群怎么样？怎么样＝动词＋名词＋上下文（可选）。例如，这个热水壶可以让所有人（加热——水——到指定温度），这是受访者认为使用这个热水壶能达成自己的某个明确目标。

（2）**为什么会有这个目标？** 这类问题是在逆向挖掘顾客解决问题或者达成目标背后的动机。在第二章关于"待办任务层级"阐述中，我们提到询问"为什么"会帮助你识别更高层级、更抽象的待办任务。例如，在热水壶这个场景中，对新手妈妈而言，目标是确保冲牛奶的水不会过凉导致奶粉泡不开，也不会过烫导致奶粉中某些有益成分损失或者无法立刻冲好给宝宝喝。请注意某些时候，询问"为什么"这类问题可能最终让你获得一项情感任务，甚至让你觉得理性上无法理解，例如，受访者告诉你这个热水壶确保水精准加热到65 ℃，只有这样的水温才有助养生（其实并没有科学依据）。在我们看来，类似的情感任务也是用户的待办任务。千万不要因为觉得匪夷所思而弃之不用，请务必如实记录，毕竟如果用户普遍有此类情感任务，那么，你将挖掘到竞争对手意想不到、弥足珍贵的创新机会。

（3）**这个产品如何帮助你达成目标？** 这相当于询问"怎样"，

也是在第二章关于"待办任务层级"阐述中,我们提到询问"怎样"会帮助你识别更低层级、更具体的待办任务。在热水壶这个场景中,答案可能是热水壶可以迅速在 30 秒内确保水温升高到 50 ℃,而不是需要慢吞吞地烧 5~10 分钟。设想一下,作为一个新手妈妈,听到宝宝因为饥饿想喝牛奶而号啕大哭时,不要说每一分钟,甚至每一秒都充满焦虑。

(4)目标达成过程中,你有什么挑战吗?换而言之,顾客的挣扎点是什么?凡是任务,必有挣扎点。如果使用现有产品能够解决,那么这正是现有产品的价值。相反,如果仍然有这样那样的挣扎点,或者说现有产品不能完成的任务,你会发现狩猎多时的任务已从暗处被你发现蛛丝马迹。在热水壶场景中,也许新手妈妈告诉你,有时半夜冲牛奶发现水壶里没水了,困得要命时还得先去接水,如果能让水壶 24 小时一直有水就好了。听到此,如果仍然无动于衷,也许你该反思一下自己对需求的敏感度了。

(5)目标达成过程中需要回避什么陷阱吗?顾客要回避的地方通常既是顾客反复权衡思量之处,也是顾客衡量一个产品好坏的标准。在热水壶场景中,也许购买者在购买时,反复琢磨究竟是买一个即烧即用的热水壶好,还是保持恒温的好。前者意味着每次按下出水按钮时,水壶才开始烧水,所以究竟水是不是真的能那么快烧到指定温度?后者意味着水烧开后,长时间保温在指定温度,那么饮用长期保温的水究竟是否健康?

(6)什么能帮助你达成目标?顾客期望的东西折射其期望克服的困难和挑战。一个能迅速将水加热到 100 ℃并迅速降温到 45 ℃的理想产品,反映了客户想解决的最大困惑是"速度",另一个隐藏的需求是"消毒"。

(7)当任务完成后,你的生活会有什么变化,或者你的总体感受如何?这个问题包含两层含义:第一,讨论中的任务是否有结束状态?每一项待办任务都应该有一个结束状态,没有结束状态的任务很难被采取行动;第二,任务完成后的最终状态是不是让你的生活变得更好?任务的挑战性在于其被圆满完成后顾客的生活状态需要变得更好。在热水壶场景中,当一个新手妈妈体验到30秒水温即可升高至45℃的热水壶,可以确保加热牛奶这一任务不再是鸡飞狗跳、手忙脚乱,而是从容有序、让自己露出慈母笑的过程,她能切实感受到照顾婴儿的烦琐程序变得轻松一点、美好一点。她既会有任务完成的感觉,也会有意愿推荐给其他新手妈妈,那么这类产品就具备了让顾客购买的价值。现实生活中,已经有太多产品无法完成顾客的任务,我们实在没必要再去创新一个顾客没有支付意愿的解决方案。

(8)**和这个产品一同使用的还有其他产品吗?**为了更好地挖掘待办任务,我们要去询问目标人群在使用你的产品前、中、后期时,还需要附加使用哪些产品,为什么?热水壶场景中,为了确保水的质量,新手妈妈给家里装了净水器,另外,还定期用清洁剂清洁水壶内胆。当你将前前后后所有配套热水壶使用的其他产品都明列时,会发现原来还有这么多任务现有产品完成不了。接下来的问题是能不能由你而不是其他人提供更好的解决方案,从而是你而不是其他人获得这些额外的利润。

(9)**在什么情景下你的行动或者采取的解决方案会不一样?**你还需要探寻场景,去识别什么时候、在哪里执行任务会产生不同的效果。努力挖掘能影响完成任务最突出的外在因素。

三、访问过程中的一些技术

请注意,任何访问技术或方法都没有你的心态更重要。作为一个研究者,你是去访问,不是去销售,不是去拜访用户,更不是去解决问题。划重点:你是去学习!因此,你应该说得少、听得多。你说话的唯一目的是为受访者框住对话范围,提供问题帮助他们回忆任务和执行,探问和澄清他们的回答。这是一种态度,也是访问的基础。有了态度,技术才起作用。

人们在回答开放式问题时往往倾向于泛泛而谈,他们可能蜻蜓点水似的谈论自己的想法和行为。要想让信息更有细节,让对话继续围绕其经历展开,可以使用关键事件技术并借鉴三个简单的步骤[8]。

（1）**回忆一个具体事件**：让他们回忆执行任务时曾出现的特别糟糕的一次情景。

（2）**描述经历**：让他们描述发生了什么、哪里出了问题、为什么以及当时的感受。

（3）**讨论理想状态**：询问本应发生什么以及理想状态是什么，这有助于揭示他们的潜在需求。

Ulwick 的 ODI 方法将任务看作一个过程。其探询访问基于这样一个前提，有三种方法可以更好地完成任务：更快地完成任务（速度），减少错误以更可靠的方式完成工作（可靠性），产出更多（产出）[9]。ODI 的访问大纲为上述每种方法设置一个问题板块。我们以"洗碗"这一任务为例。

（1）**速度**：什么让洗碗变得很慢、很费时间？

（2）**可靠性**：洗碗时出现哪些错误、故障？

（3）**产出**：当你洗碗时,什么能帮你洗得更干净？

这些技术都适用于第三节所讨论的任务地图和任务过程内容的访问。

四、撰写待办任务

人们常说打铁要趁热。访问结束后,你需要尽快完成材料分析和任务表述撰写。将所有通过访问获得的碎片化、感性化信息拼凑起来，能切实帮助我们厘清究竟存在何种待办任务。待办任务是理解一个市场的核心。它是内部决策和满足客户需求的向心力。我们的思考和实践是：在正确的抽象水平上定义任务是关键。通过"为什么"和"怎样"等问题得到的答案能带来在不同抽象水平上的待办任务。向上抽象带来更广阔的创新空间，允许组织去拓展更多的业务机会,但过于宽泛会分散你的资源和精力。向下挖掘更具体的任务给我们提供了关于如何开发更好产品的洞察,带来更聚焦的产品空间,但是过于细节会阻碍你的视野。那么如何确定合适的抽象水平？这需要考虑自己的愿景、业务和产品。

我们强烈建议你问自己以下关键问题。

（1）**我目前提供什么产品？我如何定义我的生意？** 我们的最终目标是要让业务对消费者日常生活产生影响，当然影响越大，消费者越离不开我们的产品，例如苹果手机。因此在挖掘阶段，我们要努力保持企业与消费者任务高强度的因果关联。例如，当发现为了装饰房间、创造氛围感，消费者的待办任务是墙上挂画，而不是墙上打个孔，那么这项任务就和电钻/钻头主营企业没太多关联。毕竟当面对与其主业完全不相关的任务，一个企业很难提出切实可行的创新。

（2）**我的产品事实上帮助消费者解决了什么问题？** 产品能在市场上顽强存活若干年，一定是某些顾客认为其解决了某些问题，或是达成了某些目标。在访问期间或完成后，我们需要思考：这些被解决的问题或者达成的目标是我们最初设想的那些吗？要定义的待办任务和现有产品的任务有什么关联？

（3）**究竟我想创新的产品或服务是什么？** 这与一个企业的业务愿景高度相关。如果你希望创新的产品和服务包含于愿景中，那么所定义的待办任务可以更宽泛。

五、撰写待办任务注意事项

除了找准抽象水平，在制定待办任务时，我们还需要考虑以下几点。

（1）**措辞准确**。待办任务为组织提供了一种工作语言标准，因此措辞必须准确。通过迭代并完善拟定的待办任务定义，使用词库查找最佳标签，保持简单和单一维度，我们可以反复打磨待办任务措辞。此外，邀请同事参与测试，如果大家理解相一致，说明定义没有歧义，未来受访者也不会因为理解偏差导致反馈有误。

（2）**确保待办任务具备目的性，而不是一个简单的行为或行动**。努力从任务执行者的角度反映一个成果，即描述做一件事的目的是什么。比如，赏画只是一个行为，但理解艺术作品就是一个有目的性的任务。

（3）**反映一个终极状态**。避免将待办任务描述成一项持续进行的活动，比如"学习某一个领域的所有知识"就不是一个好的任务描述。什么时候学习会结束呢？比如，"管理投资组合"也不是一个好的任务描述，但"增长我的投资组合"就好一些，因为"增长"是一种需要被完成、被实现的终极状态。

（4）**明确区分用户任务与企业需求**。不要将来自用户的待办任务与来自企业的需求（目标）混淆。比如，"通过网络培训数据分析技能"是一个从任务执行者视角出发的任务；"尽可能吸引对数据分析技能有需求的人"则是一个从企业视角出发的需求，消费者不需要"尽可能吸引对数据分析技能有需求的人"。

（5）**扩大待办任务的范围**。在撰写待办任务时，你可能发现，消费者使用特定产品是帮助其完成待办任务的一部分，还需要借助其他产品完成剩余部分，这时"待办任务"可定义为包含特定产品功能和其他产品功能的一个抽象综合体。

如何检验待办任务撰写得比较成功？形成待办任务描述后，问自己一些问题。

（1）这个描述是从任务执行者的视角出发吗？

（2）这个描述是以动词开头吗？

（3）描述的目标有没有开头和结尾？

（4）对任务的描述是单维度吗？是否有重叠或复合的含义在里面？

（5）如果这项任务在50年前被表述出来，会和现在的表述一致吗？

（6）任务执行者在某个时刻是否会认为任务完成了？

精准描述任务需要讨论、思考、迭代以及与团队妥协，需要花费不少时间和精力。然而，它是关于顾客待办任务范围的一个基本决策，是你的业务要瞄准的一个目标，框定任务意味着为后续活动确定了开阔而又恰如其分的视野，因此它非常值得你投入。

第三节　制作任务地图

正如《蒙娜丽莎》需要达·芬奇无数笔涂抹,任何一项任务的完成都必须经过一系列阶段。我们在第一章中介绍待办任务元素how时,引入Bettencourt和Ulwick的"任务地图"这一重要概念。在本节,我们将详细讨论任务地图的作用和如何制作任务地图。制作任务地图就是根据访谈结果,以可视化的方式创建一系列阶段,从而显示任务完成的展开过程及其所有的内在目标。制作任务地图的目的是更完整、更清晰地组织和呈现任务访谈的内容和发现,从而帮助你切实识别、捕捉创新机会。

一、什么是任务步骤

任务地图将待办任务表示为一个过程,直观描述任务执行者在每个阶段想要完成什么。"任务地图将任务分解为客户完成任务的一系列步骤,并在每个步骤中捕捉客户的需求"。这些步骤被称为"任务步骤"。假如我们有一项待办任务"计划一次旅行度假",我们可将整个任务分解为如下步骤。

(1) 评估潜在的度假目的地。
(2) 决定度假时长。
(3) 选择度假目的地。
(4) 确定如何前往目的地。
(5) 预订住宿。
(6) 预订交通工具。
(7) 策划度假期间的活动。
(8) 制订外出时的家居护理计划。
(9) 制订外出时的家属(老人、宠物等)照料计划。
……

每个步骤也都是一项以某个动词开头的小任务。请注意,当列出任务步骤时,你必须很小心确保任务步骤不包含任何解决方案。以下是两个错误的例子。

（1）在高德地图上输入目的地。

（2）阅读目的地评论。

高德地图是一个产品，评论也是一个产品。这些是描述正在做什么而不是应该做什么的语句。最好是描述应该做什么。因此，这两句需要改写为"确定如何前往目的地"和"研究度假目的地"。

为什么任务步骤描述里要避免出现产品？当我们加入一个产品时，实质上缩小了任务范围。创建任务地图的根本原因是要理解任务所对应的市场。因此，缩小某个任务步骤范围，等于缩小了相应的市场规模，尽管你不是故意这么做，但你一定不想看到这个结果。还是以"计划一次旅行度假"为例。想象一下我们列出一个步骤叫"打开高德地图"。请注意，对任务地图而言，所有列出的步骤都意味着必须被执行。因此，将"高德地图"写入任务步骤表示已经排除使用其他 App 地图，或者电脑地图，或者不使用软件的市场。我们在第二章讨论过，当要扩展任务层级时，需要询问"为什么？"或"高德地图能在哪方面帮助你？"，你会得到"确定如何前往目的地"。简而言之，一个更大的市场不被解决方案所限制。尽量让你的任务步骤保持纯粹，不带任何解决方案。

遗憾的是，当创建任务地图和任务步骤时，人们常常会将解决方案带入任务步骤中。这也无须过于担忧。事实上，最开始创建任务步骤时，需要尽可能将所有资料和信息书面化，然后逐步通过数次迭代实现改进。当你意识到某个步骤包含解决方案时，尝试反问自己，"这能帮助消费者达成什么目标？"由此，你将得到一个不包含解决方案更高层级的描述语句。

二、任务地图的作用是什么

任务地图有很多用处，包括有助理解超出我们经验范畴的待办任务、为定性访问提供触发工具、为组织期望成果提供结构。我们将逐一作出详细解释。

（一）有助理解超出我们经验范畴的待办任务

所有人都能理解诸如"计划一次旅行度假"这样的任务。因为你做过度假计划，所以你有自己的经验。但是请想象一项任务，例如，"摘除胆囊"。你对此任务大概率是一头雾水，除非你恰巧是外科医生。作为研究者，我们经常处于一个需要去理解不熟悉任务的场景中。因此你需要通过访问任务执行者学习什么步骤是必须具备的，然后创建一张任务地图。请想象一下你需要理解如下任务。

（1）维修飞机。

（2）灭掉森林大火。

（3）制作陈皮。

缺乏个人直接经验，理解这些任务非常困难。因此，任务地图就特别有用，特别当在 B2B 环境里创新时。任务地图为这些任务访问过程提供了一个框架。因此，如果我们研究的是一个陌生行业，我们就可以放宽心，有了任务地图的辅助就像将孩子托付给能让自己放心的幼儿园照看。

这种方法开始会让人感觉像一位老朋友——一位在陌生领域导航的向导——无论这个领域有多么陌生或令人生畏。一旦有了一张任务地图，你就有了与专家对话的导航工具。要理解"摘除胆囊"这一任务，先访问 2～3 个专家创建任务地图。之后，你可以把任务地图作为一个提示器来辅助你访问别的外科医生。

（二）为定性访问提供触发工具

最常见的定性访谈结构是：从开放式问题开始，尽量少给提示性问题。这是因为开放式问题能让受访者有机会以他们习惯的方式思考其任务。当将自己期待的方式与使用过的方式开展比较时，他们能够告诉你最令其担忧的问题。

有时候，受访者不可避免地需要聚焦在任务的一小部分。例如，专注于旅行或住宿的后勤工作。但作为研究者，你可能对其他步骤也非常感兴趣，比如计划一日三餐或搬运行李。此时，任务地图的价值凸显：可以明确对话范围，同时促使受访者思考得更广泛全面一些，或者更深入细致一点。

（三）为组织期望成果提供结构

在本书第五章我们将会介绍期望成果。现在你可以暂时将期望成果设想为用户选择不同解决方案完成任务的标准。每一项任务都会有几十条甚至上百条期望成果。这些成果该如何梳理和组织呢？

我们还是以"计划一次旅行度假"为例，这一任务包含若干任务步骤。例如，"预订交通工具"这一步骤。与这个步骤相关的期望成果包括尽量避免交付过多费用、尽量避免支付取消罚款、尽量避免遗漏预订等。有了任务地图，我们可以将这些期望成果按照任务步骤分类，从而明确一个产品需要在各个步骤达到什么标准，为创新指明方向。

简而言之，任务地图的价值就是将复杂的任务分解为小一点的步骤。通过研究简单易懂的小步骤，我们可以更好地理解复杂的任务。如前所述，任务地图来自 Bettencourt 和 Ulwick 2008 年发表在《哈佛商业评论》上的 *The Customer-Centered Innovation Map* 这一论文。他们的模型看上去很简单，但请不要被外表所欺骗，应用起来非常具有挑战性。一旦你发展了任务思维，就会慢慢习惯任务地图这一工具。在论文中，他们讨论了三个任务地图的原则：所有任务都是过程，任务独立于解决方案，任务地图有一个通用结构。我们已经讨论了前两个原则，下面将讨论第三个原则。

三、任务地图的结构是什么

Bettencourt 与 Ulwick 提出一个由八个阶段构成的任务地图的通用结构，见图 3-1。这真是一项创新！他们将每个阶段都用一个动词标注，每个阶段还有若干步骤。现在，我们以"工作日吃午饭"为例具体展示这一结构。图 3-1 和以下每个动词的解释均来自 Ulwick 和 Bettencourt。

（1）定义（define）：定义目标并计划资源。例如，明确今天中午要外出去餐厅解决午饭这一任务，既不是选择叫外卖，也不是选择以零食充饥的方案。

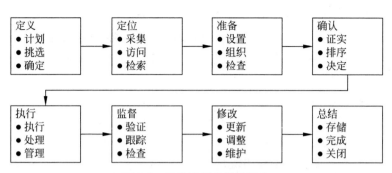

图 3-1 任务地图的通用结构

注：每个阶段中的其他动词也是该阶段经常使用的动词。

（2）定位（locate）：收集完成这项任务所需要的材料和信息。例如，去距离多远、哪种类型的餐厅就餐。

（3）准备（prepare）：为完成任务创建必需的环境。例如，抵达餐厅入座，浏览菜单。

（4）确认（confirm）：确认已经准备就绪可以执行完成任务的解决方案。例如，根据喜好下单。

（5）执行（execute）：执行解决方案。例如，吃午饭。

（6）监督（monitor）：评估任务是否得偿所愿地完成。例如，吃得很满意；感觉没吃饱；这家餐厅不如设想中好吃。

（7）修改（modify）：作出调整以改进任务完成情况。例如，再加一份餐后甜点；餐厅太热，回程路上买杯饮料。

（8）总结（conclude）：完成任务并为下一次完成同样任务选择解决方案提供建议。例如，餐厅太棒了，下周还要来；一点儿也不好吃，下次换一家。

这个通用结构，与其说是一个规范性模式，不如说是一张核对列表。它让我们制作任务地图变得更有条理。

四、如何制作任务地图

制作任务地图最核心是覆盖任务执行过程中所有阶段。请注意，任务地图是从执行者角度客观、清晰呈现完成一项任务的全景和过程。每个阶段都应有一个目的,并应作为一项功能性任务来制定。换而言之,你可以将每个阶段都看成一项小的待办任务。

在进行一对一深度访谈的过程中,我们需要向任务执行者提出如下问题。

(1) 如何开始?
(2) 前一步是什么?下一步是什么?
(3) 之后如何继续?
(4) 一路上如何作出决定?
(5) 在这一过程的每个阶段,你有什么感受?
(6) 你如何知道自己以正确的方式在完成任务?
(7) 如何收尾?

……

当有了充分的材料,我们就开始制作任务地图。在制作任务地图时,问自己以下问题。

(1) 任务开始时必须定义什么?
(2) 需要找到哪些工具/物品/输入/供应/等?
(3) 必须准备什么?
(4) 我们必须做什么来确认我们可以开始?
(5) 执行任务时必须监控什么?
(6) 如果出现偏差,必须监控什么?
(7) 结束任务时必须做什么?

……

如果对其中任何一个问题无法回答,那么你就应该通过访问得到相应的信息填充对应任务步骤的内容。

制作任务地图时,通常需要先在内部制作一份没有消费者直接输入的草稿。请注意,作为起点这样做完全没问题。不过,你需要继续通过实际用户的访问完善草稿,毕竟这是用户的待办任务,是他们想要实现的目标,他们可以告诉你步骤。你可参考这八个阶段画出整个过程。请在完善任务地图的过程中保持灵活性,直至达到最佳效果。

五、绘制任务地图注意事项

任何一项标准化工具在具体工作场景运用时，都可能会产生各种各样的使用疑惑。人们运用任务地图构建某项任务的完整过程时，同样会遇到种种关于细节颗粒度的困惑。我们提供一些细节经验。

（1）**任务地图是不是必须包含八个阶段**？当然不是。根据我们的经验，任务地图的结构确实通用，但可根据实际情况增加或减少几个阶段，6～10个是比较合适的范畴。撰写任务地图的价值之一是提醒企业不要遗漏用户完成任务所必须经历的任何一个步骤，因此，研究者可运用任务地图检验自身是否有遗漏。

（2）**步骤是不是越细越好**？当然不是。任务地图应当简洁明了。研究者可根据访谈信息先列出所有步骤，然后对相同的步骤进行合并。例如：当为"做饭"这项任务绘制地图时，如果你列出的步骤包括放食物、加水、添调料，那么请将这三项步骤合并为"放入食材和调料"。

（3）**步骤描述有没有标准句式**？当然有。正如同任务描述有标准句式：情景＋动词＋对象，步骤描述也有标准句式，因为每一个步骤都是一项任务，它们必须以动词开头。例如：以"旅行前，预订机票"为任务，我们可以将任务地图步骤撰写为：确定目的地；收集购票渠道信息；安装预订机票所需程序……确保每一个步骤是一项小的待办任务。

（4）**任务地图可否做成流程图**？制作任务地图感觉上像制作流程图，但两者不一样。流程图会包括决策点、返回箭头、描述流程的步骤。任务地图不会回头，也不会绘制决策流程。任务地图应该包括所有必须发生的步骤，但这并不表示就是一个流程图。

（5）**步骤里绝对不能包含产品吗**？假设你正在研究一项任务"护理衣物"，有一个步骤"开动洗衣机"。为了让你的任务地图更纯粹，你可能会想"洗衣机是一个解决方案"，所以将它改成"把衣物洗干净"。除非你的创新范围不涉及洗衣机，无论如何，请将"开动洗衣机"作为一个步骤保留。这里我们运用常识想象一下，当询问受访者这样一个问题"你把衣物弄干净时面临什么问题或挑战？"是不是听上去很怪异？现实中，大多数人都会用洗衣机洗衣物，因此没必要刻意抛弃洗衣机而制造出令人费解的描述。

（6）每个步骤要尽量通用还是偏向聚焦于特定场景？"记录卡路里"比"在手机里输入卡路里"要好，"选择支付方式"比"寻找信用卡"适用范围更广。任务地图是要尽量适用于更广泛的人群、更大的市场。越偏向于特定场景，任务步骤以及任务的使用范围就越小。我们应保持每个步骤的描述尽量通用。反复斟酌你的任务步骤描述，寻找隐藏在描述中的场景和解决方案。与任务执行者持续交流，直到步骤描述变得很稳定。

六、使用任务地图

任务地图的价值在于有了它你可以创造顾客所需要的更好的产品！让我们看看 Bettencourt 和 Ulwick 如何评价运用任务地图识别创新机会：

你可以开始系统地寻找创造价值的机会……一个很好的开端是在地图的每一步考虑当前解决方案的最大缺点，特别是与执行速度、可变性和产出质量有关的缺点。为了提高这种方法的有效性，可以邀请不同的专家团队（营销设计工程），甚至一些主要客户参与讨论。

为了捕捉到难能可贵的创新机会，当任务地图绘制完毕后，请一定要问自己以下关键问题。

（1）是否有更有效的任务阶段顺序？

（2）人们在哪个步骤完成任务最费劲、最挣扎？

（3）是什么导致任务执行偏离正轨？

（4）你能消除过程中的某个步骤或阶段吗？

（5）考虑到当前的技术趋势，未来如何更好地执行这项任务？

（6）如何才能为顾客完成更多任务？

（7）有哪些相关任务，你的产品也能解决？

请注意，任务地图最终要鲜明定义你的业务范围。因此，将你的产品与任务地图做比对，你能够识别差距和机会，同时，你也可以比较不同的竞品，甚至是不同的解决方案。

总而言之，任务地图是一个强大的工具。我们在本书后面讨论的每一项应用中，会经常看到它的身影。

章后回顾

你是否听过有人说：
(1)"顾客无法表达自己的需求。"
(2)"顾客不知道他们想要什么。"
(3)"顾客有潜在需求。"

如果同意这样的表述，那么你已经被同样的认知所迷惑。很多不精确的营销概念和营销理论让人认为消费者是不理性的，消费者不知道自己想要什么。

是吗？

当人们考虑购买某样东西时，他们是否会对自己正在寻求的好处，或者从产品上得到的好处视而不见？如果不会，那么上述表述的意义在哪里？为什么我们会对如此简单的一个判断视而不见？这些关于消费者的迷思和神话从何而来？

笼统而言，这是马虎思维、语言粗糙的结果。

人类是一种很奇怪的生物。作为人类的一员，我们这个被研究对象距离太近，因此去理解人类就非常困难。而且，过去几十个世纪我们一直为错误、令人困惑矛盾的概念所误导。由于接触不良信息的范围太广，真相有时候很难被接受。

请注意，真相是：消费者对自己要达到什么目标、要解决什么问题最清楚。Harold Coffin 曾道："消费者是指对某件事情感到痛苦的购物者。"他们可能不清楚哪种解决方案最好，但他们非常明确自己的待办任务，一定能告诉我们他们的需求。

可能有人会说："在微波炉发明之前，没有人知道他们需要一个微波炉。"或者"在没有看见或听说过 iPod 之前，没有人知道需要一个 iPod。"还有很多类似的例子：特斯拉、空调、电脑等。但这些是解决方案，是产品，不是需求。20 世纪 70 年代，家庭主妇能告诉你她们希望在更短的时间内准备饭菜吗？20 世纪 80 年代，音乐爱好者能告诉你他们希望在不打扰别人的条件下听音乐吗？当然能，肯定能。我们有潜在产品，如微波炉和 iPod，但我们没有潜在需求或是不明确的需求。人们购买这些产品是因为它们能更好地解决人们的问题。

待办任务帮助我们理解事情的本来面目。本章让我们学习如何通过任务访问挖掘待办任务，从而理解事情原本的样子。

在挖掘过程中我们经常听到消费者表达其需求：耐用的、可靠的、容易使用的、舒适的，等等。他们认为已经告诉我们一些有意义的事情，并且认为已描述了其最终的待办任务。但事实并非如此，一方面，上述消费者给出的词语非常含糊不清、缺乏边界和可供创新参考的衡量指标；另一方面，关于解决方案表述的词语虽然模糊不确定，但消费者内心非常清楚和笃定他们究竟想要达成什么目的。

因此，我们要实践的是本章讨论的访问方法，包括问题框架、访问技术、输出形式、一些原则和注意事项。我们认为制作任务地图能让我们的访问更加流畅和聚焦。

章后思考

1. 请运用本节所学内容，绘制一幅关于"选择儿童学前兴趣班"的任务地图。请注意阶段的完整性以及步骤的任务性。

2. 请回想一下，你的公司通常基于什么原因开展市场研究工作？采用哪种方法？由此获得的研究成果能否为产品、营销创新带来重要的数据支持？如果不能，问题出在哪里？

3. 请运用本章介绍的一系列问题，尝试询问一位使用你产品的顾客，看看究竟你的产品给他的生活带来哪些影响？

4. 请尝试为你客户撰写五条与你的产品有关的待办任务，注意撰写格式与原则。

参考文献

[1] VLASKOVITS P. Henry Ford, Innovation, and that "Faster Horse" quote[EB/OL]. (2011-08-29). https://hbr.org/2011/08/henry-ford-never-said-the-fast.

[2] CHRISTENSEN C M, HALL T, DILLON K, et al. Competing against luck[M]. New York: HarperCollins Publishers, 2016.

[3] CHRISTENSEN C, ANTHONY S, BERSTELL G, et al. Finding the right job for your product[J]. MIT sloan management review, 2007, 48(3).

[4] DEMING E. On a classification of the problems of statistical inference[J]. Journal of American Statistical Association, 1942, 37(218): 173-185.

[5] GRIFFIN A, HAUSER J. The voice of the customer[J]. Marketing science, 1993, 12(1): 1-124.

[6] BETTENCOURT L. Service innovation: how to go from customer needs to breakthrough services[M]. New York: McGraw Hill, 2010.

[7] SMITH K, GRAYBIEL A. A dual operator view of habitual behavior reflecting cortical and striatal dynamics[J]. Neuron, 2013, 79(2): 361-374.

[8] FLANAGAN J. The critical incident technique[J]. Psychological bulletin, 1954, 51(4): 327-358.

[9] What is Outcome-Driven Innovation? [EB/OL]. https://strategyn.com/resources-dynamic/what-is-outcome-driven-innovation.

本图片由 DALL·E2 协助制作

第四章

发现待办任务——转换访问

> 人们买的不是你做了什么,而是你为什么这么做。
> ——Simon Sinek

花开两朵,各表一枝。第三章我们讨论了基于 ODI 的任务访谈方法、技术和原则,本章我们则聚焦在转换访问。如前所述,转换访问不仅起源和 ODI 不同,访问思路和框架与 ODI 也有很大不同。

很多人的购买行为都源于惯性,没有真正考虑过其他选择。例如,人们每天早上在同一家咖啡店点同一种咖啡,这是因为他们认为不值得每天重新评估自己的选择。简而言之,人们很少更换咖啡,然而一旦更换,一定是有一系列有趣的力量在起作用。无论是咖啡还是其他产品,大多数企业都有近视症,只是试图让自己的产品看起来比别人的更好,但外在只是促使人们更换产品的一部分原因。转换的内在动力来自当前解决方案存在的问题已让人们无法忍受,甚至可以克服试用新产品带来的相关恐惧或犹豫。

激励他人转换产品的方法与激励友谊、发展关系的方法类似——找出客户经历的挣扎时刻,并围绕这些时刻开展工作。你可以强调为什么现有方式缺乏意义,为什么改用你的产品更安全,为什么客户无须担心放弃现有方式……如果你能解决所有这些问题,客户自然会乐意转向你的产品。

第一节　如何在转换访问中挖掘待办任务

20世纪80年代,营销专家Gerald Berstell带领团队开创性实践一项名为CCR的研究技术[1],并于1992年推广普及。转换访问即脱胎于CCR。

一、转换访问的前世：CCR

最初,Berstell美好地设想聚焦于访问购买现场顾客。在他看来,顾客事后讲述的需求和现场行为揭示的需求往往不一致,所以他想通过现场访谈捕捉即刻、更可能接近真相的行为动机。然而,由于条件过于苛刻,他发现很难在购物现场找到正好要购买某一种产品的顾客,并恰好能完成需要一定时间量的访问。于是,Berstell不得不逐渐放松条件：访问购买竞品的顾客,访问展现不一致使用行为的顾客,甚至访谈不再仅限于购买现场。现在CCR广泛用于探究各种变化(并不限于购买)的原因：为什么一个人购买某项产品？为什么他突然减少甚至停止使用某项产品？为什么他义无反顾地转而使用新产品？又或者为什么他会突然增大某个产品的用量？……

我们可将CCR访谈看作一个挖掘"为什么"和"怎么样"的过程。其目的是了解客户对产品作出购买决策的过程。受访者包括产品使用转换者、有多个供应商的顾客、新手、流失者和忠诚者。以下是一些典型的用于CCR访谈开展的问题。

(1)使用当前产品前,你如何解决这个问题？
(2)你从什么时候意识到老方法不管用？
(3)什么时候你被迫去改变？
(4)你自己独立作出改变的决定,还有其他人参与其中吗？
(5)是否有最后期限或特定事件使你一定要解决这个问题？
(6)在使用当前方案前,你还考虑过哪些替代方案？替代方案有什么优缺点?

(7)确定使用哪种解决方案的过程中,最困难的部分是什么?有没有卡壳的时候?

(8)现有解决方案能支持你实现哪些按老办法无法实现的事?

(9)为了将解决方案融入生活,你还需要做哪些改变?你计划怎样改变?

(10)你是在什么时候、如何决定接受这个产品的价格的?

……

虽然这个问题列表不完整,但可以有效帮助你了解CCR访问时应提出的问题类型。从这些问题中我们可以清晰地看到CCR总体上符合任务思维、用户视角。过去作为一种根植于营销领域的技术,CCR主要用于提升销售量。然而Bob Moesta和Chris Spiek创造性开发的时间线技术[2,3],最终推动CCR进入产品/服务创新领域,从而发挥其对于开发新产品的卓越洞察力。

二、今生:转换访问

我们先来理解一下转换产品为什么很困难。我们在本章前言提到,人们并不是不愿意让生活进步,而是他们更喜欢惯性。惯性会阻止人们购买你的产品,即便你的产品是一个很合理的选择。事实上,转换产品对人们来说是一件大事。本质上消费者不是购买你的产品,而是从别的地方转换到你的产品上。很多企业试图通过最优的设计、最好的质量、最多的功能激励人们选择转换。然而,这些策略只是与产品质量相关,只是促进转化的一个因素,而不是全部。

哈佛大学教授John T. Gourville提出了所谓的9X效应[4]。他认为,消费者对其已有产品的价值会高估3倍,而企业对其创新产品的价值也会高估3倍,具体情况如图4-1所示。

要知道,消费者高估了他们当前的解决方案,就如同你高估了你的产品表现一样。这种鸿沟正是新产品与现有产品相比仅

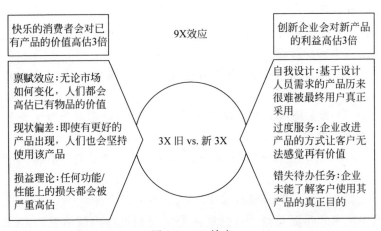

图 4-1 9X 效应

有微小、细节性的改进，很少能取得突破、获得成功的原因。这也是为什么坊间流传着"任何新产品都需要比现有产品好 10 倍才能获得主流采用"的说法：只有放大到那时，转换才变得不费吹灰之力。

转换访问，也被称为购买时间线模型[5]。作为 CCR 一个偏结构化的版本，它建立在"从旧方案到新方案"这一概念的基础上并回答一个问题——"为什么消费者'雇用'一个特定的产品？"转换访问实质是逆向分析人们从一种完成任务的方式转换到另一方式的原因，从而发现他们的潜在意图。通过在访谈过程中使用简单的时间线，帮助你成功挖出导致购买行为改变的具体时刻和事件。请注意，时间线被用于访问过程中而非访问大纲。由于受访者很难记住自己使用某个产品最初的想法或需求，因此转换访问通过对时间轴上各个点进行倒推，让受访者提供针对其购买历程完整、细致的记录版本。

转换访问中，主心骨时间线代表寻找解决方案的过程，其包含的各个阶段与具体事件或时间点紧密联系。从最开始"第一个念头"到"决定使用新产品"，到最后"使用"，时间线总计跨越六个阶段，同时每个阶段都会发生一个标志性的关键事件。现在，让我们以了解用户买房决策过程为例说明转换访问应如何开展，如图 4-2 所示。

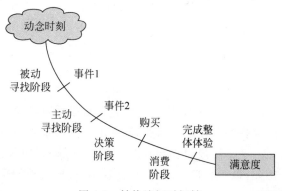

图 4-2　转换访问时间轴

（1）**动念时刻**（first thought）：这是顾客第一次意识到需要某个改变。我们应引导顾客描述最初是在何种情景下，产生了一个也许可以通过买房让自己的生活变得更好的念头，例如：去朋友家做客，感受到大房子的舒适；现有住房租金年年上涨，感觉非常困扰。

（2）**被动寻找阶段**（passive looking）：通常情况下，用户有了念想并不会马上实施，特别是货值较大的产品，但寻求变化的种子已埋下。用户尚处于买与不买的犹豫阶段，不会非常关注，但对于被动接触到的各种关于买房信息也会留意。研究者需要挖掘什么样的信息在何种情景下会促使消费者进一步思考：是否需要通过买房解决自己的某项任务。事件 1（event 1）是一个转折点，会让信息搜索变为主动状态。研究者也需要挖掘促使用户由被动接收信息到下一步主动收集信息转折的关键时刻，是什么促使消费者发生这种转变？当时的情景如何？何种情形刺激消费者将买房视作解决某项任务的方案？

（3）**主动寻找阶段**（active looking）：顾客开始主动寻找一个解决方案，并且花费了相当的时间和精力搜索。顾客去过哪些网站?查看了哪些房源?和朋友、同事或者父母聊过哪些内容?他们的关注点有哪些?在收集过程中遇到哪些困难?事实上主动寻找房源的阶段可以长期持续,直至事件2(event 2)将顾客"逼入"决策阶段。发生了什么事促使消费者决定不再只是单纯寻找解决方案,而是要执行解决方案——买房。毕竟如果没有某种压力,人们不会觉得自己必须作出决定。

（4）**决策阶段**(deciding)：顾客构建自己的决策标准,然后比较不同的解决方案。例如,现场实地查看自己相对满意的房子,又提出关于此房各种各样的新问题,甚至由于非常不满意,还需要寻找更多房源。这个阶段以作出购买决策、签署购买协议或使用协议结束。例如,最终客户购买了一套满足其各种需求的房子,并格外期待崭新生活由此开始。

（5）**消费阶段**(consuming)：购买后顾客开始使用产品。因此,产品体验要么已经完成、要么还在继续。在我们的例子中,居住体验如何?它让生活变得更好吗?与过去的生活相比,买房是否真是一个很棒的解决方案?

（6）**满意度**(satisfaction)：解决方案要么带来进步,要么不会。

在整个访问过程中,建议沿着时间线从后向前展开,通过运用"在此之前发生了什么?""你为什么做这个决定?"等启发句式努力深挖。请注意,当使用转换访问就"为什么抛弃A产品"访谈时,我们要挖掘的不是某个特定的转换行为。这种方法力求从具体产品入手,寻求重建购买旅程,逆向剖析顾客为什么从一种方式转换到另一种,从而揭示他们的内在动机。当购买者同时也是任务执行者时,就能获取关于执行任务的洞察。但在一些B2B环境中,购买者可能不同于任务执行者,也可能存在多条时间线(例如,软件行业)。因此,在B2B环境中与购买者交谈时,需要大量练习才能识别出需求模式,从而了解任务执行者的需求和目的。

在许多方面,转换访谈与关键事件技术非常相似。转换访问中,关键事件就是购买。我们将它作为过去的一个具体事件,以此作为访谈重点。

如果你对 CCR 和与客户访谈还不熟悉，那么采用时间轴方法是最理想的选择。它提供了一个结构严谨的脚本足以指导你的访谈，同时你还有挖掘其他数据的空间。但很明显，这个方法适合研究购买行为。如果购买不是你研究的重点，它提供的帮助也相对有限。

三、一种更加普遍适用的访问模式

Alan Klement 提出了一种更加普遍适用的访问模式——访问客户时访问者应采取这样的思考框架：努力还原客户如何从一种做事习惯转变为另一种习惯的历程[6]。这种模式不如购买时间线方法那么具体，但有足够的结构。本质上也是一种时间线访问模式，但 Klement 提出的方法没有像转换访问那样局限于选择解决方案的过程，而扩展到更大范围——探寻习惯改变的过程。这种模式非常灵活，当考虑新产品功能时，可用它调查特定行为，如图 4-3 所示。

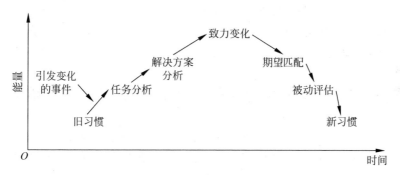

图 4-3 聚焦在习惯改变的时间线模型

模型中的八个节点的具体解释如下。

（1）**旧习惯**：顾客过去的行为方式。

（2）**引发变化的事件**：这些都与通过促使客户重新评估待办任务鼓励其改变行为有关。客户将重新思考挣扎历程，以及如何想象自己的生活会更好。

（3）任务分析：这一阶段客户参与自我认知。他不仅尽最大努力了解自己的问题所在以及想要取得的进展，还开始思考一旦有了正确的解决方案，生活会变得如何美好。

（4）解决方案分析：客户决定改变并调查所有可能触及的选项，同时评估各选项优缺点。

（5）致力改变：客户作出改变、尝试新事物。其可能坚持，也可能坚持不了。

（6）期望匹配：客户尝试了一些新东西。结果如何？达到预期效果了吗？客户需要更多还是更少的效果？顾客对生活将如何变得更好的想法是否有所改变？

（7）被动评估：解决方案对客户而言仍然较新。也许他还没有以所有预期的方式使用该产品。虽然顾客还未养成使用产品的习惯，但已开始逐步习惯。

（8）新习惯：当客户完成所有阶段后，就会形成一种新的习惯。

Klement 模型的优缺点正好和转换访问的优缺点相反。随着你对如何挖掘待办任务了解越来越深入，你可能觉得这个模型更加适合你，因为，该模型最大的优点是适用于任何行为上的变化，而不仅仅是购买。

第二节 运用四力模型分析转换访问的访谈结果

Bob Moesta 和他的团队不仅运用时间线，从 CCR 生发出转换访问，还独具创造性地构建了运用四力模型分析转换访问的访谈结果[7]。其意义在于指导企业当面对一堆碎片化访谈记录时，如何着手分析，如何得出有深度或是有价值的结论。在 Moesta 看来，有四种看不见的力量深刻影响消费者从一种解决方案切换至另一种，这四种力量共同作用产生并形成客户的需求。

一、四力分析模型

四力指的是产生和形成客户对产品需求的四种力量，也被称为变化的力量或进步的力量,它们可被用于描述某个具体产品的市场需求(demand),具体见图 4-4。

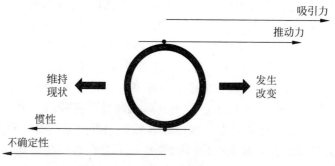

图 4-4　四力模型

图 4-4 展示了可分为两组的四种力量。这两组力量相互作用形成需求。一组在图形顶部——推动力和吸引力,它们促成改变的发生,是提升需求的力量。另一组在图形底部——惯性和不确定性,它们抑制改变的发生,是降低需求的力量。

当顾客在搜索、选择、比较产品,购买产品,试用产品,以及使用产品让生活变得更好时,会真真切切感受到这四种力量相互作用。然而,现实工作中,许多创新者常常聚焦于顶部的两种力量,他们希望知道"顾客需要什么"以及"需求如何形成",相反,常常忽略底部:降低和阻碍需求产生的力量。一个产品要想在市场上成功,必须全面考虑这四种力量。

(一)形成需求的力量

需求不是突然、自发产生。正如没有人一早醒来,事先毫无征兆地决定,"今天,我要去买辆车!"总有一些事件相互作用产生需求。

(1)推动力:当人们对现状满意时,不会寻求改变。只有当环境迫使人们对现状不满时,改变才发生。源于问题而产生的力量被我们称为推动力。它们可来自外部,当外部条件发生变化,原有方式不再适用,例如、结婚、生子、搬家等;也可来自内部,自身态度或观念发生变化,也会驱动改变,例如,暴饮暴食导致身体健康受损，由此，人们会痛下决心节制饮食、积极锻炼。

（2）吸引力：如果说"推动"是激发顾客积极性的引擎，那么"吸引"则是引导顾客积极性的方向盘。吸引力可分为两种：一种是更美好生活对人们的吸引力。如果有更合适的产品能够帮助人们完成之前无法达成的事，从而让生活变得更美好，人们当然会被这样的产品所吸引并采取行动。通常在采取行动前，人们内心会或长或短、或平静或激烈地挣扎一番，只有在挣扎后产生生活会变得更美好的预期，人们才会义无反顾地被吸引所征服。另一种是特定解决方案的吸引力。形成顾客偏爱一种解决方案的因素众多，并且可能会非常个性化，例如，身高不太高的顾客可能喜欢不太高的冰箱，因为够不着顶部的存储位置。而这也是面对看似同样的任务，众多解决方案共存的原因，否则一种解决方案会压倒性地淘汰另一种。

推动力和吸引力合作产生对产品的需求。在转换访问体系中，理解待办任务的第一步是研究推动力和吸引力，它们对解决方案的成功缺一不可。例如，我可能被特斯拉的电动车所吸引（吸引力），但是我不会购买，除非我想拥有一辆车（推动力）。类似地，除非电动车很吸引我（吸引力），否则我认为更应该选择燃油车（推动力）。

请注意，两者缺一不可，缺少任何一个都可直接导致颠覆性创新失败。例如，2008年，印度塔塔汽车公司推出"全球最便宜"的Nano汽车，这一举措不仅被收入哈佛商学院案例库，还被很多教授预估为"一骑绝尘的畅销品""将会颠覆印度的汽车行业"。然而不幸的是，Nano所瞄准的市场中，消费者要么持之以恒地坚持使用摩托车，要么宁可选择买一辆有更多配置的二手车。换而言之，Nano对消费者缺乏致命的吸引力。最终，七年后工厂不得不关停，塔塔汽车公司为此付出40亿美元的高额代价[8]。这个教训告诉我们，假设顾客一定会购买一个现有产品的低价、低配版本是天真而幼稚的行为，推动力（提供廉价汽车）不一定带来吸引力。事实上，产品首先得帮助顾客完成任务。面对完不成任务的产品，价格高低对消费者毫无意义。

（二）削弱需求的力量

正如前文所述，理解削弱需求的力量和理解提升需求的力量同等重要。然而，我们很多时候会忽视前者。有了更好的产品，并不意味着客户就会接受新的解决方案。如果新产品不符合客户根深蒂固的行为习惯和期望，客户不仅不愿意改变，还会为不转向新的解决方案寻找诸多理由。事实上，削弱需求的力量对解决方案造成的阻碍，堪比竞争产品带来的强大压力。削弱需求的力量可分为惯性和不确定性。

（1）惯性：从购买角度而言，我们有两种惯性：一种是决策的惯性，人们不愿意去花时间和精力了解新产品，惯性地选择他们熟悉的产品，还记得本书第一章介绍的 Kahneman 教授创造性提出的"慢思考 vs 快思考"理论吗？大脑的舒适感驱动这种惯性发挥力量。另一种是原有行为习惯将人们束缚在原有行为方式上，例如，即便家里有洗碗机，很多老年人仍习惯用手洗碗，甚至于面对堆成山的脏碗碟，也从不考虑洗碗机。

（2）不确定性：人们不确定新产品是否能更好地完成任务并由此产生焦虑。如果新的解决方案存在很大的风险或失败的潜在成本很高，客户就不愿意采用。不确定性既产生于购买前的决策过程，因为没有用过类似的产品（产品的创新性会界定出一个新的类别，而客户并不真正了解这个类别），人们不确定产品使用过程是否顺利，不确定是否容易上手（可能又会产生新的痛点）……也会产生于开始使用产品后：不确定是否正确使用，不确定是否达到最佳使用效果……不确定性为顾客提供了保持原状理直气壮的说辞。

面对惯性和不确定性，我们的思考和实践是：创新并不仅仅是创造曾经不存在的产品或功能，也关联了很多不那么性感的工作，包括帮助顾客克服焦虑和摆脱固有习惯，因此，我们常常将惯性和不确定性看作无声、不起眼但却非常有分量的竞争者。正如你会因为产品比不上竞品而丢失市场份额，你也会因为顾客不愿转换一个小小的习惯而丢失份额,两者最终将导致相同的悲剧性结果。

我们常将图4-4称为"四力之轮"。如果"推动力+吸引力"大于"不确定性+惯性"之力,车轮滚滚向前,那么我们将欣喜地看到顾客从旧模式转换到新模式;反之,我们将失望地发现顾客保持原样。我们也可以将不确定性视作空气阻力和摩擦力,将惯性视作车子的重量惯性。当汽车启动时,需要克服重量惯性;汽车开动后,还要克服空气阻力和摩擦力。在这个过程中,需要汽车发动机和方向盘通力配合,才能推动汽车如你所愿地开起来并向前走。在Alan Klement看来,四力分析法实际上就是研究四种力量如何相互作用塑造需求。人们从四力模型获得的宝贵洞察不仅仅针对至关重要的产品创新,对营销、沟通和服务同样具有高度的启示价值。

二、访问分析中使用四力模型

请注意,准备访问大纲时,你需要将四力模型理念贯穿始终。首先,确保访问包含每种力量的问题。寻找推动力,要询问顾客曾经使用的产品。例如,在哪个时间点他们意识到已经使用的产品不再有效?当时他们的生活正发生什么?找到吸引力,要询问顾客对于他们曾考虑过的其他产品的观点。为什么你最终选择产品A?产品B和产品C有什么问题?什么是A具有,但B和C缺乏的?不确定性和惯性则经常出现在顾客第一眼看到或第一次使用某个产品时。此外,通过询问他们第一次碰到不同产品时的感受,我们可能会获得其对某些产品特性的焦虑。

自始至终访问的目的是要找到那些让顾客挣扎的点。究其原因,在每个点上,通常都有一项你渴望找到的待办任务。我们需要借助四力模型分析挣扎究竟在哪里:是推动力还是吸引力?旧方式对人们的阻碍是否大于新方式对其的吸引?……四种力量同样重要,都需要充分被挖掘,因为几乎没有只有一种力量起作用的情景发生。

第四章 发现待办任务——转换访问

关于访谈结束后如何精准运用四力模型分析庞杂的访谈资料,我们的建议是在一张白纸上用横竖坐标轴划分出四个象限,分别标注为推动力、吸引力、惯性和不确定性;接下来,一边回顾按照时间线访问得到的内容,一边将和四力相关的内容精准分类、分配至四个象限。由此,你将获得关于某位用户转换原因的基本但却异常清晰的轮廓。当你完成多个访问和聚类后,很可能获得对创新非常有价值的共性、规律性发现。

最终,四力分析将揭示产品和市场的匹配度,即你的产品满足特定市场需求的程度。换而言之,运用四力模型能够帮助你诊断关于产品需求情况的重要维度。

三、识别四力对创新者和营销者的意义

转换访问和四力模型帮助识别顾客经历的挣扎时刻,让我们的创新和营销工作围绕这些挣扎点开展。通过挖掘为什么顾客认为现有方式不合理、为什么转换到我们的产品很合理,让创新聚焦于消费者的待办任务上;挖掘为什么他们无须为脱离现有方式担忧,让营销更有针对性。我们可从顾客获取的角度看图 4-3——如何让更多顾客转换到我们的产品?我们也可从维护客户的角度看图 4-3——如何让我们的顾客不去转换?

针对营销常见难题:如何让产品产生强大吸引力?可以通过向顾客展示其生活如何变得更好迎刃而解。例如,假设你负责销售户外烧烤厨具,除了展示产品的科技与材料等硬件外,更需要展示:你的产品如何帮助用户更轻松地烧烤出更美味的食物,以至于让家庭成员和亲朋好友羡慕不已。请注意,在启动转换使用你的产品前,顾客将展开各种维度、各种场景的心理建设:反复思考当前处境和问题,不断想象问题解决时生活将变得如何美好,当然也会设想使用产品时可能遇到的各种不便和苦恼……这些过程将花费用户相当多的精力和时间。因此在设计营销和广告素材时,可以着重告诉顾客你理解他们的种种挣扎,描绘出他们有了正确解决方案后将获得的更美好的生活画面,以及究竟你的产品能在

构建其美好生活中贡献何种力量,从而缩短用户思考的过程并减轻挣扎的痛苦,最终满怀期待地投入你产品的怀抱。

此外,要想降低顾客的不确定性,你可以采用试用、促销和退货等政策。由于这些政策都是较好地管理价值期望的手段,并已普遍使用,这里我们不再赘述。至于针对如何驱散阻碍顾客使用产品的那些老习惯这一营销难题,你可以比较忠诚顾客的习惯和流失顾客的习惯,从而找出如何将流失顾客变成忠诚顾客、如何帮助仍在待办任务中挣扎的顾客的种种有效办法。

如果你有资源投放广告,那么你可在广告中对这四种力量进行刻意安排。

(1)推动力:演示现有方式对解决问题而言多么糟糕,提高顾客自身的推动力。

(2)吸引力:宣传你的产品如何能够更好地完成待办任务,提升吸引力。

(3)惯性:消除顾客对现状的非理性依恋,降低现状偏差。

(4)不确定性:向顾客保证转换得轻松、简单,降低害怕和变化所带来的不确定性。

你还记得十几年前苹果电脑的一支广告系列吗?——完全聚焦于四力之上。几乎每一集都采用相似的模式:一位明星代表Mac,另一位代表PC(个人计算机)。而每一集的内容即在两者对话中展开。广告开始时Mac总是会先说:"Hello,I'm a Mac.(大家好,我是Mac。)"然后PC就会接着说:"And I'm a PC.(而我是PC。)"两人的对话展示了Mac OS电脑和Windows电脑之间诸多方面的优劣比较(图4-5)。广告最后再一次将聚光灯投射在苹果当时主打产品上。

这支系列相当成功,究其根源:着墨于Windows系统的痛点——激发推动力;展现苹果电脑有多好——展示吸引力;揭示转换是多么容易——消除不确定性;将那些不愿转换的人说成滑稽而可笑,减少他们对旧习惯的依恋——降低惯性。

四力模型不仅适用于广告,也适用于所有营销活动。营销增

图 4-5　苹果电脑广告

注：源自苹果电脑电视广告截图。

加消费者对产品的熟悉度，提醒他们产品的存在，并传播产品新闻。营销还有另一个作用：战胜惰性。

第三节　我们对两种方法的立场

我们在第三章和本章重点介绍任务访问和转换访问这两种访谈方法，系统说明应如何行之有效地挖掘待办任务。最后，让我们总结一下两者以及其背后所代表的两种流派的区别，从而更有助于根据不同场景、目标选择恰当的任务挖掘方法。

一、对任务理解的不同

虽然两个流派都认为待办任务是在某个给定场景里人们迫切希望努力达成的目标、解决的问题，但转换访问派认为，理解顾客"雇用"或"解雇"一个产品的情感旅程是识别一项待办任务的正确方式。因此，他们认为待办任务具有且必须具备情感性。相反，ODI 派相信绝大多数待办任务都为功能性，只有当产品完成待办任务功能性的一面，谈论其情感性的一面才有意义。

我们的思考和实践是：层级决定待办任务的表述是情感性还是功能性。越是细节的任务，表述越偏向功能；越是抽象的任务，表述则越偏向情感。因此，定义抽象水平是精准表述任务的关键之一。

二、对消费者聆听的不同

转换访问派的Klement认为消费者无法准确地表达自己的需求,即使能,由于心理因素和外界环境影响,这些表述的需求也经常变化。因此,Klement认为真正值得研究的需求是通过顾客行为表现出来的需求,即他们转换行为的动机。Ulwick更为激进,甚至表示:公司聆听消费者的方式都是错的,我们不应该相信顾客提出的新的解决方案,顾客应该被询问的是产品能帮助他们完成什么任务。

三、任务表述的不同

两个流派都不约而同地需要通过访问产出关于待办任务的某种表述。转换访问派最终形成的表述必须以情感为出发点,但并没有结构化的表述方式。相反,Ulwick认为任务必须以"动词+名词"的方式表述,因为待办任务的价值恰恰在于其结构的统一性。

四、访问逻辑的不同

转换访问寻求重建购买旅程,逆向剖析顾客为什么从一种方式转换到另一种,所以针对的受访者常常仅限于刚刚停止使用某个产品,或者刚刚采用某个新产品的顾客,作为一种探索性质的方法,其目标是挖掘购买的驱动因素。换而言之,转换访问的目标是理解顾客下定决心采用某一产品的过程,因此基于决策过程的时间线成为最重要的访问工具。相比较而言,ODI被设计用于挖掘一项功能性的任务及其完成的过程,并清晰识别完成任务的每个阶段顾客的目标和衡量成功的标准。

五、分析方法的不同

四力分析模型用于辅助转换访问的内容设计与分析,聚焦于究竟特定产品的需求如何形成。ODI则采用任务地图,以任务地图为基础挖掘消费者需求、对比不同产品的优劣势。Ulwick 认为每个任务描述都应遵循相同的结构,完成一项任务相关的所有活动过程可以被任务地图统一表达。

六、分析产出的不同

从创新角度看,转换访问产出的是任务故事(job story)。任务故事将抽象度较高的任务具象化,从顾客的角度表达一个具体场景下的问题或矛盾点,从而引导产品或产品功能的开发可预测、可控制。我们将在第八章具体阐述任务故事。相比较而言,ODI 产出的是期望成果,即顾客用来衡量任务地图上每一阶段是否成功完成的标准,通过分析量化的期望成果最终有效识别未满足的需求。这将在第五章讨论。两者的产出都可助力创新,但 ODI 的产出更系统化、结构化,颗粒度更细,不仅能带给我们市场机会的全景,还可用于识别细分机会。转换访问直接识别出阻碍新产品购买的惯性和不确定性,可直接用于营销。ODI 产出的期望成果也可用于比较产品,作为沟通内容使用。

以上是两大流派的基本区别。我们对这两种流派的态度是:它们都非常有助于理解待办任务,千万不要将两者对立起来,相反,它们并不矛盾,具有相同的哲学内在,只是外在的方法论上有区别,甚至某些场景下,针对某些问题,两者非常互补。因此,在某些访谈中,我们既会使用任务访谈的访问思路,也会使用转换访问的访问问题。究其根本,要让工具、方法为目标服务,而不是顽固不化地被某种方法所束缚。例如,假设你想为一个全新的解决方案启动一个待办任务项目,最好还是进行 ODI 任务访谈。如果你已有产品和成熟的市场,那么可从产品入手开展转换访问,探究如何能进一步优化产品。选用哪种方法取决于希望抽象地将重点放在独立于现有市场的任务上,还是想以你的解决方案为起点并从中推导出任务。

作为一个初学者,建议你一开始采用一种方法结构化你的访问与分析。相反,对于经验丰富的访问者,不一定需要一个固定的访问和分析模式，特别是在充分掌握这两种访问方法后，你完全可以创造你自己独特的任务访谈挖掘模式。

章后回顾

让我们描述一个常见的产品创新场景。营销人、创新者、工程师、创业家等开始做产品时，往往相信他们知道客户需要什么，从头脑风暴开始定义产品、提出产品规范和工艺、组织生产直至制订营销方案，此外，他们制作财务报表、预测利润，并力争新品上市。不仅如此，假设这家公司为一家初创企业，此时还可借此去讲故事争取获得外部资本。接下来，产品广告铺天盖地，渗透到各种社交App、新闻网站、电视节目、电梯和交通工具里。但是最终，有多少产品被消费者看见？有多少诱发消费者购买？甚至更进一步，又有多少消费者愿意再次或是持续消费？少之又少，绝大多数的产品创新行动以失败告终。由此，不仅企业的时间、精力与成本付诸流水，管理者、专业人士的职业生涯也岌岌可危。

为什么会这样？坦白说是急功近利、一哄而上的必然结果。创新者试图填补市场空白，但却没有核实空白究竟是否真的存在。

因此，一种更理性的做法是首先去理解目标市场的待办任务。从诊断开始，从发现开始，从常识开始。去看，去闻，去品尝，去触摸……甚至去听，对，去聆听。怀着同理心，带着逻辑思考力，带着感受力。

一旦去聆听消费者，就会发现你处在一个截然不同的世界。你会去反思，会去探索。你想知道得更多。暂时不再去做财务报表，因为你知道以后有足够的时间。你现在最想知道的是不是瞄准了靶心。最终，你将发现一个值得投入且必须在开始创新前找到的事物——一个明确界定的问题。

没有对待办任务的理解，即便是天才也会在市场上犯错误。

第四章　发现待办任务——转换访问

没有人需要超过 637 KB 的个人电脑内存。640 KB 对任何人来说都足够了。

——比尔·盖茨（1981）

美国人有电话的需求，但是我们没有。我们有足够的邮差。

——Sir William Preece，英国邮政总局总工程师（1876）

苹果手机没有机会获得任何有实质意义的市场份额。没有机会。

——Steve Ballmer，微软 CEO（2007）

在没有明确待办任务之前，避免采取行动。这需要思考、耐心和毅力。与其花时间造就失败，不如花时间提高我们成功的可能性。

任务需要被发现。访问是待办任务的基石。我们不要自以为是，应该谦虚地与消费者交谈，抛出能让受访者愿意讨论其目标和实现目标过程的问题。

第三章和本章呈现了两种访问思路和模式：一种是 ODI 的任务访问，借助任务地图，挖掘任务完成的步骤、目标和实现目标的障碍。将任务投射到一张地图可以帮助我们梳理研究内容，深入了解任务的开展过程。任务地图按时间顺序绘制任务主要阶段及其子目标。在后序章节我们论述如何使用任务地图找到市场机会、比较竞争产品和规划产品路线。另一种是转换访问，意在重构最近一次购买的时间线，聚焦于购买决策以及通过完成任务寻求更好状态的潜在动机。时间线完成后，四力模型被用于分析转换方式的原因。这四力分别为人们推离旧方式的推动力、新解决方案对人们的吸引力、人们对新方案的焦虑（不确定性），以及对旧方式的依恋性习惯（惯性）。四力模型帮我们理解促进需求和阻碍需求产生的原因。

任务访问和转换访问是待办任务的两个流派，它们在原则上相似，但在任务定义、访问方法、产出等方面却有所不同。我们要关注异同，但在实践中，更需要消化、融合这些方法为商业目的服务。

章后思考

1. 请运用转换访问方法，尝试询问你的忠实客户以及抛弃你产品的客户，究竟他们为什么成为你产品的拥趸，又或是他们义无反顾抛弃你的理由是什么？

2. 最近你是否尝试购买新口味、新品牌的冰激凌，请尝试运用四力模型，分析你自己为什么会发生转变，推动力、吸引力、惯性和不确定性各自是什么，为何最终是前两者之和战胜了后两者之和。

3. 你所在企业是否有新的产品改进或是开发计划，请运用任务访问方法，尝试为新产品找到匹配的待办任务，并比较这与你最初对产品的设想有何不同。

参考文献

[1] BERSTELL G. Study what people do, not what they say[Z]. Marketing News, 26, 1992.

[2] BERSTELL G, NITTERHOUSE D. Looking "Outside the Box": customer cases help researchers predict the unpredictable[J]. Marketing research, 1997, 9(2): 5-14.

[3] BERSTELL G, NITTERHOUSE D. Asking all the right questions: exploring customer purchase stories can yield surprising insights[J]. Marketing research, 2001, 13(3): 14-19.

[4] GOURVILLE J. Eager sellers and stony buyers: understanding the psychology of new-product adoption[J]. Harvard business review, 2006, 84(6): 98-106, 145.

[5] SPIEK C, MOESTA B. The Jobs-to-be-Done handbook: practical techniques for improving your application of Jobs-to-be-Done[M]. North Charleston: CreateSpace Independent Publishing Platform, 2014.

[6] KLEMENT A. When coffee and kale compete: become great at making products people will buy[M]. Charleston: CreateSpace Independent Publishing Platform, 2018.

[7] SPIEK C, MOESTA B. Unpacking the progress making forces diagram

[EB/OL]. http://jobstobedone. org/radio/unpacking-the-progress-making-forces-diagram/.

[8] SHRIVASTAVA D. Tata Nano's failure to attract customers[Tata Nano Case Study][EB/OL]. (2021-06-26). https://www. startuptalky. com/tata-nano-case-study/.

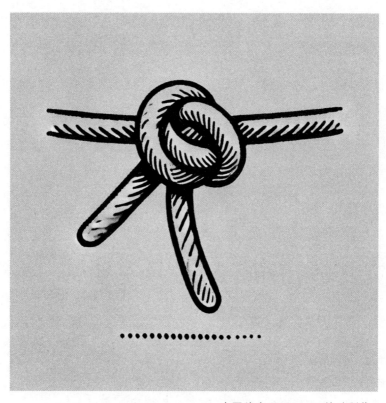

本图片由 DALL·E2 协助制作

# 第五章

挖掘期望成果

不满是进步的首要条件。

——爱迪生

在商业领域,每个人的工作理念、方法和工具都不尽相同,有时甚至相互矛盾,然而,所有人不约而同达成一项共识:理解客户需求是一切商业的原点。毕竟企业的所有经营活动围绕满足客户需求展开。遗憾的是,对于什么是需求却没有广泛共识。而这引发出一个令人不安又不得不深思的疑问:如果一个企业上上下下对究竟什么是需求没有共识,那么,它将如何系统地识别需求并开发产品去满足需求呢?

待办任务提供了一个全新理解需求的视角。运用待办任务的理念能够清晰地定义需求的目的、结构、内容、形式等,从而推动一个企业各层级、各职能对究竟什么是需求达成共识,并系统识别未满足的需求,从而通过精准开发产品更好地满足更多的需求为企业收获利润。

第一节 表述需求

"需求"一词在商业上被广泛使用,但似乎并没有一个能达成广泛共识的定义,也没有关于需求应该是什么的标准,例如,其目的、结构、内容、形式等。

一、对需求的各种理解

菲利普·科特勒在其《营销管理》一书中,对需求有这样的描述:"需要(need)是人类的基本要求;当需要指向了能满足它的具体对象时,就变成了欲望(want);需求(demand)是对买得起的产品的欲望。"[1]在他的定义里,商业社会中所表述的需求来自"需要"。例如,空气、食物、水、衣服等,此外,还有被认可、被尊重的需要。换而言之,为了生存、为了美好生活我们有各种需要,但只有当我们的需要被商品满足并且我们有支付能力时,需要才真真切切成为需求。假如商品不存在,需求也就不存在,只有需要存在。按照这一逻辑,如果钻头这个产品不存在,那么想要在墙上打孔只能称为需要,而不能称为需求。很明显,这个视角是生产商视角。

问题是对需求的这个定义,能否帮助我们成功实现创新?显然不行,因为运用这样描述的"需求"或"欲望",根本无法解释消费者的众多选择。例如,为什么今天需要食物时,我非常想吃红烧肉盖浇饭,而昨天却毫不犹豫地选择板烧鸡腿堡?从生到死每个人对食物的需要始终存在,那么这种永恒的需要能否为一家生产食品的企业指明创新的方向?显然不行,对创新而言,这样的需求描述过于宽泛,既无法提供具体的创新方向,也无法建立衡量创新成功的标准。

目标心理学则对需求给出另一种解释。我们每个个体一直追求着自身内部感知或外部生活环境条件的平衡,一旦平衡状态被打破,我们就产生了目标。目标引导我们采取行动消除这种不平衡状态。目标激励我们的行为、控制我们相对应的意识,并且定义达成目标的标准。在达成目标的过程中,各种"需求"油然而生。相比科特勒的定义,这一解释更加具体,问题是它能否帮助我们成功实现创新?答案仍然为否定。虽然我们清楚获知个体需求形成的机制,但关键是这样的需求定义不能直接为创新带来可落地的蓝图。

此外，许多人将需求视作情感层面的动机，毕竟所有行为都可归结于某种情感因素。例如，"我想成为一个好领导"，"我想显现自己独一无二的一面"……然而这些需求仍然太抽象，企业很难从所谓的"宏大愿望"中抽离出具象化可用于明确指导、规范其创新的依据。

在工作实践中，消费者研究人士常常运用一对一探访或座谈会来挖掘消费者的需求。这种看似直接来自消费者的需求，却以五花八门的面貌呈现：有的需求是顾客从产品中寻求的利益点，例如，省电、洗得干净、价格更低……有的需求是顾客想要的设计规格，例如，冰箱的冷冻部分更大一点、面板更酷炫一点、外观更流畅一点……还有的是对质量的高描述性词语，例如，耐用的、可靠的、强劲的……甚至有的直接指向产品概念或特征，例如，保鲜能达到 30 天的冰箱……面对具有不同内涵的"需求"，希冀由此为"需求"凝练出一个统一、明确的定义，似乎也是一项不可能完成的任务。

琳琅满目的"需求"理解和使用，直接导致现实中营销、开发人员对究竟什么是顾客的需求无法达成一致，从而直接引发产品创新和增长战略上的困惑和无效。需求是连接企业内部和外部世界的锚点，假如企业内部缺乏统一的标准界定什么是需求，团队内部、部门之间的对话将很容易陷入误区。从提高创新成功的角度出发，企业需要为创新相关的各项活动提供统一的视角和出发点，而这也是我们建议大家高度重视统一"需求"定义的原因。

二、对"需求"定义的要求和表述

"需求"需要满足几个条件[2]。通常，寻找客户需求是为了确保与营销、开发和创新有关的关键业务决策得到优化，从而真正创造客户价值。因此，首先，需求必须反映客户对价值的定义。然而，实际工作中，众多企业随意将客户的语言翻译成不恰当或误导性内容。请注意，需求绝不是从企业角度对客户价值进行诠释和翻译，也不是毫无依据、凭空设想客户将如何评估价值，我们必须从客户角度定义和测量价值，从而反映其需求。其次，客户的需求必须足够清晰和准确，以便所有读者都能对其含义产生相同理解。含义的透明度一定要从客户开始，全面扩展至信息的所有下游用户，如销售、营销、设计、工程、财务……最后，客户的需求必须足够稳定，从过去到现在直至未来不会发生剧烈变化。例如，当我们将某项需求放在十年前，它应该具备和现在基本一致的含义。毕竟需求稳定意味着对产品要求的稳定，否则需求就变成一个非常不易瞄准的移动靶子。如果需求稍纵即逝，企业怎么会愿意耗费三五年的时间、精力和费用开发某个新功能或新产品，以满足某个早已过时的需求？

　　以上对需求特征的梳理充分表明，当你和消费者交流时，仅仅获取他们的想法远远不够，你应该且必须获得的是"正确的信息"。正确的信息绝不能仅仅建立在信息来源是消费者原话上，毕竟他们的词语表达很难精准，需要你自己深刻去理解、分析他们究竟要做什么，即消费者购买产品和服务渴望达成的目标：待办任务。

　　关于待办任务在前四章已展开广泛和深入的讨论，所以现在一提起任务，你脑海中应该不假思索地闪现这一定义：任务是消费者在特定场景下试图要达成的目标或要解决的问题。任务及其背后的任务思维对任何试图了解客户需求的人都具有深远影响。因此，企业必须将注意力从产品转移到产品所要执行的任务上，从而切实挖掘和收集到真实的需求。

　　企业运用任务思维，将会非常明显地发现：当前的产品只是顾客用于在特定时间和地点完成任务的解决方案。企业的价值创造应围绕任务展开。例如，唱片、CD或MP3文件都能帮助消费者完成存储音乐的任务，然而企业聚焦于生产更好的唱片并不能创造出新的品类——CD或MP3，只有聚焦于如何更方便存储更多音乐的任务，才推动满足消费者需求的更好方式的诞生。

第二节 期望成果的概念和意义

我们解释了相比其他理论对"需求"的定义,为什么待办任务不仅能更清晰地帮助我们理解需求,而且能更高效地为实际工作指明创新方向和衡量标准。因此,第一,我们要从完成任务的角度看待需求。完成任务本身就是顾客的一种需求,我们创造产品的目标就是为了帮助顾客完成任务。第二,需求绝不是客户对解决方案的要求,相反,是其对完成任务的要求。例如,一项任务是"参加会议",那么完成这项任务的需求包括"尽可能最大化我参会的收获,包括技能、人脉、信息等""尽可能将参会费用控制在预算内",或者"尽可能减少旅程时间"……假如一个产品/服务能够成功完成众多用户的任务,一定大受欢迎。由此,引出本节将要回答的问题:如何衡量一项任务是否被成功完成?

一、什么是期望成果

Ulwick 认为:人们购买产品和服务是为了完成待办任务,那么衡量一项任务是否被成功完成就有一系列指标。他称这些指标为"期望成果"[3]。例如,一项待办任务是"听音乐",那么顾客的期望成果即他们花时间、精力和金钱寻求的是以下几项。

(1)最小化找到想听歌曲所花费的时间。

(2)最小化选错歌曲的可能性。

(3)最小化改变播放列表中歌曲顺序所花费的时间。

……

一个待办任务常含有上百个期望成果,这些成果覆盖顾客衡量任务是否完成以及完成好坏的多个维度。在听音乐例子中,这些期望成果实际表达了顾客将如何衡量一个音乐播放产品的价值。

Ulwick 指出期望成果就是顾客需求。待办任务稳定并与技术和解决方案无关,所以顾客需求不会随时间变化而改变,也和解决方案与技术无关。依照这些需求,产品设计变得可执行、可控制、可预测。一个完美的需求表达应具备这些特性。

待办任务与其他创新思想不同也是更有力量的地方，在于彻底从顾客角度看待需求，不仅如此，这种角度让我们真正从顾客视角理解产品（而不是从产品角度理解顾客）、创新市场与竞争。

二、理解期望成果

我们再举一例。假设我有一项待办任务"去乌鲁木齐参加会议"。由于从上海出发路途遥远，因此，其中一个期望成果是"尽量缩短旅程时间"，另一个则是"提升旅途轻松感"。

虽然，任何一班从上海到乌鲁木齐的直航，安全系数和时间成本基本相同，然而，不同航班的体验差异巨大，这取决于我乘坐哪家航空公司的飞机。如果是廉价航空，虽然可以在相同时间内将我送抵目的地，但狭窄座位上接近6小时的飞行体验，必然一言难尽。考虑到紧接着的会议安排异常忙碌，我宁可为东航或国航支付更高的价格。换而言之，廉价航空虽然满足了"尽量缩短旅程时间"这一期望成果，但无法同时满足另一个——"提升旅途轻松感"的期望成果。

甚至为了达成第二个期望成果，即使在东航和国航间，我仍要权衡哪个航班到达乌鲁木齐的时间点更合适。我从未到过乌鲁木齐，人生地不熟，并不想落地后直接去酒店睡觉，还想挤点时间去领略一下当地风土人情。因此，我渴望一个不要太晚到达的航班。最终对航班的所有期望，帮助我挑选出一个最满意的解决方案，当然究竟是不是最好的选择，还得看乘坐体验是不是最终达到我事前的种种预想。

"期望成果"这个词组包含两部分：主语"成果"和定语"期望"。成果指顾客目标，是顾客非常希望满足的真实要求。请注意，"期望"是顾客主动产生的"期望"，不是你希望顾客具备的"期望"。作为一种主观意志的"期望"，要求我们创造一种高度满足顾客期望的体验。

理解和明确期望成果非常重要。原因很直接：它可以帮助你设计更好的产品！而这也是最小可行性产品（minimum viable product，MVP）常常在市场上最终遭遇拒绝的原因。这些产品提供了完成消费者待办任务最基本的解决方案，但由于其太过简陋以致无法提供满足消费者期望成果的特性，因此，参加测试的消费者常常反馈：用是能用，但总感觉不怎么样，自己不会花钱买。最小可行性产品时常出现在初创公司，为了降低研发成本、缩短研发周期，这些采用"精益创新"方法的企业，推出一个能完成最基础待办任务要求但体验与顾客的期待不那么吻合的初级产品，目的是了解市场对其的反馈，从而决定是否投入进一步研发和生产。如果对精益创新感兴趣，你可以额外阅读 Eric Ries 所著《精益创业》一书。

除了航空业，我们也很容易在其他行业找到相似的例子。例如，企业软件正被云产品所颠覆，虽然本地化部署性产品也能完成同样的任务指标，但"云"能满足更多的期望成果，因此，云产品也更受欢迎。再举一例，网约车颠覆了出租车带给我们的打车体验，因此，它让传统的出租车公司备受折磨、一筹莫展。

"期望成果"这一概念不仅可以用于解释为什么消费者选择你的而不是竞争对手的产品，同时也可以解释为什么众多能完成同一项任务的不同产品可同时存在，因为它们满足了消费者不同的期望成果。例如，我要冰箱外观设计简洁大气——对开门冰箱；我要冰箱明确划分各种存储空间——多门冰箱；我要冰箱匹配复古家居设计——单开门大把手冰箱……所以，我们说一个产品被市场接受的立足点是能够帮助顾客完成最基本的待办任务，而一个产品大卖的前提，是能够帮助顾客满足其期望成果，因而众多消费者愿意为其支付，而且可能愿意为期望成果支付更高的溢价。

需要注意的是，期望成果不同于我们经常使用的"顾客偏好"一词。"顾客偏好"定义"顾客喜欢和不喜欢的产品类型"。它指向一种对解决方案的偏爱程度：可能是对产品也可能是对功能的偏好。显然，期望成果并不是顾客的偏好——期望成果描述的是一种需求。例如,尽量减小高音量播放时音乐失真的可能性。另外,顾客偏好与解决方案有关,如 Bose SoundTouch 扬声器与 Sonos Play:5 扬声器。人们偏好并购买能更好满足他们的期望成果的解决方案。

三、期望成果的驱动要素

同样的任务,为什么不同的人对同样的期望成果有不同的价值判断?Stephen Wunker 等人认为任务驱动因素(job drivers)是促使某些任务变得更重要或不重要的潜在因素[4]。我们认为这些因素的存在也导致相同的期望成果对不同人而言具有不同程度的重要性。这些因素分为三种:态度、背景和情景,其定义和解释见表 5-1。

表 5-1 期望成果驱动因素

驱动因素的类型	定义	示例	洗碗和洗碗机		
			驱动因素	受影响的任务和期望成果	喜欢的产品
态度	影响行为和决策的个性特点	(1) 社会压力 (2) 个性 (3) 他人期望	高学历 国外教育背景 收入高	炫耀成功 展示品位	国际品牌和历史悠久的品牌
背景	影响行为和决策的长期背景	(1) 地理/文化因素 (2) 家庭状况 (3) 社会经济地位	家庭人口多 做不同的菜需要适配不同的锅	待洗锅具数量较多	容量大
情景	影响行为和决策的当下因素	(1) 环境因素 (2) 工作安排 (3) 意外事件	当地天气潮湿	除菌 烘干	洗涤、除菌、烘干一体化

以 35 岁的"张立"为例。如果他以做家务为乐,那么洗碗可能对他而言是一种乐趣,可能不会考虑购买洗碗机解决洗碗任务。但如果他的工作日益繁忙,需要解放双手让自己有更多空暇时间,那

么购买一台洗碗机解决洗碗任务就是当下必须考虑的问题。因此，一个人的背景、个性等因素决定了洗碗这项任务在生活中的"地位"。

要购买一台洗碗机，他当然可以考虑一台洗得干净、省水省电的洗碗机。然而张立的态度——其社会地位或个性特征，如他拥有 MBA 学位，且在国外生活过一段时间，是旁人眼中的成功人士，导致张立对某些期望成果特别重视。他常常有意无意地炫耀自己的成功，对国外洗碗机品牌也比较熟悉，因此更喜欢历史悠久的国际大品牌。

如何从市场上众多国际大品牌中挑选呢？张立的长期背景开始发挥作用。他与父母同住，还有两个孩子，是三代同堂的六口之家。此外，家里做饭比较讲究，烹饪不同菜肴需要使用不同的锅具。因此他考虑选一个大容量的洗碗机，能一次性容纳多个锅具。

同时，张立的情景因素也在决策中发挥相当的作用。当地天气潮湿，容易让碗筷滋生细菌，餐具的烘干和除菌格外重要。因此，张立非常看重洗碗机的除菌和烘干功能，偏爱洗涤、除菌、烘干一体且效果极佳的产品。

最终张立的态度、背景和情景驱使他选择一台国际大品牌商生产的大容量、洗涤除菌烘干效果更好的洗碗机。面对同样的洗碗任务，与张立不同，有些人以手洗为乐，有些人则由于自身经历更信赖国货，有些人因为居住空间有限放不下大容量洗碗机……态度、背景和情景因素的差异让我们对期望成果有不同程度的关注，从而导致对提供不同功能的产品，有不同的偏爱。

上述例子表明这些驱动因素虽然仅仅用于描述任务细节而非任务主干，但它们对任务及其期望成果的重要性排序有着巨大影响。

第三节　分析与输出期望成果概述

期望成果挖掘的价值在于让原本缥缈、不确定、无从下手的产品设计变得可执行、可控制、可预测。有了对应一项任务的一系列期望成果，我们可以考虑以下几点。

（1）量化哪些期望成果为过度服务，相反，哪些未被满足。

（2）发现蕴含不同需求的细分市场。

（3）将其作为衡量标准，在大规模投入前对产品概念和产品原型进行测试。

（4）为我们制作产品路线图和任务故事提供基础信息。

……

既然蕴含于待办任务中的期望成果对企业创新如此重要，由此，引出本节将要回答的问题：如何表述、分析用户的期望成果，从而得到对创新至关重要的指引方向和衡量标准？

一、期望成果表述

正如待办任务的表述需要标准化，以标准化方式制定期望成果的表述也非常重要。标准化意味着你充分明确表述必须包含哪些内容，从而让接下来的开发工作框架化、精细化。Lance Bettencourt 和 Ulwick 开发了一种标准的需求表达结构，他们称之为"期望成果"。这个标准化的期望成果表述结构包含四个元素。

（1）改进方向：任务执行者希望如何改进？每个表述必须以一个动词开头，指示用户想要改进的变化方向，例如，运用"最小化"表示测量单位的减少方向；相反，运用"最大化"表示测量单位的增加方向。

（2）测量单位：任务执行成功的衡量标准是什么？如何表达个人希望增加或减少的测量单位？时间、努力、技能、可能性……都是可使用单位。测量单位可以是主观性的，但应尽可能具体。

（3）需求对象：需求究竟关于什么？该元素表述动作（以上动词）可控制的作用对象，它对任务执行影响重大。

（4）澄清词：还有哪些细节有助理解期望成果？其包括上下文线索、澄清和描述任务发生的场景……

接下来，我们继续以"去乌鲁木齐参加会议"任务为例，看看相关的期望成果应如何表述，见表5-2。

表 5-2　一些期望成果的例子

改变方向	测量单位	对象	澄清语
最小化	时间	旅行在路上	从上海到乌鲁木齐
最小化	可能性	被打扰	在旅途中
最大化	数量	结交专家	在会议过程中
最小化	可能性	演讲	在台上演讲
最小化	时间	写会议总结	会议演讲者内容

将这些句子理顺后，五个期望成果表述则变为以下几点。

（1）从上海到乌鲁木齐，最小化旅途时间。

（2）旅途中最小化被打扰的可能性。

（3）会议过程中，尽可能增加结交专家的数量。

（4）最小化我上台演讲时口误的可能性。

（5）最小化写会议总结的时间，比如包含会议演讲者的内容。

2008年，Ulwick和同事发表论文进一步改善其方法。例如，现在他们的期望成果表述只显示向下或最小化的方向，在他们看来，由于顾客以消除妨碍其完美完成任务的缺点为目标，最小化表述能够更准确反映顾客的意愿。另外，我们认为最小化有极限加以控制；相反，最大化缺乏极限即缺乏衡量标准。事实上，绝大多数的期望成果表述中，更多为最小化方向。

二、在访问中寻找期望成果

掌握期望成果精准表述仅仅是开始，接下来的问题是：它们在哪里？待办任务来自任务访问，体现需求的期望成果当然也源于此。克里斯坦森认为，需求挖掘的问题不在于使用什么工具和方法，而在于明确要寻找什么东西，以及如何将观察与事实拼凑起来[5]。除了明确要寻找的东西，我们还需要筛选寻找的方法，从而更快、更准确地捕捉到顾客的期望成果。如下是我们强烈推荐经过多次实践检验行之有效的步骤。

第一步，开展数个明确待办任务地图的一对一访谈

如果你对顾客的任务完成过程非常了解，那么3～5个访问即可帮助你将任务分解成步骤，制作必备的任务地图。如前所述，任务地图确保你从用户视角对任务如何执行有清晰、全面的理解。如果你知道想要获取期望成果应重点关注哪些流程步骤，将极大简化数据收集过程。相反，即使是最有经验的访谈者，如果缺乏任务地图，访谈也可能缺乏挖掘重点，甚至偏离轨道。假如你并不熟悉受访者的任务完成过程，或者还不清楚到底任务是什么，那么在第一步你需要更多的访问，直到顾客的待办任务非常清晰地展现在你眼前。

第二步，开展一定数量挖掘期望成果的一对一访谈

要识别期望成果，你就必须针对任务地图中的每一步，询问顾客衡量完成的标准、指标。以下是可运用的问题。

(1) 你在这个环节中有哪些变通办法？

(2) 你认为是什么让这个环节特别耗费时间？

(3) 你害怕做什么？避免做什么？为什么？

(4) 哪些事情可以变得更容易？或者，是什么让事情变得不可控？

(5) 为什么你会避免做这个环节？

(6) 哪些是最讨厌的部分？为什么？

(7) 最讨厌的这几个部分你采取什么方式解决？

(8) 是什么让效果（产出）不显著？

……

完成第二步意味着接下来可分析和输出期望成果，大部分期望成果来自这个步骤，我们将在下文具体分析。

第三步，补充数个访问填补前两步遗漏的细节信息

当然，如果没有遗漏，这一步省去即可。

三、分析与输出期望成果

让我们以"周末去露营"这项任务为例，看看如何运用任务访问获得的访谈资料输出期望成果。为聚焦于期望成果撰写，这里

我们暂且省略绘制任务地图。实际研究中,需要遵循挖掘任务—绘制任务地图—输出期望成果,层层推进,尽可能降低由于遗漏期望成果导致失去抓住宝贵创新机会的可能。

  第一步,梳理访谈中任务执行者提及的在任务执行每个阶段的不满、担忧、困扰等类似问题。例如:迷路,邻居太吵,受伤,食材腐烂,不会搭帐篷……

  第二步,为担忧的各种问题增加合适的测量单位。例如:迷路的可能性,邻居噪声的音量,受伤的概率,食材腐烂的可能性,搭帐篷的时长……

  第三步,用最小化搭配宾语和测量单位,调整语句。例如:最小化迷路的可能性,最小化邻居噪声,最小化食材变质的可能性,最小化搭帐篷的时长……

  由于用户以消除妨碍其完美完成任务的缺陷为目标,因此我们运用的大多数动词都是向下或最小化方向。例如:"受伤"是用户常见的露营担忧,因此这项期望成果为"最小化受伤的概率"。毕竟没有人希望露营时受伤,哪怕是最小的概率也不愿发生。

  请注意,表述期望成果时,不要使用"或者""并且"等类似词语。当发现它们时,意味着你需要将一个混合不清的期望成果改为两个单独清晰的表述。此外,应尽可能简明扼要,从而不仅让完成任务涉及的所有元素一目了然,而且有助于圈出哪些更重要。

  这些期望成果,经过字斟句酌和迭代,将成为下一步量化测试的内容。

四、是否可以不用"最小化"

  "最小化"表述的含义我们能理解,但是在中文里可读性太差了。我们需要确保输出的期望成果符合汉语常用文字阅读习惯。因此,我们用其他词语替代"最小化",例如:

  原来的表述:最小化我台上演讲时口误的可能性。

  现在的表述:避免我台上演讲时口误。

  第二句明显可读性更高、更简洁。第二句丢掉任何含义吗?

并没有太多。与原来表述相比,有任何差异吗?我们认为基本没有。更进一步,为了阅读更符合中文语境中"期望"的概念,我们经常在动词之前加"尽可能"。这一切都是为确保当这些表述在问卷里请受访者开展评估时,能够被大家准确、快速地阅读和理解,从而确保量化工作的效率与准确度。以下这些词汇可用于替代"最小化"。

(1)避免。

(2)减小。

(3)减少。

(4)防止。

(5)消除。

……

有时,为了可读性,我们会使用一个"向上"含义的动词。以"下雨的时候,最小化睡袋里的潮湿度"为例,怎么读怎么别扭的情况下,我们将其改为"下雨的时候,尽量保持睡袋干燥"。追求可读性扩大了可用动词的数量。但是,不同的动词可能会让我们失去一部分测量单位,也会给一些人创造敷衍了事的空间,因此我们需要谨慎为之,尽量保持可用动词的单一性。

五、输出期望成果的原则

对用户而言,期望成果是其选择和评估解决方案的衡量指标;对企业而言,期望成果既是创新的来源、创新过程校准的对标对象,亦是评估创新结果的衡量标准。因此,好的期望成果必须满足以下规范和原则。

(1)分析期望成果时,必须围绕顾客的核心待办任务,而不是辅助性任务。例如,"申请营地获批"是"周末去露营"这个核心任务的一个辅助性任务。毕竟你的创新目标是为露营活动提供相关产品,绝不是去帮助露营者申请营地许可。聚焦于核心任务确保你捕捉到的期望成果具有普遍性和相关性,因此分析期望成果的聚焦点必须是核心任务。

（2）**期望成果的表述不能包括或提及解决方案、技术或产品特征**。对于相同的期望成果，不同的人群可能采取不同的解决方案。如果在期望成果描述中涉及某个解决方案，那么不采用这类方案的用户就不会表达对这项期望成果重视。由此将导致接下来通过定量调研确定期望成果优先顺序时，得到错误的反馈。而期望成果的优先顺序是我们决定抓住哪一个市场机会、确定创新优先顺序的重要依据。为了提高创新的准确率，我们需要高度重视、避免在描述期望成果时涉及解决方案。例如：前述露营任务中，"食物加热时间长"亦是消费者经常会提及的困扰，"我希望用木炭加热食物快些""我希望用酒精炉烧水火大些""我希望电烤炉烤肉快点熟"……如果我们不加以甄别：木炭、酒精炉、电烤炉其实都是解决方案，最终将输出的期望成果撰写为"最小化酒精炉加热食物时长"，那么，稍后拿到定量调研问卷的受访者可能由于其使用的是电烤炉，而认为这项期望成果对自己一点也不重要——"我根本就不用酒精炉"。相反，如果输出的期望成果为"最小化加热食物时长"，那么有此类困扰的用户，不论他目前采取哪种解决方案，都会认为此项期望成果对自己相当重要。换而言之，如果企业可以提供更好的解决方案，他当然有支付意愿。

（3）**确保使用动词时，语义清晰、一目了然**。同样，如果定量研究时拿到问卷的用户对期望成果描述文字十分费解，无法迅速理解其字面意思，将可能十分草率或是按照自身理解而非调研本意完成问卷，由此大大降低创新的准确性和可预测性。例如，露营任务中，如果出现这样一项期望成果：改善徒步前往营地时间，被调研者将十分疑惑：是为了延长营地周围活动时间，增强营地活动趣味性，还是沿途风景很美，需要更多徒步时间以好好欣赏风景？又或者，儿童徒步花费时间长，需要给他们预留更多时间？……"改善"这个词含糊不清，令人困惑。最后企业收获了数百份问卷，但由于受访者理解各不相同，即便给出相同的分数，其背后的含义也大相径庭。在这样的条件下对期望成果进行优先排序后，企业依据此推出的创新，事实上并不能完成消费者的任务，市场反馈自然不及预期。当企业运用任务理论开展创新并未取得积极成效时,需要回溯究竟是哪个环节出现误差,我们常常会发现其实是期望成果的描述产生种种歧义。换而言之,如果输入废品,输出的不可能是精品。

(4) **确保使用概率/测量单位时,准确、无歧义**。让我们继续研读一个露营任务中的期望成果:提升睡袋的效果。此处效果指什么?——更耐用?更暖和?更凉爽?还是更容易保持干燥……如果用模糊的字眼描述概率/测量单位,最终我们只能获得并没有真实表达被调研者意图的反馈。不仅如此,当研发人员拿到这样的结果时,也无从着手开展创新。究竟是通过改进材质让睡袋变得更易保温还是更易散热?用户的真实任务究竟需要朝哪个方向去解决?让我们再来看一个期望成果:提升户外背包的耐用性。耐用性指什么?防水?布料不易被戳破?能承载更多的物品?又或者因为更耐脏,使用时间更长?……它含糊不清,可做多种解释。受访者看到问卷时涌现的问题多,不仅仅说明期望成果输出的无效,更预示创新的失败概率大大提高。因此,当我们描述概率/测量单位时,可以采用先在概率前加一个定语,限制概率属性这一方式,确保概率/测量单位描述的准确性。例如:干燥的可能性,耐脏的可能性,防水的可能性。之后,再精简文字让目标结果输出简洁明了。例如:干燥性、耐脏性、防水性。

(5) **期望成果表述中的术语保持一致性**。使用不同词语表达同样的动作、对象或行动会引入不必要的变数,从而导致读者对期望成果有不同解释。例如,如果一个产品我们使用"设备"来表达,就不要再运用"系统""工具"或其他词语代替"设备"。

(6) **期望成果必须具有独立的可读性**。期望成果的表述要符合语法,且能使每一个期望成果的表述和理解都不依赖于上下文。作为顾客需求的期望成果,不仅在创新部门使用,而且将贯穿于组织内其他部门,成为所有部门协同工作的纽带。因此,最后撰写的期望成果必须能够独立被理解,达到使用者没有被带入访问场景也能准确理解。此外,所有的期望成果都要经过量化测试,因此,它们也应该被受访者轻松理解。为保证这一点,你可以招募几个有相同待办任务的受访者,向他们展示拟制的期望成果清单,看看他们是否有阅读障碍,或理解的意思与我们的本意有出入。

现在你可以明白,为什么我们在本书序言即强调待办任务提供了一个思考框架和共同语言体系,可将任务执行者的见解转化为行动模式。因此,在创新开始前,请先定义你所追求的由诸多期望成果构成的待办任务究竟是什么。

章后回顾

有了消费者的任务,是不是就能开发一款成功的新产品?任务告诉我们如何去设计产品规格、控制成本了吗?任务告诉我们下一代的产品长什么样子了吗?很遗憾,并没有!

企业需要了解客户在特定情景下究竟该如何定义任务的成功完成,即目前使用其他解决方案的客户如何才会转而考虑你的新品。事实上,我们花在思考客户如何决定新产品是否成功的时间少之又少,往往一厢情愿地认为客户会喜欢新品,因此内部沟通会的重点集中于以业务为导向的指标上,如第一年的销售数据、收支平衡时间和所占市场份额等。关注业务指标的部分原因是它们更容易被衡量。然而这么多年的商业实践告诉我们:事实上没有人能够想出一个公式或神奇的数据事先预测新品究竟是否会成功。

因此,除了需要了解客户希望完成什么任务,你还需要了解客户对成功完成这一任务的定义,即他们希望增加什么、减少什么,以及他们希望在哪些方面取得平衡,这些是他们关于任务的期望成果。

期望成果将任务转化为高度可操作的参数。期望成果之所以重要,是因为它们可被用作衡量一项任务是否完成的代用指标。满足这些期望成果使客户有理由相信,你将完成他们的任务。由于期望成果通常非常具体并且数量很多,它们为创新者提供了详细的指导,让其了解客户如何确定某项任务已完成、在什么情况下完成以及客户如何评估不同的解决方案。企业可以通过评估产品满足关键期望结果的程度衡量成功与否。它们是洞察客户和确定产品功能之间的关键一步。通过这种方式，期望成果可将创意变成清晰的构想。

没有产品可以在市场上长青不衰。想持续创新的企业，最渴望的是掌握一张市场机会全景地图，而期望成果的挖掘让企业第一次有了这种可能性，并能依据这张地图创造竞争优势。

本章的核心概念"期望成果"来自Ulwick。期望成果本质上是需求，是顾客对产品价值评估的标准，是一个产品能否在市场上成功的标准。我们讨论了如何挖掘这些需求，如何输出期望成果。虽然本章不长，但可千万不要被篇幅所欺骗，它的水很深。

最后，我们想说，输出期望成果是一种写作练习。写好期望成果需要练习、练习、再练习！

章后思考

1. 以泡茶为例，仔细回想一下，你在家中泡茶会经历哪些步骤，其中蕴含着哪些期望成果你希望被满足？

2. 仔细阅读以下期望成果表述，哪些违背了期望成果表述原则？应当如何修订？

（1）最小化洗碗机洗碗时长。

（2）最大化洗碗机消毒效果。

（3）最大化洗碗机内干净整洁程度。

（4）尽量避免洗碗机内有异味。

（5）最大化洗碗机容量。

（6）减少洗碗机洗不干净情况发生。

（7）尽可能提高洗碗机安静程度。

（8）尽量延长洗碗机储存干净餐具的时间。

3. 通过访问2~3位消费者，了解目前他们如何运用你的产品完成某项任务，并列出其各种期望成果。

参考文献

[1] KOTLER P,KELLER K,CHERNEV A. 营销管理[M]. 陆雄文,蒋青云,赵伟韬,等译. 16版,北京:中信出版集团,2022.

[2] ULWICK A,BETTENCOURT L. Giving customer a fair hearing[J]. MIT sloan management review,2008,49(3):62-68.

[3] ULWICK A. Turn customer input into innovation[J]. Harvard business review,2002,80(1):91-97.

[4] WUNKER S,WATTMAN J,FARBER D. Jobs to Be Done:a roadmap for customer-centered innovation[M]. Nashville,TN:HarperCollins Leadership,2017.

[5] CHRISTENSEN C,HALL T,DILLON K,et al. Competing against luck:the story of innovation and customer choice[M]. New York:HarperCollins Publishers,2016.

本图片由 DALL·E2 协助制作

第六章

识别市场机会

> 无论任何时候搭乘游乐设施,我总是会想这个设施有什么问题,怎么去改进它。
>
> ——Walt Disney

作为企业,我们已经知道,客户在乎的是他们的待办任务,不在乎我们。为了企业有存在的价值,我们的愿景必须是帮助客户更好地完成任务。阿拉斯加航空的 Francis Brown 曾道:"任何产品人的内心都渴望让别人的生活更轻松或更简单。如果我们能倾听顾客的心声,为他们提供所需的产品,他们就会以对品牌的热爱和忠诚来回报我们。"

从城市 A 到城市 B,你可以购买飞机或选择高铁服务,也可选择自驾,甚至走路、骑行。产品本质上是客户完成任务的"方式"。因此,我们说一个产品就是顾客"雇用"完成任务的解决方案。你可能会经常听到"商业模式创新""业务创新"或"服务创新",请忘掉这些令人困惑的"新概念"。"产品创新"一词抵万语。

产品是顾客与企业之间的连接点。顾客为产品付费,企业控制产品。顾客评估企业的产品,将产品与期望成果做对比。如果他们判断产品足够好,就会购买;如果不够好,将继续搜寻。因此,创新的目标是制造能解决客户所关心的期望成果的产品,市场营销的目标则是宣传产品如何比竞争对手更好地满足客户的期望成果。

第一节　确定期望成果优先次序概述

在第五章,我们提到一个产品被市场接受的立足点是它能够帮助顾客完成最基本的待办任务,而一个产品大卖的前提,是它能够帮助顾客很好地满足众多的期望成果。让我们先讨论一下产品与期望成果的关系,然后再讨论市场机会。

一、产品与产品表现

产品表现是衡量产品解决问题的能力,然而解决问题并非黑白分明。我们不认为问题有已解决和未解决之分,问题的"解决程度"是一个连续体。例如,"最小化做医疗诊断的时间"。过去,去一趟医院至少花费半天时间,挂号、排队、等待、缴费等。但是,慢慢地,部分检查花费时间比以往少,部分检查可在家中自行开展,甚至借助在线系统远程操作。因此,当讨论产品表现时,我们指的是它有"多好"。

如果我们可以打分,那么有些产品可以给较高的分数,有些产品分数很低。待办任务及其期望成果是衡量产品的标准,而产品表现是一个产品满足这些标准的程度。

我们再举一个例子。"周末去露营"这项任务的一个期望成果是"下雨天,最小化睡袋受潮的可能性"。以下是三种面料制成的睡袋。

(1) 尼龙。

(2) 特卫强(Tyvek™)。

(3) 硅胶涂层面料。

尼龙具有疏水性,不吸水。在快速轻微的小雨中,水会直接流走。但尼龙纤维之间有较大空隙,如果持续下雨,你的睡袋很快就会湿透。

特卫强使用的纺粘型烯烃用高密度聚乙烯纤维制成,它拥有均衡的物理特性,防潮湿、抗水渍,在一定程度上可以防水,但最终也会浸透。

硅胶涂层面料,是一种经特殊工艺处理的面料。它能在面料表面形成一层均匀的覆盖胶料,从而达到防水、防风、透气等功能。

不同材质带来不同的产品表现。消费者根据自己的任务和期望成果选择不同表现的产品。例如,对偶尔周末去市郊露营的用户而言,选择尼龙或特卫强材质睡袋即可,毕竟他们会事先看好天气,选择风和日丽的日子出行,尽量避免遇到持续降雨的情景。而重度户外爱好者,则会选择硅胶涂层面料,对他们而言,任何天气都不能阻碍自己行走在路上的决心,因此需要精良装备以应对各种各样的情景。现在,你是不是更能理解产品表现是衡量产品能多好满足待办任务及其期望成果的标准,而创新者的目标就是如何更好提升产品表现。

二、提升产品表现存在的误区

在实践中,提升产品表现存在许多误区和陷阱。有些企业选择最容易实现的期望成果,有些企业聚焦在技术人员认为最有兴趣的期望成果上,有些企业让公司 CEO 或 CTO(首席技术官)决定哪些期望成果值得创新。无论何种方式,这些主观选择导致以下一些常见的消极结果。

(1)将资源精力投入在已经满足的期望成果之上。很多企业凭管理者主观决策、研发人员好恶确定创新方向,甚至常常在已满足的期望成果领域,投入大量时间、精力。例如:为洗碗机添设各种功能,除了日常洗,还提供强劲洗、夜静洗、快速洗……然而我们通过任务访谈发现,绝大多数消费者购买洗碗机后,都不会仔细阅读说明书,更不会刻意去了解不同功能之间的区别。因此,大多数消费者除了日常洗,并不需要其他功能。特别是消费者倾向于每天晚上清洗一天下来累积的餐具,第二天需要用时,再将干净餐具拿出,既省事也省钱。所以他们很少选择快速洗功能,毕竟有一晚上的时间可以让洗碗机工作，时间快慢并不重要。消费者也很少选择夜静洗，他们直接关上厨房门，去客厅或卧室休息，本来声音就不大的洗碗机声音再小些对他们而言并不重要。企业持续地对产品已达成的期望成果作出改进，只会徒增不必要的成本，根本无法提供更高的顾客价值。

（2）将资源精力投入在不重要的期望成果之上。缺乏科学的方法让企业常常依据自身能力选择做那些自身看得到又或者自身比较容易完成的改进和创新。例如：年轻人热爱国潮，服饰企业既不愿意花时间精力了解年轻人为什么寻觅国潮，也无法静心深入理解传统中国文化，仅仅将汉字或是图腾堆砌在服饰上，并以较高的价格售卖，最终遭到年轻人的嫌弃。又或者开设某某中国点心局，却不愿意花费时间精研如何让传统中国点心更符合当下年轻人的口味与审美偏好，而是售卖麻薯、牛角包这些现成的日式或西式点心。不愿花费更多精力达成年轻人重要的期望成果，让某中式点心潮牌在创业三年后的2023年4月，门店数量从80多家缩减至不到20家，深陷欠薪裁员、拖欠供应商款项等风波。将资源精力投入在不重要的期望成果上意味着那些真正需要重视的期望成果反而被忽视，机会成本巨大。

（3）顾此失彼，达成某项期望成果却为其他期望成果带来消极影响。缺乏对用户期望成果的全面了解，让企业无法准确预知创新在达成某项期望成果的同时，可能加大了达成另一项期望成果的难度。例如：折叠屏手机有助于为用户提供屏幕更大的手机，然而看似达成了用户"最大化放大视频图像尺寸"这一目标结果，但却大大增加了手机重量，这对女性消费者不够友好；另外，大屏幕也提升了耗电量，对充电频率提出了额外要求。这些损失导致不少最初因为屏幕大而购买折叠屏手机的用户，会在下一次需要更换手机时，重新选择单屏手机。

事实上，设计产品表现需要作出取舍。如果我们希望睡袋面料超轻，那么随着材料越来越薄，它很难防水。如果我们希望睡袋面料防水，那么它会越来越重且易折碎。如果我们希望汽车更安全,那么汽车重量将不得不加重并提升油耗。类似的例子不胜枚举。受限于科学技术水平的发展,常常出现当改变一个变量将严重影响另一个变量的两难局面。

遗憾的是,消费者并不在乎技术。他们想要睡袋重量轻、能防水,还能保暖和耐用。他们想要汽车安全、油耗低、舒适还要操控性好。虽然理智告诉他们没有十全十美的产品,但仍希望在自身能负担的预算下,产品方方面面的特性都最棒。消费者的这种期望给我们提出了一道不得不面对和需要解决的难题。

关于消费者既要还要的渴望,Twitter 联合创始人 Jack Dorsey 曾表示,"让(产品)每个细节都尽善尽美,并限制细节的数量"。换而言之,既然十全十美做不到,我们才需要确定期望成果的优先次序,由此更合理分配创新所需资源。

三、确定期望成果的优先次序

这里,我们需要量化研究。量化研究之所以功能强大,在于运用它,你可以研究大量人口、识别规律,理解不同群体之间的异同。

假设我们已收集某一任务的大量期望成果。以"学习制作PPT"为任务,这些期望成果包括以下几项。

(1)增强所学设计风格的多样性。

(2)尽可能减少挫折感。

(3)减少练习时间。

(4)最大限度降低遗忘先前所学知识的可能性。

对调查方法的详尽讨论超出本书范围。作为实践者,我们对行之有效的实用技术感兴趣,并尽量避免学术争论,因此我们更偏向经常使用的方法:请受访者对每条期望成果的重要性打分,同时对自身完成任务的能力有多满意进行评估。然后,我们分析重要性和满意度这两个指标之间的差距。

(一)测量重要性

我们将导语"有多重要"与每一条期望成果搭配起来。整个问题就像：减少练习时间有多重要？其他例子如下。

（1）增强所学设计风格的多样性有多重要？

（2）尽可能减少挫折感有多重要？

（3）最大限度降低遗忘先前所学知识的可能性有多重要？

（二）测量满意度

同样，我们可以用导语"你对你的能力有多满意？"，在能力之前加入期望成果。例子如下。

（1）你对尽可能增强所学设计风格多样性的能力有多满意？

（2）你对尽可能减少挫折感的能力有多满意？

（3）你对最大限度降低遗忘先前所学知识可能性的能力有多满意？

（三）重要性和满意度的量表尺度

现在我们已经有足够好的问题，下一步需要测量受访者的反应。为此，可将受访者对重要性和满意度的评价转换成数字以便分析。最常见的方法是使用5分或7分制。5点量表在市场研究界被称为"李克特量表"。

对于"……有多重要？"这道问题，量表如下。

（1）根本不重要。

（2）不太重要。

（3）说不上来。

（4）比较重要。

（5）非常重要。

对于"你对……能力有多满意？"这道问题，量表如下。

（1）根本不满意。

（2）不太满意。

（3）说不上来。

（4）比较满意。

（5）非常满意。

（四）分析数据

最常见的方法是顶部两箱法（Top 2 Box）。例子中,我们计算打 4 分和 5 分的人群占总受访者的百分比。假设,我们有 500 位受访者,其关于"尽可能减少挫折感有多重要？"的分数分布如下。

(1) 根本不重要——10%。
(2) 不太重要——20%。
(3) 说不上来——5%。
(4) 比较重要——25%。
(5) 非常重要——40%。

因此,这个期望成果的分数为 25%＋40%＝65%。意指:65%的消费者认为这个期望成果对他们很重要。

对"你对尽可能减少挫折感的能力有多满意？"这个问题,我们得到的分数分布如下。

(1) 根本不满意——30%。
(2) 不太满意——25%。
(3) 说不上来——10%。
(4) 比较满意——15%。
(5) 非常满意——20%。

只计算顶部两个数值,得到满意度分数 15%＋20%＝35%。因此,我们说 35%的市场满意自己对这个期望成果满足的能力。

（五）解读结果

我们对数据的解读以及建议的行动,取决于重要性和满意度分数。此外,将期望成果的落脚点划分为一般象限会有很大帮助,如图 6-1 所示。

象限 1：重要性和满意度都很高,满足这些期望成果的产品必须维护其表现维持竞争力。消费者不太可能奖励任何额外表现。这个区域我们也称为筹码区。

象限 2：重要性很低,但满意度很高,这代表了一个可以降低成本的机会。我们可以降低产品表现而不会损伤消费者满

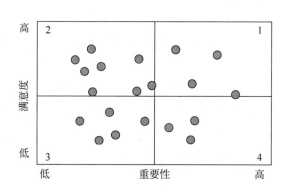

图 6-1 重要性 vs 满意度象限图

注：图中两条中线分别是重要性和满意度的平均分数。

意度。

象限 3：重要性和满意度都很低，我们知道消费者不关心这些期望成果。提升产品表现可以不考虑这些期望成果。

象限 4：重要性高但满意度低，这是一个有意义的机会象限。重要但没有被满足的期望成果是创新优先考虑的目标。

现在，你可大致将期望成果分类和排序。尽管不够精准，但足够好，也足够用。如果想要更精准，可采用第二节中 Ulwick 提出的方法。

第二节　定义和理解市场机会

为了更快地评估和优先排序期望成果，Ulwick 的 ODI 方法提出了一个单一的指数，代表重要性和满意度的差距。Ulwick 称其为"市场机会指数"（Market Opportunity Score），公式如下[1]：

市场机会指数＝重要性＋max(重要性－满意度，0)

所有期望成果问卷数据收集完成后，我们首先将前述使用顶部两箱法得到的百分比转换为 1～10 之间的一个数值。比如，重要性如果是 50％，就转换为 5；满意度如果为 86％，就转换为 8.6；等等。然后，运用机会指数公式计算每一条期望成果的市场机会指数。

我们还是借用"学习制作 PPT"这个例子，运用公式得到类似于表 6-1 的结果。

表 6-1　机会指数计算结果

期望成果	重要性	满意度	机会指数
增强所学设计风格的多样性	9.5	3.2	15.8
尽可能减少挫折感	5	2.8	7.2
最大限度地降低遗忘先前所学知识的可能性	8	5.6	10.4

运用该公式时，请注意以下几点。

（1）机会指数将落在 0～20 之间。0 代表成果不重要，且都完全满足；20 代表所有人认为都重要，但没有人认为满足了。这两个极端从未遇到，只是理论上的数值。

（2）机会指数分数越高，代表着机会越好。

（3）重要性－满意度所得数值不能为负。毕竟如果这项期望成果不重要，或者虽然重要但客户认为已比较满意，那么并不是一个好的创新方向。

（4）这个公式与传统研究方法的重大区别在于它评估的是人们的需求，而不是解决方案。顾客对解决方案的评价是多维度，因此有必要运用复杂的测量方法。相反，当你的目标是优先排序期望成果，完全没必要依赖于复杂方法。

（5）计算公式虽然很简单，但依据此方法的创新结果令人鼓舞，成功率很高，可参见 Ulwick 的 *What Customers Want* 一书。

需要注意的是，与任务的长久性相反，期望成果的市场机会指数并不是一成不变。当一个新产品或新技术能较好满足某一期望成果时，该成果的满意度提高，随之机会指数将降低。因此，市场机会随着时间的推移而变化，今天的好机会不一定是明天的好机会。如果你希冀总是能捕捉到市场机会，就需要动态调整期望成果市场机会指数表。

一、Ulwick 的市场机会全景图

我们重新制作重要性 vs 满意度的坐标图,然后将所有期望成果投射到图中。图 6-2 的每个点都代表一个期望成果。

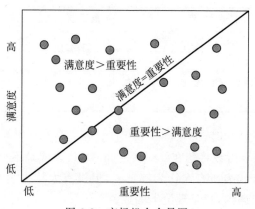

图 6-2　市场机会全景图

我们再画出一条满意度＝重要性的直线,即对角线。这样就复制了 Ulwick 的市场机会全景图。所有在这条直线下的期望成果重要性大于满意度,代表了市场机会。这条直线上的期望成果重要性小于满意度,代表了不是那么好的市场机会。

之后,我们仔细研究期望成果在图上的分布:均匀分布还是挤在一个角落？如果我们将全景图的区域与图 6-1 的象限图做对比,就更容易解读。

二、解读市场机会全景图

首先,坐落在全景图 6-3 右下角的期望成果代表着非常好的市场机会。越往右下角方向偏,机会越好。这个区域基本对应图 6-1 的机会点象限。

不仅如此,Ulwick 基于成百上千个项目积累的经验,将右下角的机会点划分得更为细致。

(1) 绝佳的市场机会区域:当指数≥15 分时,意味着期望成

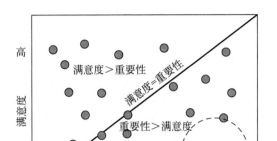

图 6-3　市场机会中的机会区域

果高度重要、满意度却非常低,对企业而言,这是非常好的市场机会,但也是相对稀少的区域。请注意,在很多成熟市场上,根本看不到这个区域的存在。

（2）良好的市场机会区域：当 12≤指数＜15 分时,意味着期望成果比较重要并且尚未得到较好满足,因此是比较好的市场机会区域。几乎在所有期望成果的研究项目中,我们都可以获得这个区域的期望成果,因为很少有产品能完美执行一项任务。

（3）可靠的市场机会区域：当 10≤指数＜12 分时,意味着仍有不少期望成果相对重要但仍未有效满足,因此是相对可靠的市场机会区域。即便在成熟的市场中,仍然会有大量的期望成果落在这个区域。

其次,全景图 6-4 右上角对应图 6-1 的筹码区。期望成果越偏向右上角方向,表示筹码越高,即维持产品在这些期望成果上的表现对我们的竞争力极其重要。但是,继续提升则毫无必要。

再次,图 6-5 左上角的期望成果对应图 6-1 的颠覆性目标区域。越偏向左上角方向,越代表这些期望成果不重要。这个区域的期望成果没有为我们提供任何改进机会,已经不值得继续倾注资源。如果企业原先聚焦于这些期望成果,那么应果断停止,否则就是浪费资源、徒增成本。假设削减成本是企业当下一个重要的

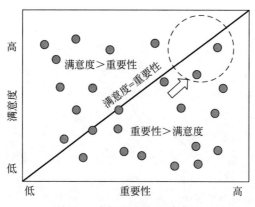

图 6-4　市场机会中的筹码区

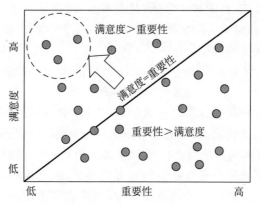

图 6-5　市场机会中的成本区

运营考量指标,左上角值得考虑,以往被用来满足这个区域期望成果、成本昂贵的产品功能,可以考虑删减,顾客极有可能不在乎。甚至于,假如该区域期望成果数量众多,你可以考虑推出一个低成本颠覆性的创新产品。

最后,左下角的期望成果不值得考虑。如果要提高产品在这些期望成果上的表现,那么应该是零成本,同时,对产品在其他期望成果上的表现没有负面影响。

三、如何解读区间划分

接下来,我们以五星级酒店服务创新为例,说明如何运用指数划分准确分辨市场机会的轻重缓急。作为历史最悠久的服务之一,酒店服务行业早已确立明确、标准化的服务体系、流程和标准,甚至服务用语,因此通常人们认为很难找到服务创新突破口,特别是五星级酒店的服务更是全行业的标杆。但是运用任务理论,我们从明确任务、通过Job interview访谈、构建任务地图、梳理期望成果,到通过问卷调研为期望成果优先排序,并运用计算公式,算出每个期望成果的市场机会指数,最终仍能获得数个分数超过10分,即有市场机会的期望成果。例如:

(1)"最小化提前入住酒店的成本"(OS=14.0)在本次研究中分数最高,非常靠近绝佳的市场机会区域。相比目前酒店业普遍执行的下午2点入住这一惯例,用户普遍希望能达成"以最小费用提早入住"的期望成果。毕竟,能够根据用户自身需要而非酒店规定安排行程,将有助于更完美地完成旅行这项任务。事实上,许多酒店也了解顾客有这样的需求,它们常常接到此类问询电话,然而一方面它们并没有量化评估过这一期望成果对用户的重要性和未被满足的程度;另一方面酒店服务业一贯的操作流程,最终让酒店管理层普遍忽视这一期望成果。接下来,为了抓住这一市场机会,酒店需要思考如何运用科技手段赋能在结账后快速实现房间清洁,或如何像迪士尼一样制定更灵活的定价策略,从而为酒店的努力获得更可观的回报……

(2)"最大化获得首选房间的可能性"(OS=12.0)这一期望成果,落入良好的市场机会区域。其具体内容既包括获得免费客房升级,从而让本因预算有限,仅预订低一级房间的客户得偿所愿,也包括预订的房间是无烟,或不临街(不嘈杂),或不在走廊尽头,或同时预订的几间在同一楼层……不少用户在访谈时提及由于免费升级服务,他们在酒店有着美好的回忆。相反,也有商务出差用户提及由于房间位于亲朋好友出游团附近,来往的吵闹声严重影响其在房间办公、休息,从而留下不愉快的体验。

(3)"最小化找到酒店同一房型最低价格所花费的时间"(OS=10.0)这一期望成果,落在可靠的市场机会区域。相对而言,该期望成果不仅与酒店相关,而且与合作的平台渠道密切相关。基于动态定价策略以及酒店/网站的营销策略,同一房间的价格在同一网站可以随时间变化,在不同网站也可能有所不同。然而由于每个用户都希望以最少的投入时间/精力和更低的成本预订房间,因此当用户发现自己并未达成这一期望成果时,难免会感到失望。尽管达成这一期望成果可能不仅需要酒店还需要合作平台的协作,但在可靠市场机会区域的期望成果仍值得酒店进一步研究。

相反,"最小化被房间内虫子侵扰的概率"(OS=7)这一期望成果位于匮乏的市场机会区域。这说明人们普遍认可现有五星级酒店清洁服务提供的水准,毕竟只有当清洁程度不佳、定期杀虫工作执行不到位时,房间内才会出现虫子。因此,当某个酒店在其宣传推广中强调其清洁服务水准,并不会给观者留下特别印象,因为对用户而言,这一期望成果并不重要也已较好满足,因此,他们并没有动力寻找达成这一期望成果更好的解决方案。

第三节 识别市场机会的方法考虑

请注意,我们在第二节介绍 Ulwick 的市场机会指数模型时,曾强调这是一个非常严谨的研究方法。严谨既意味着结果的可靠性,也常常意味着执行的高难度。我们在本节回答三个问题。

一、如何让市场识别研究更加有效

我们有三点建议。

(一)期望成果归类

通常在调研问卷中,我们会对选项做随机化处理,以便受访者能面对不同期望成果的出现顺序,最小化次序偏差。但是,当选项非常多时,随机处理将导致问卷可读性非常差。因此,我们可将期望成果按照任务步骤归类以提升问卷可读性,从而减轻受访者负担。以"学习制作PPT"为例。让我们假设已制作以下任务步骤。

(1) 获取PPT制作教程。

(2) 学习制作PPT。

(3) 练习制作PPT。

……

我们将期望成果按照任务步骤归类。

1. 获取PPT教程

(1) 最小化评估哪个教程最适合自己的时间。

(2) 最小化获取教程的成本。

(3) 最小化打开教程的时间。

2. 学习制作PPT软件

(1) 最小化看不懂教程内容的可能性。

(2) 最大化随时随地学习的可能性。

3. 练习制作PPT

(1) 最小化提升制作技巧的时间。

(2) 最小化忘掉所学内容的可能性。

(3) 最小化练习次数。

将期望成果按照任务步骤组织后,我们可调整如下调查问题,以任务步骤"获取PPT教程"为例。

1. 当获取PPT教程时(重要性)

(1) 最小化评估哪个教程最适合自己的时间有多重要?

(2) 最小化获取教程的成本有多重要?

(3) 最小化打开教程的时间有多重要?

2. 当获取PPT教程时(满意度)

(1) 你对自己最小化评估哪个教程最适合自己时间的能力有多满意?

(2) 你对自己最小化获取教程成本的能力有多满意?

(3) 你对自己最小化打开教程时间的能力有多满意?

（二）将重要性和满意度放在一起询问

一项期望成果会对应两道问题：重要性和满意度。当这两道问题在问卷的不同位置时，受访者需要阅读两次，增加了问卷执行的时长。因此，我们建议将其放在一起询问，例如：

当获取PPT教程时

（1）最小化评估哪个教程最适合自己的时间有多重要？

（2）你对自己最小化评估哪个教程最适合自己时间的能力有多满意？

（3）最小化获取教程的成本有多重要？

（4）你对自己最小化获取教程成本的能力有多满意？

（5）最小化打开教程的时间有多重要？

（6）你对自己最小化打开教程时间的能力有多满意？

（三）样本的代表性

样本大小非常重要。"大数定理"表明当样本足够大时数据才能呈现出明显的规律性（另一种表达方式为当样本数据无限大时，样本均值趋于总体均值）。大数定理有效的前提是样本随机（另一种表达方式是重复实验中）。换而言之，样本量的重要性不及样本代表性。样本数量再大也无法弥补样本缺乏代表性带来的偏差。如果样本没有代表性，样本数量越大，偏差就越大。

企业在实践中有两种倾向：一种是要求样本尽量小，这样可以节约成本。样本大小由两个因素决定：一个是基本分析量，不满足基本分析量，那么大数定理就会失效。另外一个是最小分析单位，如果是一个全国性的研究，你不仅希望看到在全国层面上市场机会是什么，也希望看到在重点区域层面市场机会是什么，那么样本量大小应按照区域市场的数量和其他因素确定。另一种倾向是要大样本，因为决策很重要，大样本可以降低误差，但是却忽略样本的代表性，表现在给样本设置各种各样的配额，或者将自己主观想象的配额强加于样本条件，从而扭曲样本所代表的市场。

二、市场机会研究有哪些挑战

从准备任务访问、挖掘期望成果,到最终优先排序,你将面对不少的挑战,包括以下几方面。

(1)必须收集和一项任务完成相关的所有期望成果。理论上,所有的期望成果都能获得,问题是实践中无法证明你手上的清单是否完整。事实上,不同水平的研究人员尽管遵循同样的访问原则,但得出的期望成果也会有差异。因此,我们建议尽量保证由数位专家组成的团队进行访问、讨论和输出,尽可能挖掘足够多的期望成果。

(2)期望成果的表述必须简单、准确、易懂。即便遵循同样的期望成果输出原则,由于语言使用习惯不同、能力差异,不同的人撰写的期望成果也有很大差异。因此,我们建议仍然以专家团队形式完成工作量巨大的期望成果撰写,同时,通过反复迭代、前期测试,确保最终形成的成果清单简单、准确、易懂。

(3)定量问卷调研要求一个庞大的样本。尽管 Ulwick 表示样本应在 180~600 个,但是当针对细分之后的人群进行分析时,每个人群的样本就显得太小了,显然总样本数量超过 600 个更好。如要满足细分要求,通常默认的样本量在 1 000~1 500 个之间。

(4)确保受访者聚精会神地完成所有问卷内容是一项巨大挑战。假设一份问卷需要包含 150 条期望成果,那么问卷的核心内容则需要 300 道题目,再加上甄别问题和其他背景题目,问卷总题目将至少高达 350 道。这意味着需要给予受访者足够的激励才能确保问卷的质量。换而言之,开展问卷调研的成本不低。

尽管有种种执行挑战,我们仍相信,高质量的产出需要高质量的投入。如果你没有一套完整、真实的期望成果清单,没有一群有代表性的访问样本人群,最终,你将获得什么也可想而知。

三、针对这些挑战，有哪些折中方案

面对市场机会识别在执行中的挑战，这里有一些折中方案值得考虑。

（一）直接使用任务步骤，而不是期望成果

期望成果数量庞大，因此一个折中方案是对任务步骤而不是期望成果进行排序。你可以依据任务地图将任务分成标准的八个步骤，也可以切割成更小的步骤，然后请受访者对每一个步骤给予重要性和满意度的评价，随后将每一个步骤放入重要性×满意度的矩阵中。这种方法让你获得的是未满足的任务步骤，而不是期望成果。通过该矩阵，你能够深入了解任务流程中哪个部分最具战略机会，并聚焦于此开展创新。

然而，用数量较少的任务步骤作为评估对象的坏处是每一个步骤都太宽泛了。即便最后某一步骤的机会指数很高，那么是哪一个维度有吸引力呢？我们应该如何提高产品表现呢？这是直接使用任务步骤将遇到的难题。

（二）将期望成果一分为二，做成两份问卷

我们曾经将期望成果数量过于庞大的清单一分为二完成问卷调查。假设有120条期望成果，你可以随机将其分成两组，每一组构成一份问卷，并由两组受访者分别独立填写。当然，这两组受访者的构成必须相同，具有同样的代表性，从而严谨保证问卷数据质量。但是如果想要做基于期望成果的细分研究，那么这种方法就不合适，因为细分要求每一个受访者都回答所有的问题。

（三）一种非正式的工作方法

在某些时间紧迫的情况下，你可以采用这样一个虽然不那么严谨但仍沿袭了任务思维的策略。在工作坊中，我们请成员对输出的全部期望成果的重要性打分，并按照得分进行排序。接下来，将比较重要的期望成果聚合成群，然后请成员对群的满意程度进行打分。最后，从重要但满意程度很低的群中，筛选一个进一步开

展解决方案的构思和概念化工作。

(四) 其他基于待办任务的市场机会识别方法

Scott Anthony等曾表示市场机会来自对顾客任务的理解，"要识别能创造增长的机会，首先要寻找那些人们使用现有工具不能令人满意地去完成的任务。"[2]任务思维能帮助重振现有企业的增长，他们写道："任务思维可以帮助公司撼动商品化的市场，并突出重振最奄奄一息产品的机会，从而重启增长。"

不仅是强调任务的价值，Anthony等提出运用标准化"任务计分表"评估如何从任务视角挖掘市场机会。具体而言，通过第一手研究获取任务清单后，采用任务积分表沿着以下三个维度为每一项任务在1～5分的尺度上打分。

(1) 这项任务对你很重要吗？（1＝不重要，5＝很重要）

(2) 任务出现得很频繁吗？（1＝不频繁，5＝很频繁）

(3) 你是否对目前解决方案无法完成工作感到沮丧？（1＝沮丧，5＝不沮丧）

将每项任务三个维度的分数相乘（重要性×频率×沮丧程度），得出任务分数，最后按高低排序。当然，分数越高，机会越好。此外，Anthony建议打分最好通过问卷由任务执行者完成。

第四节　评估产品表现

现在我们已经识别出一些重大的市场机会，下一步呢？从创新角度来说，应该在那些识别出的期望成果上改进我们的产品。如果可以实现，自然能够提升客户的满意度。但是我们没有"产品表现×满意度"的曲线，只有满意度分数，因而很难回答诸如"如果我的产品表现提升×％，客户满意度可以提升多少？"此类的问题。

Dan Adams提供了一个策略：向受访者索取两点数据[3]。在问卷的"产品或性能偏好"部分，或者你另起问卷，请受访者提供：

（1）什么样的表现水平，你会完全满意？

（2）什么样的表现水平，你勉强能接受？

假设"最小化练习时间"是一个机会点，假设我们已得到基于"最小化练习时间"的产品表现和满意度信息：

（1）勉强接受：20小时。

（2）完全满意：4小时。

这意味着如果我们要设计一个新产品帮助顾客更好地"学习制作PPT"，那么要计划一个4～20小时的时间范围。越接近4小时，顾客将会越满意；如果超过20个小时，那么顾客就会不满意。

我们都知道"边际递减效应"。当时长越来越短，满意度越来越高，但是每减少1小时的时长，满意度提高的程度不会像在4～20小时内那样同比例增加，即增加的幅度会越来越小。

如果这个期望成果是一个绝佳的市场机会，就意味着在20小时附近区域，每增加1小时，满意度就会大幅降低；同时每减少1小时，满意度也会大幅增加。碰到绝佳的市场机会点，我们建议再追加一个问题：

什么样的表现水平，你觉得足够好？

有了"勉强接受水平""足够好水平"和"完全满意水平"三个信息，你可以逼近真实的"产品表现×满意度"曲线。

以上方法的优点是直接询问和获取在期望成果上的产品表现水平，缺点是忽略了价格因素。当产品表现越来越好时，毫无疑问成本也会相应地越来越高，价格也会越来越高。当我们有很多机会点时，如何平衡产品在各个机会点和价格上的表现，则需要更加复杂的分析方法和技术。目前来看，可能没有比联合分析更好的方法了。

章后回顾

第五章和本章的内容不像表面上看上去那么简单。在你的头脑中，请保持待办任务和期望成果之间的联系。期望成果是客户为实现其真正目标而想做的事情。不过,将这种思维方式内化需要一些时间。

本质上,这两章在讲如何通过市场调查挖掘期望成果、量化市场机会。乔布斯以看不起市场调查知名。因此你可以想象,当他说出这么一句话时,公司会场是多么震惊:"你必须从顾客体验入手,然后再回到技术上来,而不是相反。"

他接着说:"在座的没有人比我犯过更多这样的错误,我也搞到伤痕累累,我知道这就是原因。当我们尝试去为苹果思考战略和愿景,都是从能为用户带来什么巨大利益出发,我们可以给用户带来什么,而不是先找一群工程师,大家坐下来,看看我们有什么逆天的技术,然后怎么把它卖出去。"

理解"顾客体验",就需要直面顾客,理解他们的任务和如何完成任务,理解顾客判断任务是否完成的标准。最常见的解决方案恰好就是市场调研。乔布斯仍然要从顾客开始,只不过他有自己的调研逻辑和方法。

华为呢?华为开发技术,做出 7 纳米(或 5 纳米)制程芯片,而这是手机大卖、电动汽车大卖的重要原因之一。有人据此会争论,华为不用做市场调研也能开发出令消费者青睐的产品。对于科学工程导向的公司生意火爆的现象,Levitt 教授早在 1960 年就指出:"他们(科学工程导向的公司)在对新技术理念异常强烈的普遍接受性的突然推动下,一跃成为富豪……科学-工程生产导向之所以行之有效,是因为它们正在向新的领域进军,而在这些领域中,已经开辟了几乎有保证的市场。这些公司所处的有利地位是,必须填补而不是寻找市场,不是发现客户的需要和需求,而是客户自愿提出具体的新要求。"[4]

Sarah Miller Caldicott 是托马斯·爱迪生的外孙女。在研究爱迪生多年的创新方法并贯穿阅读和理解他的工作笔记和论文后,Caldicott 得出结论:"爱迪生意识到,首先了解客户的需求,就能比其他方法更有效地发明有用的产品。爱迪生训练有素的团队走家串户,观察他们如何使用现有的照明产品。"[5]

Caldicott 记录到，爱迪生曾经困惑于他的发明不被公众认可。为了更好地发明能被公众认可和接受的产品，他转而先去了解客户的需求。Caldicott 进一步比较了爱迪生的方法和 Ulwick 的期望成果方法，指出两种方法有异曲同工之妙。

创新的落脚点在消费者。消费者可自主决定是否采用创新。待办任务致力于将重点放在人们实际需要的解决方案上，从而降低创新产品不被采用的概率。任务思维努力寻求消费者所追求的成果，并将这些成果与创新联系起来。

第五章讲的是发现需求，本章讨论如何识别服务不足的需求。重要性×满意度象限分析可以帮助你。同时，Ulwick 也提出自己的一个"市场机会指数"和他的解读经验。虽然，用定量的方法优先排序期望成果具有挑战性，我们也提出了一些折中方法。

最后，无论你如何创新，请将你的创新与消费者的价值判断标准对齐，这是降低市场失败风险的唯一办法。

章后思考

1. 以"洗衣机洗衣服"为例，通过访谈数位朋友，确定他们有哪些期望成果。

2. 构建重要性和满意度定量问卷，邀请 10 位同事打分，并试找出其中的市场机会。

3. 以公司现有主打产品为例，通过访谈确定客户的期望成果；构建重要性和满意度定量问卷，邀请更多消费者参与，并找出你的产品尚未满足的市场机会以及需要改进的产品表现。

参考文献

[1] ULWICK A W. What customers want：using outcome-driven innovation to create breakthrough products and sevrices[M]. New York：McGraw-Hill Professional，2005.

[2] ANTHONY S，JOHNSON M，SINFIELD J，et al. The innovator's

guide to growth[M]. Boston: Harvard Business Press, 2008.
[3] ADAMS D. New product blueprinting: the handbook for B2B organic growth[M]. Cuyahoga Falls, OH: AIM Press, 2008.
[4] LEVITT T. Marketing myopia[J]. Harvard business review, 1960, 38: 45-56.
[5] CALDICOTT S M. Ideas-first or needs-first: what would Edison say [EB/OL]. https://strategyn.com/lp/ideas-first-or-needs-first-what-would-edison-say/.

本图片由 DALL·E2 协助制作

第七章

基于期望成果的市场细分

> 当你瞄准目标时,击中目标的概率会大大增加。
>
> ——Mal Pancoast

"细分"在企业中应用非常普遍。例如,财务部将客户按付款账期标准划分,从而更好地追踪不同群体的货款;销售人员按销量大小划分市场,从而更好地追踪每个市场的销售表现;市场人员常常按价格将产品分为低、中、高端,从而更有针对性地设计不同的营销组合。

"市场细分"是营销管理的核心概念之一。作为实施市场细分的一个框架,STP(segmentation、targeting 和 positioning 的首字母)模型将市场上一定范围内群体按照一定标准(即一系列变量)进行分类,相似的人尽量在一组,差距较大的人尽量划在不同组。这些组别被称为细分市场,而一系列变量决定细分市场的特征和趋势。选择目标市场是为了确定最具吸引力即通常对企业最有利可图的细分市场。定位则为所选择的目标细分市场提出独特的竞争优势[1]。

科特勒在其《营销管理》(第十六版)中强调,产品创新和产品开发的终极目标是要满足每个细分市场里的独特需求。事实上,一家企业选择采用何种细分市场是一项影响深远的决定。它决定了该公司生产什么产品,如何将它们推向市场,竞争对手是谁,以及市场机会有多大[2]。

问题是现实中,经过营销和技术专家花费巨资研究消费者后,针对特定细分市场独特需求研发的新品,上市成功率竟然不到10%!难道专家们不够聪明吗?广告公司不够卖力?或是消费者太难以琢磨?

本章将要和你探讨传统市场细分方式究竟哪里存在问题,以及如何基于待办任务和期望成果开展更为精准和有效的市场细分。

第一节 市场细分在创新领域失败的原因

市场细分的结果取决于两个维度:细分变量和细分算法。细分变量是指输入算法开展人群切割的变量,相应地,算法用于计算人群在变量上的差异。我们可以将细分变量看作观察市场的透镜,不一样的透镜让我们看到不一样的世界。作为识别不同人群的细分算法,有些可适用于任何类型的变量,相反,有些只适用于部分类型。

Ulwick 在其 2016 年出版的书中简要介绍了自 20 世纪 50 年代开始细分实践如何演进,着重讨论了开展细分市场基于什么变量。例如,人口统计信息、心理特征、购买行为、需求(如寻求的产品利益点等)以及价值观和消费观等。受益于算法的进化和计算能力的普及,现代细分实践已很少采用单一种类变量,而是运用这些变量的组合开展细分[3]。

尽管细分方法已非常先进,种类也包罗万象,但是产品创新部门一直挣扎于市场细分。很多企业喜欢采用年龄、性别、态度等变量开展细分,这些变量获取便利,理解也容易,还能用于构建顾客画像。营销人员忙碌于了解前述这些细分市场中具有代表性的客户需求,并热衷于针对这些需求创造产品。遗憾的是,顾客的愿望与人口统计领域平均消费者的愿望并不一致。因此,虽然产品开发人员根据人口统计细分市场中平均消费者的需求设计出产品，但并不受众多消费者的欢迎。事实上，年龄、性别、态度等都与产品需求没有直接关联。Daniel Yankelovich 早在 1964 年就劝告道："我们应该抛弃那个陈旧的、不被质疑的假设：人文信息是最好的细分市场的方式。"[4]

部分企业根据产品种类和价格开展细分，并按照产品种类和价格高低去比较与竞品之间的差异，从而研究本品和竞品购买者的差异，寻求推动竞品顾客发生转换。不停地在产品上提供更多功能是这些企业常用的刺激转换手段，它们坚信转化将带来更高的价格和市场份额。遗憾的是，通过这种细分方式的产品创新和改进与消费者需求缺乏明显相关性，最终导致企业颗粒无收。

即便如此，许多管理者仍很少考虑现有市场细分路径是否能将其创新和营销工作引向正确方向。为什么会出现这种迷途不返的情况？归根结底是因为很多企业执行细分以"容易"和"便利"为标准。它们对细分方法不加辨别，采用非常笼统的细分标准，导致细分结果无法给产品创新任何落地指引。"新晋经理人在商学院学习、在优秀企业的营销部门实践的主流细分方法，实际上是新产品创新成为一场赌博的关键原因，在这场赌博中，获胜的概率低得可怕。"[5]

与我们经常深入讨论的一些营销者和产品人会问："那些'基于需求'的细分（needs-based segmentation）呢？我们经常实施基于需求的细分，过去这类细分是做市场策略和产品创新的基础。"表面上看，基于需求的细分与即将讨论的基于任务或基于期望成果的细分非常相似，但它们的分析单位不一样。基于需求细分的关注点还是人，而不是任务。我们在延伸阅读二简要介绍了一些基于需求的细分方法，以便读者对比。

在 Ulwick 看来，上述几种细分方法所采用的变量，都不是严格意义上的"需求"变量，而是顾客期望的解决方案、产品利益点、产品规格或愿望。采用这样的变量细分市场，很难识别出那些与他人不同、拥有未满足需求的客户群体。因此，当以产品创新为目的开展细分时，你必须另辟蹊径，寻找真正有能力指引创新的细分方法。

第二节　以任务为细分市场

克里斯坦森认为，有一种更好思考市场细分和新产品创新的方法。创新之所以屡遭失败，根本原因可能并不在于其结果本质上不可预测，而是我们在细分市场、打造品牌和了解客户时遵循的一些基本营销范式被打破了。当我们将市场结构与客户体验生活的方式相匹配时，成功的概率就会高得多[5]。

从顾客角度来分析市场，那么市场结构其实非常简单：他们只需要将事情做好。一项待办任务就是一个细分市场。因此，营销者的任务就是了解客户生活中会定期出现的任务，并设计出能够成功完成这些任务的产品，同时赋予产品相关的购买和使用体验，并以强化其预期用途的方式提供这些产品。那么当顾客发现自己需要完成这些任务时，他们就会"雇用"该产品[5]。

一、快餐业一个以任务为细分市场的例子

为了说明营销人员按"待办任务"细分市场时，成功创新的道路有多么清晰，克里斯坦森经常运用一个快餐业的例子[6]。该行业历来按照产品和客户类别的传统界限细分市场。当一家快餐店决心提高奶昔销量时，其营销人员首先根据产品——奶昔确定细分市场，对最有可能购买奶昔的顾客进行分析。接下来，他们邀请符合这一特征的人对产品开展评估。将奶昔做得更丝滑、更有巧克力味、大块更有吸引力？还是更便宜会让顾客更满意？最终，研究人员给出明确反馈，但随之而来的产品改进对销售没有丝毫影响。

在一筹莫展之际，一位新研究员花了一天时间，在一家餐厅记录种种细节和信息。例如，每杯奶昔的购买时间，顾客购买的其他

第七章 基于期望成果的市场细分

产品,独自一人还是结伴而来,以及顾客在店内就餐还是购买后直接开车离去。他们惊讶地发现,40%的奶昔在清晨被购买。这些顾客基本为独自一人,同时并没有购买其他食物,最后在自己的汽车里喝完奶昔。

随后,研究人员在清晨顾客离开餐厅时对他们进行访问,询问他们来这里买奶昔是为了完成什么任务(但用的是他们能听懂的语言)。结果发现,大多数人购买原因大致相同:当面临漫长而枯燥的通勤旅程,他们需要一些东西让多余的手忙碌起来,让通勤变得更有趣。此外,虽然七八点买奶昔时还不饿,但为了缓解很快由于忙碌工作引发的饥饿感,需要准备一点垫底的食物帮助自己坚持到午餐时间。在选择品类时,他们面临着种种限制:赶时间,穿着工作正装,最多只有一只手空闲(起码需要一只手掌控方向盘)。

当研究人员询问顾客还可用其他哪些产品完成这项任务时,却发现奶昔比任何竞争对手都强。干巴巴的贝果加上奶油奶酪或果酱后,常常导致手指黏糊糊,连方向盘都变得黏糊糊;甜甜圈不能让人们度过上午10点的饥饿期;香蕉不够持久,无法打发开车时的无聊。相比之下,用一根细细的吸管吮吸黏稠的奶昔需要20分钟,时间够长、双手依然干净,胃也能得到满足并撑到午餐。因此,即使奶昔并不是特别有益健康的食品,但这有什么关系?在此场景中人们并没有考虑健康因素,奶昔能最好地完成这项任务。

一旦了解了顾客究竟想要完成什么任务,奶昔哪些属性可以更好完成任务、哪些改进无关紧要,就变得非常清晰了。如何才能更好完成无聊的通勤?将奶昔做得更浓稠一些,让它更持久,然后加入小块的水果——这并不是为了让它变得健康,而是让它变得更有趣,从而增添通勤"开盲盒"的趣味;司机们不时将水果块吸进嘴里,给单调的通勤增添了不可预测性和期待感。同样重要的是,快餐店可将配料机移至柜台前,向顾客出售预付卡,这样他们进来直接刷卡取走奶昔离开,减少占用车道的时间。

了解任务内容,并在体验方面对产品进行改进,使其更好地完成任务,这将使企业的奶昔在真正的竞争者面前获得更多份额,这些竞争者不仅仅是其他快餐店的奶昔,还有甜甜圈、贝果、香蕉和开车通勤时的枯燥无聊。上述研究不仅仅让我们看清了奶昔的竞争对手,更引出一个重要问题:任务定义的市场通常比产品类别定义的市场大得多。营销人员如果陷入市场规模等同于产品类别的思维陷阱,将无法从顾客角度理解他们的竞争对手是谁。

克里斯坦森以任务为细分市场的理念,简而言之,就是市场由一项一项任务组成,一项任务就是一个细分市场,任务天然自带足够的独特性。未来的竞争优势首先来自发现任务。以中国汽车市场为例,传统汽车制造商及其市场分析师将市场划分为不同的产品类别,如超紧凑型轿车、紧凑型轿车、中型轿车和全尺寸轿车;SUV(运动型多用途汽车)和小型货车;跑车和豪华车……他们还根据异常复杂的人口和心理特征对客户进行细分。然而,这些做法近几年日显颓势,因为这些细分方案并没有反映出客户"雇用"汽车的任务。

相反,那些抛弃原有细分方式的传统车企却寻觅到一片新天地。例如,上汽通用五菱汽车股份有限公司(以下简称"五菱")推出宏光MINIEV以前,国内新能源车的研发方向是以蔚来、理想、小鹏等造车新势力领衔、模仿特斯拉的高科技路径。彼时业界对新能源车的定位近乎必须具备类似上天入地的酷炫性能,定价亦对标传统几十万元的中高端燃油车。然而五菱通过两年时间、走访100多个国内城市特别是中原腹地,发现许多人都需要完成"面对半径为15～20千米,实现高效率低成本安全出行"这一待办任务。这类短途出行具体场景包括上下班通勤、接送小朋友上学和去商超购物等。由此,五菱推出定价为3.28万元的宏光MINIEV。上市后仅用5个月,MINIEV就击溃曾力压国内一众车企的特斯拉,改变了中国新能源车市场的格局。它的崛起让整个汽车行业意识到,在强调智能网联、品牌向上突围的新能源大势下,低端市场同样大有可为。而这正是原有的人口和心理特征细分市场方法无法发现的"隐蔽的角落"。毕竟在原有思路下,你很难设想为何以及如何要设计一款汽车,既满足20多岁年轻人又满足 60 多岁老年人的需求。然而，假如运用"待办任务"的滤镜细分市场，你将发现一大群人，无论何种年龄、教育背景和工作性质，拥有相同的待办任务。

二、以任务为细分市场可以达到真正的差异化

按"待办任务"细分市场时，不仅让成功创新的道路变得清晰，同时可以帮助企业摆脱传统的定位范式，让产品具备真正的差异化[6]。传统的定位范式认为，大多数市场中的产品都可以映射到几个坐标轴上，而竞争者沿着这些坐标轴寻求差异化。例如，在家具零售业，产品的广度可能是一条轴线上的衡量标准，而家具的质量可能是另一条轴线上的衡量标准。不同汽车制造商的产品的相对位置也可用类似的方法绘制。一个轴可能是产品类别（紧凑型、中型、SUV 等），另一个轴可能是功能或内饰的豪华程度。企业将市场上相关同类产品投射到坐标轴上，形成一张产品地图。在传统的定位范式中，营销人员会在这样的产品地图上寻找一个空白区域，来作为新产品差异化定位的依据。

定位范式的问题在于，顾客往往不会重视这样的差异化产品，竞争对手也会发现这很容易复制，最终差异化很难长久。这种产品地图的起点通常是那些只具备客户所需基本功能的产品。处于这种极简定位的"颠覆性"公司为了追求利润，会复制竞争对手高价产品的特点和功能。当上述情况发生时，曾经被用来定义差异化、增强型产品的功能就会成为所有产品的预期功能。当增强型产品的独特功能成为普遍预期时，那些依赖这些功能作为差异化的企业不得不承担提供这些功能的成本，但却无法维持提供这些功能的溢价。造成这种困局的根本原因就是根据产品特性对产品进行分类定位，从而通过复制特性和扩展功能达到"更好"的目的。由此，在市场上形成一个恶性循环——企业不停地在产品上追加功能，产品在功能上越来越复杂。这种思想的背后其实是将产品等同于需求、等同于市场。但现在我们知道产品"更好"并不意味着可以"更好"地帮助顾客完成任务。Levitt 指出，管理部门必须

认识到，自己不是在生产产品，而是在为客户创造价值。如果一个行业或企业的眼睛只是紧紧盯着自己的特定产品，将看不到自己如何被淘汰[7]。

然而，当一家公司开始以任务看待市场结构时，它就能摆脱传统的定位模式，在与客户待办任务密切相关的维度上实现差异化。这种差异化能坚持得更久。例如，在家具零售业，大多数公司都陷入传统的定位模式，以选择范围、风格和质量/价格为衡量标准。然而，在顾客的生活中，似乎至少存在着两项根本不同的任务：一项任务发生在人们的生活中，他们从自己租房或者购买的第一个小房子里升级，现在需要为自己的长期居所添置家具，以便终身使用。顾客聘请的零售商确实必须提供广泛的选择和经久耐用的款式和质量。他们的顾客愿意等上两三个月收到这些家具，也期待零售商上门安装。另一项任务是为那些刚刚搬进空荡荡的公寓或新居的顾客提供服务。宜家的市场地位就是建立在后一种任务基础之上。宜家家居的现货供应、可自己开车带回家、自己动手组装的成套板式家具被顾客视为有价值的特色，而不是因为他们马上需要家具或者为了获得折扣价格而必须容忍的不足之处。为了满足许多年轻夫妇顾客的需求，店内的托儿服务是完成任务的重要辅助手段。为了顾客有足够时间充分体验不同的装修和装饰风格，宜家还内置了提供瑞典风味食物的餐厅满足消费者在购物过程中的餐饮需求。对顾客而言，宜家的购物体验与那些受困于传统定位模式、试图通过销售低质量家具来吸引低收入"人群"的零售商的购物体验截然不同。简而言之，宜家的产品及其相应的购买和服务体验，竞争对手几乎无法原汁原味地复制。因此，从宜家成立到现在，我们还没有看到全世界范围内有谁成功复制宜家模式[8,9]。

三、以任务为细分市场带来的市场机会

任务是细分市场这一视角带给我们的一系列市场机会。克里斯坦森提出发现一项任务是指发现一个未被满足的任务，指的是

顾客运用市场上现有产品不能满意完成的任务。挖掘与任务相关的新市场机会通常有两种路径：一是识别顾客要完成何种主要任务，这一点我们在第三章已做详细论述，上述的奶昔、宏光MINIEV和宜家家居均属这一类；二是识别顾客和主要任务相关的任务。例如，与保护小伤口这一主要任务相关联的任务是消炎和止血，这意味着顾客将对能额外完成这些任务的产品赋予更高的价值。换而言之，消炎和止血这些任务代表了企业新的市场机会。

另一种市场机会是限制条件，指在某种条件或场景下顾客不能完成一项任务。如果企业的解决方案能让这些制约因素不再限制顾客，那么这些限制条件则代表了新的市场机会。例如：加热食物需要火或其他外部热能的助力，但是在旅途中或野外，火的获取十分受限，于是自热锅的推出大受旅行者的欢迎。自热锅的原理是利用发热包内的物质与水接触、释放出锅内上层食材加热必需的热量。自热锅的出现恰恰来自原有限制条件"火"指明的新的市场机会。

还有一种市场机会是"非消费者"，是指不消费特定产品的人，但他们仍然有待办任务。我们在第二章对其定义有详细的论述。他们被称为"非消费者"有很多原因，可能是经济成本，也可能是不知道相应产品的存在，也可能是他们不知道去哪购买，或者他们被产品的复杂程度吓退。无论何种原因，这些"非消费者"是市场的一部分，他们想完成一项任务但没有使用一个特定产品。"非消费者"可能是一个极具吸引力的细分市场，但对于那些只能以产品为中心、受困于传统定位范式的角度看待市场的人而言，他们往往看不到这个市场。

假设你是一个血糖管理 App 的产品经理，主要用户都是 35~55 岁的人，同时发现 55~75 岁的人很少使用该产品，现在你认定了创新目标：55~75 岁需要管理血糖水平的"非消费者"。研究发现，目标市场最关注评估食物是否大幅升高血糖水平，但你的 App 此项功能非常简陋，很多食物无法查询且被埋在功能菜单深处。

另外，55～75 岁的人相对更年轻一点的人群，不愿意学习复杂的 App，而你的产品页面过于复杂。根据这些发现，你重新简化 App 页面，将食物评估放在首页。当通过各种渠道向非用户展示产品如何满足他们的核心需求时，实质是给非消费市场一个使用你的理由：你的 App 能帮助他们更好地完成任务。

实质上，排除成本、信息和渠道原因，非消费市场可定义为客户希望实现但现有工具条件下无法圆满实现自己目标的市场。它们的存在恰恰表明客户希望看到哪些方面有所改进，以及他们认可哪些方面对自己的价值更重要。换而言之，他们所认可的期望成果与现有用户市场认可的期望成果不同。而这告诉我们可以继续细分一个完成特定任务的执行者市场。

第三节　重新认识市场

"市场"大概是营销领域使用最频繁的词语，没有之一。在讨论市场细分前，我们先来看看市场。但什么是市场呢？

1960 年，美国营销协会对市场提出以下定义：市场是指一种货物或劳务的潜在购买者的集合需求。这个定义以产品为导向，侧重于对一类产品的需求，例如，对烧水壶需求的集合就是一个市场。

科特勒将市场定义为某种产品的所有实际和潜在购买者的集合。表面上这个定义侧重于购买者，例如，实际购买烧水壶和潜在购买烧水壶的消费者就是一个市场，但这个市场还是围绕着"某种产品"下定义。

这些市场的定义都远远无法满足创新的要求，也满足不了 STP 模型所指向的定位与差异化工作。

一、市场应具备哪些特征

在给出任务视角下的市场定义前，我们先来看看 Ulwick 眼中，一个市场应具备哪些特征。毕竟只有描述出某个事物的种种特性，你才有可能从中提炼出关于它的定义。

（1）市场应该是商业运行中的一个常数，而不是一个变量。市场并不会随着时间变化而变化，它应该是稳定的。

（2）每个市场都是独特的，能显著区别于其他市场，且毫无歧义。

（3）市场并不天然就有对应的产品或解决方案。相反，市场在问题空间里定义，是问题定义了市场。当面对不同的技术或解决方案时，市场并不会消失。

（4）市场指向了谁是价值创造的目标，品牌应该聚焦哪一群人。它是相当长时间内企业价值创造的聚焦点。

（5）市场应使得需求挖掘更加快捷、有效，成本更低。

（6）市场应揭示竞争来源，一旦理解市场的本质，那么意外的竞争者也就没有那么意外了。

（7）市场应该和一个组织的所有部门都相关，无论是销售、营销还是产品开发部，它是连接企业所有职能部门的纽带。

很明显，Ulwick 对市场特征的描述与其他科学范畴的定义类似：问题独立存在，不依赖于任何一种解决方案；它使问题的解决（各种创造发明）有了明确目标，也有了解决标准；问题甚至定义了一个学科或领域。

现在，请你想一想，依据 Ulwick 描述的种种特性，你将如何定义一个市场？显而易见，围绕产品做定义不符合其中某些特性。例如，围绕烧水壶需求的市场能解释竞争来源吗？在烧水壶市场里，谁是价值创造的目标？烧水壶市场与瓶装水市场有关联吗？

二、重新定义一个市场

任务理论的核心是人们购买产品是为了完成任务。一项任务是人们试图要完成的一项工作，或一个要达成的目标，或一个要解决的问题，甚至可以通俗地说要避免的一个坑，以及其他任何想要实现的事情。

因此，当透过"待办任务"这个滤镜去看市场时，**市场最恰当的**

定义就是：一群人和他们试图要完成的任务。这是 Ulwick 的定义。过去很多年我们试过无数次改进这个定义，但都没能成功。无论我们将其应用在哪个行业，它都适用。

例如：想要传授给孩子们生活经验的父母构成一个市场，试图要治疗肩颈损伤的外科医生，或者情人节需要购买礼物的男男女女都构成各自的市场。

当透过待办任务这一滤镜定义市场时，我们看到有成千上万的独特市场存在，并且有别于现有按产品划分的行业市场，它们稳定并聚焦于人们试图要完成的任务，而不是解决方案之上。这个定义为你提供一个分析的聚焦点，形成深度理解客户需求的基础。

即便那些听上去崭新、颠覆性的市场仍然可通过待办任务审视。例如，人们经常提及的加密货币市场是一个新市场，但这取决于如何定义市场。如果我们围绕一种新产品或一种新技术定义市场，如科特勒所定义的关于某种产品的所有实际和潜在购买者集合，那么加密货币可被看作新市场。如果你从待办任务的角度来看，故事则截然不同，消费者几个世纪以来都一直在干预价值的存储和交换。加密货币只不过是已有市场上的新产品。同样，网约车、云计算、智能手机、线上学习、电动汽车、Airbnb、谷歌地图等众多被认为破坏性创新的产品或技术，也是已有市场上的新产品。

如果我们走得更远一点，那么我们会对传统营销领域的很多概念质疑。克里斯坦森曾表示，"一旦你意识到世界是由需要完成的任务组织起来的，你就会明白产品生命周期是不存在的。"

在你的脑海中请记住：市场＝一群人＋一项待办任务。

要定义一个市场，我们需要定义一项任务以及任务执行者。是不是太复杂了？但是，它很有用。以"学习弹钢琴"这项任务为例。谁想学习弹钢琴呢？有儿童、成人和专业歌手。现在，我们可以定义三个市场。

（1）想学弹钢琴的儿童。

（2）想学弹钢琴的成人。

（3）想学弹钢琴的专业歌手。

改变任务执行者,市场大不相同;改变任务,市场更是有天壤之别。一个市场有两个组成部分:任务和任务执行者。现在,你是不是更能理解这个定义精准的微妙之处?

那么,从任务视角定义市场的价值在哪?

当我们试图挖掘需求时,消费者经常臆想着表述对一个还不存在的产品的渴望,并且常常是模糊、不准确、不全面,甚至匪夷所思。相反,当你询问他们的待办任务时,消费者可以迅速、清晰、准确地讲述他们遇到了什么问题、想完成什么任务。因此,由一群具有同样任务的人构成的市场,有清晰的边界和内涵:是谁?有什么待完成的任务?这样的市场定义,大大提升我们对某个市场理解的效率和深度,并且使得挖掘市场机会更加有的放矢。

请注意市场围绕功能任务而非围绕伴随功能任务的情感目标定义。如果一家企业提供的产品是"防止人们在开车时迷路",虽然其客户通过使用产品获得了"心灵平静"的情感安抚,但仅仅从"心灵平静"这一情感任务出发,无法为该企业定义明确可实操的市场。

三、如何找到和定义自己产品所在的市场

如何从任务的角度,重新定义我们自身产品的市场?这种定义的价值在于抛开产品行业的狭隘限制,你会发现以前从未注意到的竞争对手。当然,你更会发现以前从未注意到的潜在客户群体,以及从未意识到的潜在市场机会。我们根据大量的思考和实践总结出以下"焦糖布丁市场定义"五步骤定义一个产品的市场(针对现有产品的企业)。

步骤一　从市场的传统定义开始

问自己:你想创新的产品是什么?这个问题的答案可作为你的起点,后续步骤有助于你从产品视角转变为"待办任务"视角。

步骤二　分析谁使用这个产品完成待办任务

这里的目标是挖掘各种可能的产品用户群。请注意,你需要聚焦于任务的执行者,不要列出那些所谓购买决策的影响者、过于注重价格的购买者以及其他与产品相关的人士。

步骤三　定义任务执行者

定义一个概括性的名词，能被用于描述所有主要使用这个产品完成待办任务的群体。请注意，我们将市场定义为"一群人＋一项待办任务"。当定义这群人时，请不要使用一个具体职位或工种。你寻找的是一个高阶、通用的名称。你可能会有几个名称描述任务执行者，这种情况下请选择一个最包容、最有概括性的词语描述将使用你产品的人群。例如，教育工作者比老师更有兼容性。定义任务执行者比定义"待办任务"更重要，因为你将会访问这个群体中有代表性的人，从中定义待办任务。

步骤四　定义抽象的待办任务

我们在本章讨论过如何通过访问挖掘和定义待办任务。简而言之，通过访问在一定抽象水平上定义市场，可让你随着时间改进产品，从而帮助用户更好地完成待办任务。

步骤五　定义市场

现在，你有了一个市场的定义：谁＋什么任务。请注意，你需要确保团队每个人就这个市场定义达成最客观、最精简的版本，而不是各执一词、各有各的理解。

这个市场的定义对市场细分意味着什么？在第五章我们讲述了任务的期望成果清单。在单一市场里的同一任务的执行者都有相同的期望成果列表。这并不是说所有任务执行者清单上期望成果的重要次序都一样，只是表示它们有相同的期望成果内容。市场上一定有部分人期望成果清单的优先顺序与其他人截然不同。

打个比喻，每个活细胞都有 DNA（脱氧核糖核酸），无论植物或动物，人或猫狗。每个细胞都有一个独特的代码决定生物性质。代码会从父母传给后代。那么 DNA 如何将遗传密码代代相传呢？这些代码其实有很多共同点：DNA 包含磷酸盐分子、糖分子和一个氮基。氮基的组成部分是腺嘌呤、胸腺嘧啶、鸟嘌呤和胞嘧啶。调整这些氮基的顺序，小老鼠就会变成一只狂躁的小熊。尽管数十亿个氮基的成分相同，但顺序不同，得到的东西就完全不同。

市场和细分市场在这方面高度相似。一个市场中的各种细分市场会有相同的期望成果列表,但找到具有共同排序的子集,你就会发现一片具有独特性的新天地——细分市场。

第四节　开展基于期望成果的细分

我们在第五章论述了 Ulwick 及其同事们所定义的期望成果。顾客购买产品是为了帮助他们完成任务,期望成果就是其衡量完美完成任务所用的指标。未得到满足的期望成果代表着改进的机会。大多数市场中存在不同的客户群体,虽然期望成果相同,但拥有各自不同的优先次序、尚未满足的期望成果,因此,他们希望看到产品沿着不同的维度实施改进。例如,汽车市场上存在不同的驾驶群体。一些群体认为安全更重要,但并未充分满足,因此,他们非常希望杜绝由于汽车自身原因引发的种种安全隐患。而另一些群体可能认为享受移动空间很重要,但未得到充分满足,因此,他们更渴望提升车内听觉、视觉和乘坐效果,获得自在轻松的乘坐体验。

一、Ulwick 基于期望成果的细分方法

Ulwick 的 ODI 方法区别于其他待办任务方法的一个重要点就是它提供了一套基于期望成果的细分方法。这套细分方法恰恰能够帮助我们识别出具有相同的未被满足的期望成果群组,这些群组代表着市场上存在能帮助我们获得对创新更有实际指导意义的细分。相比其他方法,这一方法有显著的两个独特之处。

(1) 使用期望成果作为细分变量。

(2) 输入细分算法的不是期望成果的重要性,而是机会值。这一点尤其关键。使用细分变量的机会值作为算法输入产生的细分代表了独特的创新机会。这是与其他细分方法产生不同结果的根本所在。

作为任务理论的实践探索先锋,Ulwick 曾细致描述如何运用

四步骤开展基于期望成果的细分[10]。

（1）**收集数据**。收集每一位受访者对每一条期望成果在两个量表上的打分——重要性和满意度，从而算出每一位受访者在每一条期望成果上的机会值。

（2）**选择细分变量**。由于期望成果太多，有时甚至达到100～200个，无法同时进入算法，因此，Ulwick建议使用因子分析筛选重要的期望成果语句。

（3）**聚类分析**。聚类分析是最常用的一种细分算法，Ulwick推荐非层级聚类算法，这类算法要求事先确定有几个细分群体。

（4）**对细分群组开展画像描述**。通常前期运用的调研问卷包含受访者背景信息，细分确认后，这些信息可用于描述每个群体的社会统计特征并进行对比分析。

二、焦糖布丁市场细分法

非常遗憾的是，虽然Ulwick在其书中运用摩托罗拉电话机项目展示细分过程和结果，但是，我们在众多项目中实践这一方法，结果却并不令人欣喜。既然凡事并不应该刻板僵化地照搬照抄，因此需要找到更具实操性的方法。幸运的是，我们不仅找到，并且经过多次实践取得了令人欢欣鼓舞的效果。我们的"焦糖布丁市场细分法"仍延续Ulwick的四步法，但在一些关键之处进行改进。

（一）关于收集数据

如第三章所述，收集受访者对期望成果的评价——重要性和满意度，是一项巨大且耗费资源的工作。不仅期望成果本身数量庞大，通常有100～200条之多，甚至我们曾"不幸"地完成过300条期望成果的项目。而且，期望成果的输出和写作非常耗费时间和精力，凡是经历过撰写的研究者，都一致感慨要让期望成果的表述既描述准确又通俗易懂，从而确保接下来每位受访者都能正确理解，绝不是轻而易举的事。不仅如此，要让受访者愿意认真地对长达100多条期望成果语句作出评价也非常不易。换而言之，如何确保通过问卷获得数据的质量是一项高难度挑战。

面对收集数据环节遇到的种种难题,我们在第六章已具体展示种种行之有效的解决方法,如果你已忘记,可以进一步复习巩固。

(二) 关于选择细分变量

通常在细分研究中,每个细分变量至少要相应地有 100 名受访者,这就大大限制了许多细分研究中细分变量的数量。有时,即使你为每个细分变量找到 100 个甚至更多的受访者,一个被称为"维度诅咒"的问题,仍将严重破坏细分研究。简而言之,有太多的细分变量与细分研究目标背道而驰:我们使用的基础变量越多,细分市场的区分度就越低。

因为期望成果语句很多,Ulwick 建议使用因子分析筛选出重要的语句作为细分变量,即将所有可能的变量都放入因子分析,依靠它确定与每个维度/因子最相关的语句,然后只使用那些最相关的语句作为细分基础。虽然,因子分析用于测试哪些理论构架真实、哪些不真实,以及关于哪些变量可以测量它们的心理学理论时非常合适,但是,将数量庞大近乎大杂烩的变量代入因子分析,并希望由此确定细分的最佳变量,则只能带给我们无限失望。

对于细分,我们想要的是能够以产品或营销相关性的变量区分受访者。然而,因子分析却给出那些与其他变量共享方差最大(或相关性最高)的变量。请注意,这两个角度并不等同。这意味着,能够产生最有趣的细分差异的变量可能完全在因子分析中迷失。使用因子分析确定细分变量,在方法学上相当于在一场足球比赛中将球踢入自家球门。

虽然,统计教科书上也介绍了其他的变量选择方法,可以很好地将候选变量集减少到一个效果更好的小集合。但请注意,正因为变量具有人群区隔力,帮助我们准确识别市场机会,因此,细分的目标就是要寻找那些变量。相反,如果通过事先筛选变量的方式,很可能筛掉的恰恰是我们努力找寻、更需要关注的变量。

Ulwick 的摩托罗拉案例中,先使用因子分析将 100 个期望成果分成围绕 18 个独特因子的组别,然后,从每个因子组别里选择一个期望成果语句,这个语句的机会值在人群中变化最大。如果一个因子组别里的期望成果语句没有实质性变化,那么就没有期望成果语句被选出来。最终,11个期望成果被选作细分变量。

请仔细想一想,Ulwick的这个方法存在哪些实操风险?

我们的思考和实践是:虽然在分析过程中分析人员的主观判断必不可少,但太多的主观判断会导致分析结果因人而异。

(1)因子分析方法众多,不同分析人员偏好不同的方法,导致最终结果可能各不相同、百花齐放。

(2)在一个因子组别里,如果有多个期望成果语句市场反应变化都很大,那么选择哪一个才更合理?

(3)Ulwick提到的"没有实质性变化"的判断标准究竟是什么?

因此,我们在数据分析中提倡尽量减少人为主观干预,尽量依靠数据和算法揭示隐藏在数据内的结构。

(三)关于聚类分析

请想象一下,假设有一个小样本($n=150$)的细分研究,恰好通过运气或其他方法,你幸运地知道一个事实:数据包含四个细分组别。现在,你是不是觉得这个研究简单得如同"a piece of cake"?将150人分成四组,这有什么难的?但是,难点恰恰就在这里,你知道有多少种方法可以将150人分成四组吗?超过2×10^{90}种!

事实上,这比宇宙中的原子数量(约10^{82}个)还要多,是原子数量的5亿倍。请注意,这个难度仅仅是基于150个样本而言,如果是1 000个甚至更多呢?你如何在报告递交截止日前决定哪个是最好的细分方案?在毫无选择依据的局面下,也许抓阄更合适。

我们知道,聚类分析是按照某个特定标准将一个数据集分割成不同的组,使得同一个组内数据对象的差异性尽可能小,同时不在同一个组中数据对象的差异性则尽可能大,即聚类后同一类的数据尽可能聚集到一起,不同类数据尽量分离。由于聚类分析不是全搜索式计算,而是采用一种路径寻找最优结果,所以它的速度往往比全搜索要快得多。

然而，传统的聚类分析可能不稳定，你很容易"不幸"地获得一个整体比较差但局部最优的方案。正因为这种不稳定性，我们要避免运行一个单一的聚类分析，而是要选择统计上更稳健的方法。

经过多年的试验和实践，我们推荐 Cluster Ensemble Approach 这一方法。这种聚类集合方法采用多个集群解决方案，但不是在其中选择一个最具代表性的，而是根据集合内现有方案的组合制订一个共识解决方案。

我们采用 Sawtooth Software 软件公司开发的 CCEA 方法。CCEA 是一个收敛性 k-means 程序，它可以针对任意给定的细分数量，以智能起点运行多达 70 个 k-means 聚类分析，然后寻找与 70 个方案共同点最多的解决方案（即收敛有效性最高）。例如，我们首先对不同数量的细分变量进行 70 次 k-means 聚类分析，然后生成一个与 70 个结果共同点最多的解决方案。

由此，我们直接将聚类集合方法作用于所有的期望成果语句，无须将细分过程分成传统方法中的因子分析和聚类分析两个步骤。除了"一步优化"这个优点以外，我们发现无论处理的样本数量是多少、变量是多少，聚类集合方法给出的结果都非常稳定。更重要的是，给出的细分结果也非常有意义。请注意，"有意义"是细分方法优劣的一个非常重要的判断标准。

（四）关于对细分群体画像描述

要理解每一个细分的人口和心理统计特征，我们需要对每一个细分进行画像分析。常见做法是在问卷中插入一些背景问题，这些问题包括用户年龄、性别、职业，他们是如何使用相关产品以及使用的频率和其他一些重要描述性指标。相对于细分变量，这些在细分群组生成后用于描述细分人群的变量，称为描述变量。这些描述变量有助于我们理解每个细分机会将涉及何种人群。

需要明确的是，人口和心理统计特征与每个细分群体的期望成果优先级没有必然关联，它们只是对细分结果一些形象的描述。事实上，人口和统计特征并不能预测消费者行为。我们将在第十章讨论如何开展基于待办任务的消费者画像。

现在，我们已经完成了基于期望成果的细分。相对于基于需求的细分，基于期望成果的细分则是一个更简单、更稳定的策略，它独立于客户特性而存在，因此，为我们选择目标细分市场和定位提供了非常扎实、可靠的基础。

第五节　使用基于期望成果的细分结果

第四节，基于 Ulwick 期望成果细分的方法，我们提出了自己的思考和实践，如何减少其方法中主观判断带来的风险，从而让细分变得更具实操性。由此，引出本节将要回答的问题：基于成果的细分将有助于我们发现哪些曾被忽略或是未知的市场机会点？

我们想强调的是，第二节讨论的基于任务的细分，本质上是转换了一下看待市场细分的视角，将细分市场看作围绕一项任务所组织。而本节讨论基于期望成果的细分用于更进一步，如何在某个任务的市场里（一项任务＋任务执行者）发现机会点。通过这一细分方法得出的细分结果，可以解决产品创新和营销中面临的众多挑战。

（1）在成熟市场识别独特的机会。

（2）识别要求高的消费者细分，他们愿意为更好的解决方案支付溢价。

（3）识别没有吸引力的细分市场。

（4）发现过度服务的细分市场，这些市场可能成为颠覆式创新的进入点。

（5）决定进入一个现有市场的最好方式。

（6）发现高潜力增长市场。

……

换而言之，基于任务的细分发现的是一个圆圈，基于期望成果的细分发现的是圈中的一个个靶向点。假设当你圈定某个圆圈后,瞄准的不是其中的一个个靶点,而是漫无目标地随意开枪,那么,你如何确定自己能击中某个靶点?或者击中的某个靶点到底是谁?当然,如果你的子弹足够充裕可以随意扫射,一定能击中一个甚至数个靶点。问题是现实工作环境中,哪家企业有如此众多的资源可供创新团队任意挥霍?精准、可控、节省,正是基于期望成果的细分带给我们的意义。

一、在成熟市场识别独特的机会

在一个成熟市场即充分竞争的市场中识别独特机会的难度可想而知。因此,竞争最终往往沦为价格战,企业不得不选择牺牲自身利润,貌似占据市场份额,实则利润微薄。扭转这一趋势的策略是找到一个或多个没有被充分满足的细分市场(靶点),设计能够满足其独特需求的产品,从而脱颖而出。

以"泡茶"为例,面对这一待办任务,我们期望获得:在茶具遍地的市场中,找到一个独特的市场机会,提升本企业茶具的市场地位。运用基于期望成果的市场细分,我们发现四个细分,其中一个是希望水烧开后,能回温到某个特定温度,比如90°或95°,因为不同的茶叶在不同的水温里才能泡出最佳的口感和风味。普通烧水壶不能控制温度,就会导致泡茶的水过热或温度不够。经过分析,我们发现这个细分群体的比例并不低,作为饮茶多年的人群,他们对口味和风味比较挑剔,期盼有满足其温度要求的产品出现。

这意味着假如我们能开发出一款控制回温温度的热水壶,就有可能在价值而非价格的新层面上标识自己。在这个独特的细分市场(靶点)上,通过吸引特定细分市场中未得到充分服务的独特人群,企业可以设计出提供更多价值的产品,从而制定新的定价和定位战略。

二、确定要求较高的客户群，他们可能愿意为更复杂的解决方案支付更多费用

许多现有市场中存在这样一群消费者——他们比其他人要求更高。而要求高意味着其期望并未被满足，他们想要得更多，并愿意为此支付更高的费用。企业可通过细分判断这个群体是否存在，如果存在，规模又有多大。

通过对"泡茶"这一待办任务期望成果的细分，我们确认还存在这样一个细分（靶点），其有着超乎想象的期望成果：通过热水壶加热的水，能为饮茶人补充特定的矿物质，同时能让茶水的味道更好。这其实包括几个关联的未被满足的期望成果。虽然，这个细分的比例很低，但是却呈现了与市场大多数顾客截然不同未满足的需求。我们识别这个群体不是为了定价更高，而是通过开发突破性产品，为顾客提供超越竞品的价值。

三、识别缺乏吸引力的细分市场

在任何一个市场，总有那么一个群体没有任何吸引力，不值得企业作为目标市场。这些顾客可能没有想要使用更多的功能或要求更高的服务，但同时他们要求更低的价格。清楚这一细分市场的规模对企业而言，是清楚知道哪里即使投入再多，也不会有回报。

在"泡茶"例子中，通过对期望成果的细分，我们发现超过60%的用户都很满意泡茶任务的执行过程，认为绝大部分期望成果都已满足，并不需要额外功能。这些消费者只对降低产品价格感兴趣。面对这一细分，企业应当有勇气主动放弃，或者只需要用现有产品去满足，同时，将创新资源投入更有可能创造顾客价值的细分（靶点）上。

四、发现过度服务的市场，它们可能成为颠覆式创新的进入点

颠覆式创新之所以成为可能，是因为它们始于现有企业忽视

的市场(靶点)。低端立足点之所以存在,是因为现有企业通常试图为利润最高、要求最高的客户提供不断改进的产品,而很少关注要求较低的客户。事实上,现有企业的产品往往超出后者的品质要求。我们在市场机会评估中称这类市场为过度服务的市场。这为最初即开始专注于为低端客户提供"足够好"产品的颠覆者打开了大门。一项颠覆性技术经常是以一种无威胁的方式进入市场,它服务的是不被市场上主流企业重视的低端市场。刚开始时几乎不被市场主流接受,甚至被大多数人拒绝。然而,当它立足后,随着技术慢慢改进,开始比现有产品能更好地满足主流市场重要的期望成果时,就会获得更广泛的接受,如拼多多。

当考虑是否采取一个颠覆性策略时,企业必须能够评估过度服务的市场(靶点)是否存在及其规模,以及这个市场是否构成颠覆式技术的进入点。只有全面掌握这些信息,企业才能自信地去定义颠覆式策略的目标市场,或者警惕自己成为颠覆式创新的目标。

五、决定进入一个现有市场的最好方式

作为一个现有市场的新进入者,企业必须有能力挑选一个小的细分市场(靶点),满足其独特的细分成果,然后逐渐利用这个定位在其他市场开疆扩土。问题是,什么样的细分市场能满足这些要求?理想的细分市场通常是规模比较小、充满机会点,同时,被其他竞争对手所忽视。这样的细分很容易被期望成果驱动的细分所识别。这些细分市场常常被现有竞争者所忽略,因为它们总是瞄着那些能横跨几个大的细分市场的机会。在那些大的细分市场上与现有企业竞争十分困难,因此使用基于期望成果的细分方法来识别更有吸引力的进入点是关键。例如,预制菜市场竞争激烈,众多餐饮行业巨头海底捞、广州酒家、新雅……纷纷推出自身预制菜品牌抢占市场,新手常常无立锥之地。相反,"一条狗"创始人小木发现作为江南民众喜闻乐见的早餐食品之一——烧卖,机器包的极致是 70 克,80 克已不成型,90 克更是只能靠手包,而预制菜

大厂不屑于专门设置一条手工烧卖生产线。因此，2020年她果断设厂专门推出手工大馅烧卖，2023全年营收已超过2亿元，现在正继续扩展至更多手工面食。

六、发现高增长潜力市场

企业经常询问，"如何在一个有高增长潜力的市场出现前识别它，并量化它的规模？"坦白说，很难，因为没有财务数据支持，甚至服务这个市场的产品可能都还没出现。然而，运用基于期望成果的细分方法可以识别这个市场是否存在。例如，在复印机诞生早期，施乐针对大公司提供复印服务并收取高价。但是学校图书管理员、保龄球联赛运营商和其他小客户都需要完成复印这项工作，却因为价格被排除在市场之外，只能使用复写纸或油印机。如果从期望成果角度入手，你一定能够发现一个由众多期望成果构成的不小的市场——最小化复印的成本，最小化复印的时间，不需要服务支持等。假如你使用基于期望成果的细分，就能估算出拥有这些重要且未被满足的期望成果的人群规模。因此，当施乐的竞争对手推出个人复印机，为个人和小型组织提供负担得起的解决方案时，一个巨大的高增长潜力市场顿时成为现实。

章后回顾

在我们过去20多年和各个行业客户讨论市场细分的过程中，以下是我们听到最多有代表性的总结语言：

——"我们内部对市场细分看法不一。"

——"我们有好多种市场细分，究竟应该用哪一种我们也很矛盾。"

——"细分做完了，除了一份厚厚的报告，好像对我们也没什么改变。"

……

即便如此，许多细分的应用者却很少考虑细分方法与开展细分的目的是否一致。不是所有细分方法都适用于将创新引入正确轨道。

另外，我们想强调的是有很多种细分的方法，每种各有其优缺点，没有简单的对错之分，关键在于方法被用来解决何种问题。我们在本章不是要指出这些方法都不好，而是要说明它们的缺陷不适配于产品创新层面。相反，在其他层面，如品牌定位、营销传播或销售等，它们可能更合适。

因此，当你选用一种细分方法前，请先问自己三个问题。

（1）细分目的是什么？用来做产品创新、品牌定位还是营销沟通？没有明确目的就不要尝试开展市场细分。毕竟基于期望成果的细分工作虽然成果喜人，但过程繁杂而艰难并且需要消耗相当的资源。

（2）基于哪个任务？是基于运动后补充水分、解渴，还是让自己开心？不同的任务，映射到可能完成该任务的产品品类。

（3）覆盖什么样的人群？其实这个问题就是让你定义你的任务执行者。可能是年轻人、年轻的白领、年轻的白领妈妈……取决于你想细分的市场是什么，也取决于你的业务愿景与策略。

本章重点讨论了 Ulwick 的市场定义和基于期望成果的市场细分。要定义一个市场，我们首先要确定一项任务，但这还不够。只有定义任务和任务执行者之后，我们才有了市场，比如正在找工作的大学生、想恢复身材的产后妈妈、要做演讲的职场人……这些都是市场。其独立于任何解决方案。

所有在一个市场的人有相同的期望成果清单。但掌握这份清单并不能让我们直接瞄准创新。一个市场太宽泛了，一个市场的所有成员拥有一份共同的期望成果列表并不表示他们有同样的优先次序。事实上，很多成员的优先次序大不相同。我们将那些有着相同的优先次序期望成果的群体，命名为细分市场。

需要记住的是，无论将任务作为一个细分市场，还是选择一个基于期望成果的细分市场，都在挖掘和评估最有利可图的市场机会。

章后思考

1. 以五菱 MINIEV 案例为启发,请你尝试审视自身所在行业如何运用任务思维重新划分市场。

2. 重新划分市场后,你目前生产的产品能完成顾客何种任务,是否存在相关联的其他任务?

3. 通过访谈了解现有客户如何使用你的产品,根据获得的期望成果重新审视在完成这项任务前提下,产品在期望成果角度上还有哪些待改进的点,它们带来何种细分市场?

参考文献

[1] DIBB S. Market segmentation: strategies for success[J]. Marketing intelligence & planning,1998,16(7):394-406.

[2] COLLINS S R, DAHLSTROM P W, SINGER M. Managing your business as if customer segments matter[EB/OL]. http://www.mckinseyquarterly.com/article_page.aspx?ar=1842.

[3] WEDEL M, KAMAKURA W. Market segmentation: conceptual and methodological foundations[M]. 2nd ed. New York: Kluwer Academic Publishers,2000.

[4] YANKELOVICH D. New criteria for market segmentation[J]. Harvard business review,1964,42(2):83-90.

[5] CHRISTENSEN C M,COOK S, HALL T. Marketing malpractice: the cause and the cure[J]. Harvard business review, 2005, 83(12): 74-83,152.

[6] CHRISTENSEN,C M, ANTHONY S, BERSTELL G,et al. Finding the right job for your product[J]. MIT Sloan management review,2007, 48(3):38.

[7] LEVITT T. Thinking about management[M]. New York: The Free Press,1998.

[8] Prajwal. IKEA Marketing Strategy-An Inspiring Finding from the Case Studies[EB/OL]. https://www.sprintzeal.com/blog/ikea-marketing-strategy.

[9] PEREIRA D. IKEA Business Model[EB/OL]. (2023-04-24). https://businessmodelanalyst.com/ikea-business-model/.

[10] ULWICK A W. What customers want: using outcome-driven innovation to create breakthrough products and services[M]. New York: McGraw-Hill Professional,2005.

本图片由 DALL·E2 协助制作

第八章

开发产品功能

不要为你的产品寻找客户，要为你的客户寻找产品。

——Seth Godin

我们知道客户真正关心的是……不是我们，而是他们，是他们的待办任务。当然，这并不意味着产品不重要。如果产品无法完成任务，交易将永远不会发生。

我们已尝试探索客户的种种想法。你已知道他们每天要完成哪些任务，一路上会遇到哪些麻烦，以及你的解决方案需要做些什么才能让他们满意。此外，你已了解他们如何作出决定，他们能可靠地告诉我们什么，以及他们在哪些方面受到更大限制。

下一步你可能会想，这与所学到的创新知识能否联动？与你已了解的MVP、开放式创新和设计思维有什么联系？如何促成伟大创意的实施？或者如何能让创新在市场上制胜？

作为创新者，我们的使命是帮助任务执行者实现他们的愿景。无论产品的形式如何，它都是帮助客户实现愿景的解决方案。正如David Ogilvy所言，"顾客购买的不是产品，他们购买的是产品的益处。"

为此，本章以待办任务为流程基石，为推进创新项目进行提供循序渐进的方法。我们先从规划产品路线开始，因为产品路线更宏观、更长远。创新项目往往因为缺乏战略指引而无法超越令人感兴趣的创意本身。每个人都可能认同新创意的狂野和畅想,但如果无助于推动企业实现其五年目标,那么它很可能会很快被大家遗忘和抛弃。

即使创新项目在企业内部获得审批,也不意味着必然产生成功的产品。这可能有两个原因:第一是创意不够好没能顺利通过早期测试阶段。导致夭折发生的一部分原因是在理解客户方面投入不足,另一部分原因在于创意生产过程不够好。第二是创意足够好,但真正的挑战在于克服组织中压制好想法的力量。这种力量主要来源于对不确定性的恐惧,对倾向于规避风险的管理者而言,创新意味着一场赌博,即使是那些在高保真产品原型中已得到很好表达的创意,仍不足以让其放下恐慌。

面对上述种种不利于创意诞生、落地的场景,待办任务为我们提供了一种增加成功机会的方法,不仅有助于发现客户的问题和市场机会,还能指导解决方案的开发。其简要过程为:首先确定要解决的正确问题,然后,待办任务提供前进的决策标准——将成功押在解决未满足需求的解决方案上,从而创造有利可图的差异化。

待办任务要求我们专注于为个体完成主要任务,并满足其与任务相关的需求。在绘制基于待办任务的产品路线图、确定共同的方向之后,运用任务故事将局部设计工作与全局联系起来,并激发美妙创意的诞生。最后,通过待办任务评价创意和新的解决方案。从这个角度看,待办任务既是创新的输入,也是创新的输出。

第一节　规划产品路线

当本书作者以产品经理身份开始实业界的职业生涯时,产品路线图通常被称为功能的"愿望清单"及其交付日期表。这个愿望清单通常很长,以至于 Excel 电子表格被拉到了极限。换而言之,我制作的产品路线图是一项艺术品,一张能歌善舞的动态电子表格。它当然能让老板们满意,但却吓坏了我的同事们,而且每个季度都要进行烦琐更新,以适应所有我们无法交付的东西,这点足以让大家陷入绝望。我对自己的作品沾沾自喜,甚至将电子表格打包发布,供他人下载。

现在,这些老古董仍然随处可见:在互联网搜索"产品路线图",你就会明白所指。但是,老式的产品路线图并不适合现代产品开发,它们常常被指责提供了不切实际的最后期限,让人感到穷途末路。由于错失市场机遇,即在开发工作尚未结束时所构建的功能已经过时,因此产品路线图备受指责。

但是当你在一个陌生城市旅行,一定会借助高德地图的帮助确定目的地方向和路线。同样,当开发一个未知产品时,企业也需要一张产品路线图,用于开发产品前确定目标,并向内部展示和沟通短期工作如何与长期商业目标相匹配。路线图的实质是帮助企业制订一份产品如何进化的行动计划。本节我们将阐述如何基于待办任务设计一张有效的产品路线图。

一、什么是产品路线图

产品路线图描述了你打算如何实现你的产品愿景[1]。它概述一个产品的愿景、方向、优先事项和随着时间推移的预期进展,是产品战略计划的可视化总结。

产品路线图可以有多种形式,不一定是一个单一的文件或规划图。事实上,路线图的真正意义不在于创建文件或活动,而在于创建对未来发展方向和根本的共同理解。

有人指出以路线图为代表的长期计划常常因各种原因失效,例如:开发项目或事项优先次序发生变化,不可预料的挑战出现,时间跟不上开发节奏等。我们观察到现实中确实有部分产品团队在没有长期计划的背景下,只做短期可预料的工作并根据需要调整。但是不要将路线图视作一成不变的计划,而是应该将它看作一个关于我们应如何为消费者提供有价值产品的愿景描述。路线图不是对未来活动一字不差的预测,也不应与发布计划或项目计划相混淆。事实上,市场变换迅速而又难以预测,坚持一个固定时间表往往会将开发人员带入绝路。好的路线图会针对客户反馈和竞争格局变化作出鲜明反应,并积极学习和适应环境的变化,大多数情况下也不需要非常具体的产品细节和具体时间框架。一张好的产品路线图可以让产品所有者与其三方团队更容易就产品如何随时间增长和转变达成共识。

在产品管理领域,不少团队运用敏捷式管理和瀑布式管理追踪一个产品如何随着时间的推移建立和维护,从而确保团队对需要做什么以及如何做有大致了解。由于这两种管理方式已包含关于开发事项的次序,即关于产品特征、性能构建和市场发布的时间顺序,因此,有人认为没必要再做路线图。那么,相比这两种管理方式,路线图的价值究竟在哪?

路线图不仅显示你即将或正在开展什么工作,更关键是显示为什么这项工作如此重要。路线图不仅包含行动计划,更囊括行动前的战略与想法。相反,敏捷式管理和瀑布式管理仅包含具体的事项管理和分工列表,这两种管理方式并没有填补因遗忘路线图而产生的战略空白。敏捷团队会抱怨说,他们花了太多时间关注未来几周的工作,以至于忽略了做这些工作的初衷。传统的路线图也是过于关注交付成果,往往忽略组织为什么要关注这些具体事情的关键背景。一张好的路线图应该与产品战略有明确联系,让开发团队不仅知道需要做什么、如何做,更重要的是知道为什么这样做,从而确保正确性和积极性。

二、使用产品路线图的好处

首先,路线图为团队、利益相关者和高管,非常清晰地提供关于产品战略计划的可视化展示,强调完成预期目标的背景、价值和所需的关键步骤,从而确保不仅是产品开发和设计人员,而且是整个组织,能统一短期目标和长期目标,确保所有的行动协调和统一。

更重要的是,制作产品路线不是一种官僚化的工作产出,而是关于企业行进方向的沟通,路线图是一项反映目的和方向的战略沟通工具。这意味着它发挥着企业愿景和详细项目规划之间承上启下的关键作用。此外,制作一张路线图的具体好处还包括以下几方面。

(1) 推动团队能够围绕客户问题和产品功能调整其愿景。
(2) 提供一个包括方向和达到预期结果步骤的简明框架。
(3) 促进利益相关者高效合作。
(4) 在组织中提高透明度。
(5) 帮助相关团队确定步骤和资源的优先次序。
(6) 追踪项目进展。
……

三、如何制作一张好的产品路线图

在各种各样制作路线图的教程中,基于待办任务的方法对我们而言更有价值。待办任务如同北斗星,指引企业将所有活动聚焦于为客户创造和递交的价值点上。我们推荐 Lombardo 等作者的 *Product Roadmap Relaunched* 一书,它强调了待办任务在理解和适应客户需求方面的关键作用,并明确阐述创建基于待办任务路线图的步骤。正如作者所写,"我们建议从企业计划为客户提供的价值开始,这些价值将随着时间不断积累从而实现企业的愿景……通常,这些价值来自客户需求、问题或待办任务。"

(一) 产品路线图的核心要素

许多产品人都认为路线图就是一张简单的日期和功能图表,但一份能有效将团队团结在计划周围的文件需要的绝不仅仅这些。它需要讲述当愿景实现时将会抵达何种情景,实现愿景需要付出什么代价,以及你如何知晓自己是否已取得进展。

一张完整的路线图包括三大要素板块,见表8-1。

表 8-1　产品路线图的要素

核 心 要 素	辅 助 要 素	补 充 信 息
（1）产品愿景	（1）功能和解决方案	（1）项目信息
（2）商业目标	（2）信心或风险	（2）平台考虑因素
（3）开发主题	（3）发展阶段	（3）财务考虑
（4）时间框架	（4）目标客户	（4）外部驱动因素
	（5）产品领域	

这里我们仅聚焦于核心要素。一是核心要素足够完成一张路线图，且它们与待办任务密切相关；二是辅助要素和补充信息只用于帮助我们沟通路线图上的每一项，这些补充和服务信息非常具体，涉及具体的产品领域，也不适合在这里讨论。

（1）产品愿景。产品愿景将明确为什么要将产品推向市场，以及产品的成功对外部市场和企业意味着什么。产品愿景是所有相关工作的存在理由，也是路线图的基础。公司愿景、价值、使命等为产品愿景提供了指导原则和方向，但具体的产品蓝图源于对这些问题的回答。例如，任务执行者将从产品中获得什么？使用产品后，他们是否能更好地完成任务？我们的产品与竞品差异在哪？

（2）商业目标。你的产品将实现哪些商业目标？结果是什么？对组织而言，哪些方面会有显著不同？确定与产品愿景相关的业务目标不仅对于衡量产品进展非常关键，对实现产品愿景亦至关重要。如果没有具体的业务目标，要实现这一愿景则困难重重，因为会有太多不同的产品、技术和业务方向供你选择以达成业务目标。此外，路线图必须与组织整体业务战略和目标保持一致。

（3）开发主题。作为从企业视角出发的一个概念，其用于定义当前什么对客户最重要。开发主题是顾客完成任务时所面对的核心问题，或者是与要创建的整体解决方案一致的需求。待办任务特别有助于构建路线图中的开发主题。尤其是将主题表述为客户需求或问题，对于指导解决方案（即功能和特性）的开发非常有效。

（4）时间框架。好的路线图不承诺具体日期,而是优先排序工作,并设定一个宽泛的行动时间表。将具体日期作为衡量成功与否的主要标准,会转移人们对新产品开发中至关重要的迭代和不确定过程的注意力。

我们采用 Lombardo 的书中一个假想公司,展示上述四个核心要素如何构成一张简单的产品路线图,见图 8-1。相比较传统的产品路线图,图 8-1 中的路线图更具动态性和发展性。

产品愿景:通过完善输水系统使草坪和景观更完美

2017年上半年	2017年下半年	2018年	未来
坚不可摧的水管 目标: (1) 增加销量 (2) 减少退货量 (3) 降低总体缺陷	精细花卉管理 目标: 提升平均销售价格 恶劣气候处理 目标: 扩张到东北地区	草地绿色均匀化 扩展输水范围	无限拓展 化肥输送

注:更新于2017年3月30日。

图 8-1　产品路线图示例

（二）制作路线图的步骤

通常这项工作包含五个步骤。

第一步　收集相关信息

收集信息的目的是确保掌握所有相关信息和背景,以便作出正确的产品决策。缺乏英明决策,再漂亮的产品路线图也毫无用处。此外,收集相关信息也是提炼产品路线图核心要素的前提。

首先,向外看。在众多收集业务生态知识的工具和框架中,我们推荐 Alex Osterwalder 的"商业模式画布"或 Ash Maurya 的"精益画布"。这些框架和工具能帮助你识别和战略性地思考你的商业支柱,如问题和解决方案、价值主张、非竞争优势、关键指标、细分市场、成本、营业额、关键合作伙伴和关键资源等。

在如此多的信息中,对产品开发一个非常关键的部分是识别目标客户和他们的问题。产品路线图上每一个项目都应满足客户的实际需求。为此你需要理解其需求。请注意，识别任务和使用任务地图挖掘客户的期望成果，对于开发有价值的产品和制作路线图至关重要。

除了这些因素，路线图制定者还需要了解市场发展轨迹、资源与政策受限情况等相关信息。

其次，向内看。你不可能在真空中开发产品和制作一张路线图。开发某个产品的核心人员包括产品经理、设计师、工程师等。但在开发过程中以及产品的生命周期，这些核心人员需要和与开发工作相关的各方密切工作，后者包括直属领导、销售、营销、售后、研究、生产、采购、财务、供应商和相关渠道。他们能提供关于产品从战略目标、产品工艺、营销策略到供应链等方面的建议和反馈。

上述内容并不包括你在开始绘制路线图前所需的所有背景信息，但却是非常重要的信息。你掌握的信息越多，越有助于做一个好的产品规划。

第二步　定义产品愿景和产品战略

在这一步，你需要界定产品愿景和产品战略。如前所述，产品愿景应是关于对产品服务对象的生活以及组织产生的影响。简而言之，产品愿景就是描绘未来现实或世界的陈述。一个可靠的声明至少涉及两个方面。

（1）目标客户。

（2）利益点或满足的需求。

有些产品愿景还可能包括产品的独特之处。

产品愿景需要与公司愿景和公司尊崇的价值观相一致。因此，当拟定产品愿景时，我们需要考虑整个公司战略和文化。

你也许会问，为什么需要界定这些？我们的思考和实践：制定路线图时，没有一个明确的产品愿景是导致团队失败的常见错误之一。"为什么"与"是什么"迥然不同：通过思考"是什么"，可以准确知道你在建造什么，对功能和谁是你的关键受众有清晰概念。但是，如果你对"为什么"没有概念，意味着团队对这样做的目的非常模糊,一旦在前进道路上遇到坎坷,就可能最终导致整个产品开发陷入困境。通过呈现一个愿景,可以让所有参与项目的团队和成员朝着共同的目标努力:每个人都知道产品为什么重要,其目的是什么。

产品战略是连接高层愿景和具体路线图的桥梁。如果你的产品愿景包括满足客户需求,那么产品战略需要通过解释如何实现,确保其更加明确和具体。将路线图的产品战略部分拆分为业务目标和关键结果,可将开发工作分解与引向可衡量的成果,而不是特定的产出,如功能和特性。通常业务目标为具体和定性的,比如,在这个时间节点开发这个产品有什么好处?关键结果是对达成这些业务目标进展的量化度量,比如,你的解决方案能为组织达成何种程度的具体目标?

业务目标的价值在于它是一个有时间框架的任务声明。目标激励团队:知道目标是什么,并按照时间框架采取必要步骤达成目标。为此,目标最好为量化的关键结果,简明扼要的数字表达会让团队明确他们的努力是否已经或尚未达到目标。

第三步　选择将要解决的客户待办任务,设定开发主题

如果我们将路线图等同于五星级酒店行政总厨的一份菜单,很遗憾,到目前为止,菜单仍是一片空白。现在,我们需要确定菜单上的具体内容、顺序以及展示方式。

这一步非常重要的一点是确保路线图根植于客户任务,因此挖掘和使用待办任务成为这一步的关键。*Product Roadmap Relaunched* 一书中强调,"识别客户需求是制作路线图最重要的环节。路线图应该表达客户需求,因此,路线图上的众多事项必须来自顾客要完成的任务或者必须解决的问题。"在产品领域,有经验的产品人关注的是需求或问题,而非新手关注的功能和特性。

如果做了基础工作,你就会发现一个真正值得解决的问题。换而言之,你已经找到一个令人沮丧的 JTBD,足以让客户为解决这种不适寻找并"雇用"一项解决方案。此外,如果指导原则设定得当,那么你也就有了一个清晰的愿景,即理想的最终状态和实现目标的途径。

这一步是提取所有必须解决的确切的细节问题或需求，从而确保产品真正为客户增值。这是一个关键部分，因为有关产品的每一个决策都应以客户需求为基础。在这里保持专注有助于避免制造客户不需要的事物，并最终确保为客户群提供尽可能高的价值。

如果做好了这一步，那么路线图将有助于你将客户需求与业务蓬勃发展和增长的重要因素相匹配。至于采用MVP还是产品2.0呈现这一步带来的成果，并不太重要，重要的是你的产品能帮助客户完成任务。

请注意，这里有两个新概念：开发主题和开发子主题。它们之间的区别在于需求或问题的颗粒度。开发主题较粗糙，而子主题更具象一点。主题可以自成一体，也可以代表子主题的一个集合。我们以花园水管为例。

（1）开发主题：坚不可摧。

（2）子主题：无扭结。

（3）子主题：不漏水。

当开发新产品或对现有产品进行思考时，开始了解客户需求的一个好方法就是绘制任务地图或用户消费旅程地图。特别当开发一个未知产品时，任务地图必不可少。我们在第三章已详细阐述任务地图的制作过程。相反，如果需要改进一个已有产品，那么你需要用户消费旅程图。从用户意识到问题存在的那一刻起，旅程图就开始跟踪其行为，并通过他们当前使用的产品解决问题，问题何时解决，旅程图何时结束。我们将在第十章详细讨论如何制作用户消费旅程图。

开发主题来自任务地图或消费旅程图上那些最没有被满足的需求所在阶段。你可采用这些阶段作为开发主题，或者将众多微小步骤聚类形成主题。主题可以为一个或多个，罗列主题也不必遵从地图上的时间顺序。

第四步　设定主题开发序列时间线

在这一步，创建一个你的团队需要努力实现的开发主题时间序列。时间序列的确定当然和开发主题的难易程度、相应的技术发展程度和资源的可获得性相关,但更重要的是和业务目标和关键结果密切相关。

路线图不同于产品发布计划。路线图是利益相关者优先事项的序列,对产品概念的可行性有要求。发布计划需要严格的范围定义和工程能力规划。当然,你也没必要对很远的未来设定一个非常具体的交付日期。

路线图上的时间线既可以是绝对日期或相对日期,也可以是两者的混合体。带具体日期的绝对时间线存在变化风险,一旦发生变化,将造成路线图执行的混乱和困惑。相反,相对时间线更富有灵活性,而且能深入了解即将发生的事情和原因。通常时间线可规划为三个阶段:短期、中期和长期。我们常用的词语是"现在,不远的将来,长远",当然,可以更具体些,例如"三个月之内,一年之内,三年之内"。宽泛的时间框架既能提供指导,又能保留一定的灵活性。

现在,你已拥有制作路线图的全部核心要素,可以在纸上勾画一张产品路线图。但是,要深化你的路线图,还有第五步。

第五步　根据产品开发路线图协调开发工作

你需要围绕完成整个待办任务或与你的业务最有战略意义的那部分,制定开发主题、构思解决方案。这种将解决方案、项目目的与用户需求关联起来的做法,非常有利于团队和组织的后期沟通。关于如何使用头脑风暴工作坊构思解决方案,我们在本章后续章节有详细讨论。

请注意,构思解决方案的重中之重在于:确定需要开发哪些关键功能,从而最有利于支持企业战略。这一步将比其他步骤花费更多时间和精力,因为你需要研究和考虑除了待办任务和主题之外,额外的一些问题以确保产品最终取得成功。例如:

(1) 市场上现有情况如何?

(2) 为什么你认为要开发的功能或产品能成功?

(3) 竞争对手在做什么?

（4）有哪些新的或类似产品吗？

基于这些问题，可以开始为你的产品确定关键功能，并对它们进行优先排序。请注意，千万不要试图开发一个具有100个特征的产品，50个也不行！因为这会让测试和开发变成不可能完成的任务。保持少数但强大的特征，然后测试、了解它们是否能让人们更好地完成任务，从而帮助你在市场竞争中脱颖而出。

从上述五个步骤，我们可以看出：正是由于JTBD驱动的路线图将顾客任务置于核心位置，围绕任务将产品愿景、方向、优先事项和预期进展关联起来，因此，这种路线图非常有助于帮助设计并使团队深刻感受到他们正在研发对顾客重要、有价值的产品，同时也避免开发顾客不需要的产品。此外，因为待办任务的长期稳定性，建立在JTBD基础上的路线图具备独特的持久性和包容变化的能力。

在创建路线图后，你可能需要借助非常细节的项目计划跟踪进度。无论是简单的白板还是特定的软件，都是呈现计划的可选工具。

四、不同团队使用何种产品路线图

每个路线图都不尽相同，你的路线图究竟长什么样，取决于你想传达什么以及传达给谁。没有模板化、标准化的路线图适用于所有组织。

路线图可有几种不同的形式或版本为不同的受众服务。这取决于受众是谁：在组织内部，为开发团队制定的路线图可能只涵盖一个产品，而为高管制定的路线图可涵盖多个产品，此外，根据一个组织的规模和结构，一个路线图可用于同一产品多个跨部门合作的团队。在组织外部，一个路线图通常涵盖多个产品，从而与组织重点企业客户的需求保持一致。

（1）开发团队的内部路线图：可用几种方式创建，取决于团队自身偏好。一些常见版本包括关于要交付的优先客户价值、目标发布日期和里程碑等细节。许多开发团队使用敏捷方法，会在时间表上显示具体的工作内容和问题领域，从而帮助团队成员专注于最重要的工作,并自主地作出快速决定。

(2) **面向产品经理的路线图**:有助于更好理解"整体",确保负责产品推进的团队内部统一,并能够与其他合作团队有效沟通优先事项。

(3) **面向高管的内部路线图**:强调团队工作如何支持公司的高层目标和指标。它们通常按月或季为单位展现实现这些目标的进展,并且一般不包括任务细节和开发具体事项。请注意,需要将开发者的工作"翻译"成高管们更容易理解的非技术术语和格式。

(4) **面向营销的内部路线图**:侧重于展示新功能和客户利益,以支持销售面向市场。请注意,避免在营销路线图中包含可能无法实现的硬性日期,以免自寻烦恼。

(5) **面向外部的路线图**:提供对新功能和优先问题领域的高层次、概括性看法,从而引发客户对产品未来进展的高度兴趣。请注意,要确保它们在视觉上有强烈吸引力并易于阅读,避免沉闷乏味导致客户流失。

产品路线图不是一个目的地;相反,它是一段旅程,是以一系列行动为标志,帮助确定如何为客户提供尽可能高的价值。在所有行动中,挖掘顾客任务,并将路线图中的每个事项与需求关联起来是核心和关键。

请注意,成功规划产品路线意味着你明确了这一阶段需要解决的问题以及解决方案的空间范围。

第二节 创建任务故事概述

本节我们聚焦于如何帮助产品开发人员理解一个具体的细节问题或需求,从而帮助他们设计更好的功能和特性,这不得不首先提及用户画像和用户故事(user story)。

一、用户画像和用户故事

用户画像是对用户特征的描述,被用于理解用户。经 Alan

Cooper 的著作普及和推广后,用户画像已成为研究和设计人员工具包中被最广泛使用的工具之一[2]。我们经常在一个项目中需要创建几个甚至十几个用户画像:小心翼翼地遵循 Cooper 的方法,并进行反复迭代以趋完美。尽管如此,我们仍然认为它们价值有限。用户画像通常有助于在与用户脱节的企业员工中建立同理心,但很少能带来突破性的想法或对问题的全新思考。

用户画像由人的属性定义,如表 8-2 所示。但一个人的年龄、性别、周末习惯等属性并不能解释他为什么选择吃士力架,这些用户描述性属性与产品缺乏因果关系。不过,仅花 30 秒钟的时间作出购买选择,能让人 30 分钟不会感到饥饿,这足以解释为什么会选择士力架。

表 8-2 待办任务和用户画像的对比

待办任务	用户画像
运动时充饥	(1) 35 岁 (2) 本科学历 (3) 喜欢吃花生、巧克力和焦糖 (4) 有着积极的生活方式,喜欢运动 (5) 养了两条狗 (6) 经常吃快餐 (7) 昨天崴了脚

最佳画像应基于用户目标(我们将在第十章讨论最佳画像),但现实是大多数画像仅聚焦用户的描述性属性,因此人为地割裂受众。更糟糕的是,用户画像只关注用户描述性属性,而不是任务和成果,从而也人为地限制了产品的受众。

为任务而设计远胜于为人群属性而设计。这是传统用户画像和待办任务的主要区别。用户画像关注的是用户角色和属性,而待办任务则着眼于场景和要解决的问题。画像可以解释人们是谁、人们的一般行为特点,却无法解释人们为什么在某个场景下要"雇用"一个特定的产品。相反,人们在一个场景下要完成某项任务则能解释一个购买选择和消费行为,因此待办任务具有预测能力。

那么,当确定某个待办任务,并且筛选了期望成果,我们如何才能将收获的关于待办任务的洞察转化为设计团队容易理解、可操作的事务,并且简明扼要、足够生动,易于传播和记忆?毕竟现实中记不清有多少次项目,我们让企业员工参与用户研究,与我们共同创建画像,但事后他们的普遍反馈是:太难记忆、太详细而无法解析,导致最后用户画像被束之高阁。

除了用户画像,另外一种流行的工具是"用户故事"。我们知道敏捷管理起源于软件领域的开发管理。由于敏捷管理能够推动团队和组织以灵活的方式开展工作,因此很快就延伸至其他众多领域。敏捷管理非常重要的一个特点是将工作分解为各个工作单元。由此,团队可以只专注于整体的一小部分,并以可控的方式取得进展。敏捷管理中,运用"用户故事"一词表示确认用户和用户需求。换而言之,用户故事是从最终用户的角度编写的关于产品特征和功能的简短描述。

用户故事通常以三部分格式撰写:第一部分点明用户在系统中的角色,第二部分描述该用户能够完成任务的能力,第三部分表达使用这种能力的原因或好处。尽管具体风格可能不同,但一个典型用户故事类似于以下格式。

作为＜某个角色＞,我能＜做什么或者有什么能力＞,从而＜获得某个利益＞。

为了便于大家更直观地理解,我们枚举数个运用以上格式撰写的用户故事。

(1)作为一名洗碗机用户,我操作一个按钮,碗筷便能洗净、烘干和消毒。

(2)作为一名系统用户,我希望能快速检索我想要的文件,从而节约时间。

(3)作为一名家电安装人员,我希望家电不要太重,一个人可搬动。

对任何一个系统而言,可能包含成百上千个用户故事。这是因为有些用户故事可能是关于系统非常细小的某个方面,如描述一个电器的按钮、为什么用户应该使用它等。你可以将所有这些故事组成一个待开发功能的储存库,便于设计团队将库中的用户故事按逻辑编组,作为可供2~4周或者短周期的工作安排。

尽管用户故事有助于将工作分解,但它存在很大的缺陷:第一,它使用了用户画像属性。第二,它没能将所要开发的产品功能和用户任务相关联。事实上,用户故事经常来自原有的产品功能,而不是基于观察到的用户实际行为。因此,开发团队常常并不清楚为什么用户会以某种方式行事,也不知道他们需要什么功能完成某项任务。第三,用户故事也忽略了上下文、场景等因素。用户故事往往由工程而非客户驱动,其格式描述要构建的功能而非人们想要解决的问题或需求。简而言之,用户故事来自解决方案而非待办任务。

二、什么是任务故事

运用待办任务视角的任务故事可以很好地克服用户画像和用户故事的不足。任务故事这个概念最早出现在 Paul Adam 的博客上[3],目的是尽可能将产品开发与公司愿景、策略相关联,尽量避免设计者被某个先入为主的解决方案所引导。Paul Adam 写道:"我们将每一个设计问题都从待办任务的视角来看待,关注触发事件或场景、动机和目标以及预期结果。"

任务故事根植于对真实世界的洞察,在指引产品开发上比用户故事更加有理有据。任务故事有多种撰写方式,我们推荐经过自身长期思考和实践的一个四段式结构。

(1)当我<在某个场景>。
(2)我想<完成某个任务或任务阶段>。
(3)因为我能或希望<收获某个利益或满足某个需求>。
(4)但是<存在某个矛盾>。

我们的故事结构与 Paul Adam 建议的结构差别在于增加了第四段。但是我们认为第四段非常重要,因为它可以帮助开发者更好聚焦于具体成果。我们也看到其他研究者所建议的任务故事结构，但是并不建议采用，因为其某一部分总是指向产品特征或性能。任务故事，顾名思义应聚焦于用户的待办任务，用来指引产品开发需要解决的问题，因此不应该将现有产品或某个功能带入其内。

我们想补充的是，Paul Adam 来自转换访问阵营，其任务故事的产出更多地基于转换访问。我们更喜欢从 Ulwick 的任务地图和期望成果中产出任务故事，因为它们给到的判断任务完成的标准更全面、细节更丰富，更容易产出大量且有意义的任务故事。

为了便于你更清楚理解如何撰写，让我们列举一个简单而完整的任务故事。

（1）在我的日常生活中。

（2）我希望每天饮用至少 1.5 升的水。

（3）因为我要保持健康。

（4）但是坚持太难了。

第一部分指向一个场景或背景。任务故事通常并不聚焦于一个通用的角色或个人，如用户或管理员，而是从强调任务情况或任务所在背景开始，力图将开发者的注意力从人物转移到场景上。我们的经验是避免用模糊的词语来描述场景，应该尽量具体和细节化，从而更好地展现因果关系。例如：

（1）当我感觉饥肠辘辘的时候……

（2）当我茫然不知所措的时候……

（3）当我查看微信的时候……

这三句都采用抽象词语和笼统描述，我们看不出这三个场景的特殊之处，或者究竟是在什么情景下"我"如此困惑、如此希望寻得解决任务的帮助。我们将其修改为具备更多细节和画面感的场景。

（1）当我饿了，且不知道什么时候能再吃到东西，同时感到疲惫和烦躁的时候……

（2）当我在一个从未去过的城市迷失方向，不懂当地语言，且担心浪费时间的时候……

（3）当我想查看我的微信，但又不想让我周围的人知道我在查看微信的时候……

仔细对比、揣摩后，你会发现以上每一个关于场景的例子都为设计合适的产品提供丰富的背景信息。不过，正如一把尺子无法丈量所有物体，并非每个故事的第一部分都需要格外多的背景信息，需要以任务场景明确、不引起产品开发人员理解歧义为判断标准。在之前的饮水例子中，饮水不是一个一蹴而就的任务，而是可以分布在一天内多个时刻，因此"在我的日常生活中"这一表述足够清晰，不需要画蛇添足。

第二部分指向一项任务或任务中的一个步骤。它不应涉及具体解决方案，但需要有足够的细节，以便设计者和开发者创造一种具体的能力或功能。饮水例子中，1.5升对用户而言是一个非常具体的完成任务的量化标准。

第三部分来自更高层级的需求。如果第二部分指一项任务，那么这部分就是更高抽象度的任务；如果第二部分是一项任务步骤，那么这部分就是一个任务。饮水例子中，任务执行者想保持健康，而每天饮水1.5升是保持健康的必要之举。这一部分通常表明完成任务的本质究竟意味着什么，是为达成什么目标或满足哪个需求。饮水例子将任务本身（喝足够的水）与保持健康这一更高层级的任务关联起来，让开发人员更好地理解消费者的动机。

第四部分指向一个矛盾点：为什么不能完成第二部分描述的任务或任务步骤？一项任务的难点可以有多个维度，因此需要将第四部分聚焦于某一具体维度，从而确保解决方案更有针对性，团队参考这个矛盾点就可找到新产品开发的方向。饮水例子中，"坚持太难了"这个表述所指向的矛盾点：饮水是一项特别枯燥无趣的任务。如果换成另一种表述，例如，"但是判断是否达到1.5升很困难"，那么所指向的矛盾点则变为不容易测量每天的饮水量是否达到1.5升。相应地，新产品开发侧重也随之改变。

我们也注意到，任务故事通常很难完全替代用户故事。用户故事通常是用于跟踪开发执行,开发者和工程师仍然需要用户故事衡量工作进度。任务故事用于指导和构建解决方案的概念化,最好是作为一种设计工具创造和确定概念方向和设计。我们将在第三节论述任务故事在开发产品概念过程中的作用。

三、创建任务故事

现在,你是不是已经认识到任务故事的价值了?

归根结底,任务故事将局部的设计和开发工作与更广泛的JTBD框架联系起来。任务故事让你在设计产品某一细节时,退一步去看看任务的背景。这意味着,任务故事填补了一个在顾客观察和开发具体解决方案开发之间的空白,将对客户需求的洞察与产品局部特征和开发努力相关联。

因为任务故事的撰写结构包括背景细节,所以非常容易理解,不需要再借助更大的任务框架或任务地图。这意味着任务故事具备"即插即用"的特性,能满足敏捷管理的要求。

创建任务故事必须根植于用户的实际行为以及对用户待办任务的深刻理解,我们建议采用"焦糖布丁任务故事创建三步法"。

步骤一　理解任务阶段和状况

根据以往的采访和观察,对相关待办任务和情况进行分析,考虑主要任务完成步骤。然后,利用制定待办任务的规则,将越来越细致的步骤作为微任务列出。

请注意,这步开展能否成功取决于前期研究工作的深度以及你的团队对待办任务的理解,可能并不需要开展额外研究验证任务故事。当然,如果你有想法与受访者再次沟通、深入研究他们的问题和目标,也不错。

步骤二　拟定任务故事

从团队整体出发,你需要为任务故事确定一个统一的格式并坚持团队共同使用。

要拟定一个好的任务故事,你需要针对具体的任务及场景,和团队一起努力碰撞出多个独特、相互排斥的故事并避免内容冗长。

请注意，这里的任务和场景必须为最重要或有代表性。例如，之前关于烹饪的例子中，可能无论是做午饭还是做晚饭，你并不需要不同的任务故事。此外，我们还需要限制任务故事数量，即通常面对一个项目周期，3~8个任务故事即可。

步骤三　展现任务故事

现在，到了向整个团队展示任务故事并鼓励大家为矛盾点提供解决方案的时刻了！你可以在创新工作坊中向所有人发布相关任务故事，或是在设计点评开始阶段将任务故事展现给团队，对齐每个人的理解程度，激发每个人对创新作出贡献。

除了通过展现任务故事获得解决方案，任务故事还有什么额外价值？我们的思考和实践：可通过任务故事衡量解决方案是否成功。首先，询问设计团队其设计是否满足在任务故事中提到的用户任务目标。接着，根据任务故事与用户一起测试解决方案：将产品展示给用户，询问他们是否回应了任务故事，这部分可在产品实际生产前以访问或者问卷的形式完成。我们将在第四节讨论产品测试和概念测试。

最后，让我们总结一下任务地图、产品开发路线图和任务故事的作用：任务地图为你的待办任务全景提供总览，并允许你在一个特定的领域设计和开发；产品开发路线图为你提供高级别的开发次序，并为规划活动提供了合理性；任务故事则更为具体，可指导局部特征和能力的设计与开发。

第三节　如何运用待办任务引导创意产生

很多企业界人士都深深被头脑风暴的发明者、"创意思维大师"、美国广告界传奇之一 Alex Osborn 所折服：他们相信企业的大多数问题可以用这种集思广益、"突击队式的方式"解决。

遗憾的是，许多人只参加过组织不佳的头脑风暴会议：缺乏经验的主持人抛出一个通用的提示，询问大家下一个重要的解决方案应该是什么，几个人喊出很多并不算新奇的想法，而大多数人则都会安静地坐着,默默等待会议解散这一解放时刻的到来。虽然偶尔迸发一些独特新奇的想法,但常常收获几句赞美后就没有下文甚至直接被忽略。此外,会议结束时许多宝贵想法仅仅被简化为白板上的几个缩写,而重要的讨论内容和想法产生的背景很快被遗忘,甚至当一周后人们再看白板时,对会议室曾发生的精彩讨论大惑不解。

也难怪人们经常争论头脑风暴是否产生新创意的有效方法。《华尔街日报》(the Wall Street Journal)专栏作家 Jared Sandberg 在分析传统的头脑风暴时表示:"头脑风暴会议中,注意力总是被某个人所劫持,这个人会试图证明其他人都是错的,努力留给上司良好的印象,要不然就是将头脑风暴变成戏剧节目,自娱娱人"。他引用密西根大学工程系主任 John Clark 的话,"在我的印象中,没有一个头脑风暴会议能产生什么真正有创意的想法"[4]。

集思广益并没有错,但需要的是为集思广益奠定充分基础。前面章节中,在构建任务或任务故事的过程中,你很可能已经开始提出新的想法。事实上,如果你真正通过客户的眼睛看世界,新的解决方案可能会显而易见,只是以前从未有人创造过它们。接下来的篇幅中,我们将更深入探讨创意产生过程中要避免的陷阱和产生有价值创意的过程。

一、生成新创意的错误做法

很多头脑风暴会议从一开始就注定失败。从邀请参会的人员到设置会议的流程与结构,大多数头脑风暴会议实际上都扼杀了创造力——尽管并非有意为之。例如,头脑风暴会议由企业老板或高管主持。在这种情况下,团队成员会主动提出安全的想法和他们认为高管想听的想法。这些想法往往会很简单——因为是每个竞争对手都可能想到的答案。因为怕被嘲笑,太过离奇的想法会被刻意隐藏,由此导致头脑风暴会议产生较少的原创想法。

这些为迎合领导或毫无新意的想法,如果在头脑风暴会议的早期产生,很可能会影响整个会议产出。心理学研究表明我们有一种心理倾向叫"首因效应"(primacy effect),即把我们的思维固定在听到的第一个想法上[5]。那些最先被抛出的安全想法,已经为未来想法的创新性划定了界限。例如,如果我们让你列出三种不同的烹饪工具,你的清单上会包含什么?作为一个提示,我们建议蒸烤箱可作为其中之一。在这种情况下,你的清单上很可能至少包含一些其他用于烹饪的产品,例如微波炉、电饭锅、烟机和灶具。如果我们不提示一个简单的答案,而是给你一个旨在拓宽思考范围的目标提示(比如,在户外、乡村、城市等场景里,你会使用什么烹饪工具?),你的清单则截然不同。重要的是,你的清单与其他人的清单也会截然不同。

当主持人只是简单地征集想法,如果第一个想法都是安全、缺乏新意的,那么基调就已然确定。一位研究人员发现,在不受他人想法影响的情况下,让人们自己先记录几个想法,小组产生的想法会多出20个,原创想法会多出42%[6]。

头脑风暴的另一个谬误是追求想法的总体数量。显然,只有一两个想法不可能奏效,但产生的想法并不是越多越好,没有企业或组织可以执行几十个或者几百个想法。重数量、轻结构的现象并不局限于头脑风暴。我们看到许多公司推出创意收集平台,目的是让每个人都参与进来,或者找到万里挑一的创意,让一切都物有所值。但是,这种方式所收集的创意往往缺乏定义或与公司战略不相关,平台很快就变成一种娱乐场所。与头脑风暴一样,这些平台也需要聚焦。虽然这些平台在创新中占有一席之地,但它们需要与我们在下面介绍的最佳实践保持一致,这样才能确保产出最终与企业目标一致,并满足客户的需求。

二、头脑风暴工作坊的更好策略

我们认为待办任务是成功的头脑风暴会议的一个重要基石。首先,它为头脑风暴会议提供一个聚焦点——帮助用户完成待办任务,而不是为了创意去开展创意;其次,待办任务让问题的定义更加结构化,使新想法更具有针对性和实践可能性;再者,待办任务提供了一套评估创意的标准,没有这些标准,在评估哪个创意是最佳创意时,所有人都会不知所措,企业面对这些创意将无所适从。

基于经验,我们总结了一套由11个步骤组成的头脑风暴会议最佳实践,见图8-2。

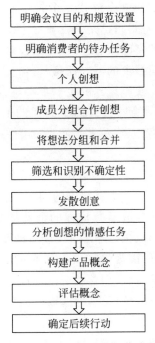

图 8-2　头脑风暴会议操作步骤

第一步　明确会议目的和规范设置

提高头脑风暴会议质量的最简单方法之一,就是事先明确为什么要进行头脑风暴,讨论创新聚焦的领域和维度,说明如何评估创意以及创意可以走多远……

企业经常担心如果设置严格规则就会限制创意。因此,它们不是设定界限,而是告诉大家要跳出框框思考问题。出发点虽然值得鼓励,但结果却常常令人遗憾。大量的创意被收集,然后被忽略,最终挫伤那些提供创意人员的士气和积极性。诚然,我们并不愿过早给创意下判断,但要告诉每一位参会人员哪些是实际要考虑的问题。例如,我们重点考虑产品创新还是服务创新,我们倾向于用软件还是硬件解决问题,哪些维度是我们所排斥的……

另一个有助于提高头脑风暴产出质量的措施是选择一个尽量有活力的场所。我们通常会寻找一个较小的空间,让每个人都能积极地交流,而不会觉得自己是站在舞台上。另外,尽量找到更大的可用于分组讨论的空间,以便开展分组设计与实施。

第二步　明确消费者的待办任务

在这个阶段要将头脑风暴的每一个参与者都拉在同一起跑线上,描述我们做了哪些研究、我们所关注的消费者待办任务是什么、我们要帮助消费者完成哪些待办任务、待办任务的哪些步骤、要满足哪些期望成果等。

我们在第二节讨论了如何运用一个标准结构输出任务故事。本质上任务故事定义了一个要解决的问题、这个问题的场景,以及解决后的利益点。任务故事有极强的消费场景代入感,让与会者都能在创意阶段有的放矢。事实上,我们经常将输出任务故事作为头脑风暴的一部分,因为这样的输出有助于所有参与者明晰要解决的问题及其场景,提升创意的可落地性。

如果有很多任务故事产生,那么需要简单地排序,从而将创意努力聚焦于重点问题。

第三步　个人创想

早期指导和分享问题之后,优秀的主持人鼓励个人先构思解决方案,但不要一味地向每个人追问征集新创意,这样你得到的概念可能会超出提案人在日常工作中的能力范围。给与会者一些时间,让他们自己静静地思考和构思。请与会者先提出自己的创意清单,从而避免上述问题。可以给他们一个数量目标以激励自己,并让与会者记录自身的每一个想法。

主持人可以提供的帮助包括举一个其他品类成功的创新例子,或者一些创意方法启发参会人员,但请注意不要太具体,避免首因效应。

第四步　成员分组合作创想

根据在场人数的多少,将小组成员分成由背景不同的人组成的小组,对这些想法进行讨论和扩展或提出新的想法,并确定哪些想法最有潜力。让小组中的某个人认真记录谈话细节,因为这通常会鼓励小组成员开展更深入的思考,并提供日后可参考的文字资料。

第五步　将想法分组和合并

一旦所有参与者都分享了自己的想法,就可将想法分组并将相似的合并在一起。这将突出一些能贯穿多个想法的重要主题,也有助于将讨论集中于数量较少的主题。

通常,将个人创想部分与分组优先排序部分分开很有帮助,例如,使用当天的午餐休息时间或茶歇时间。休息时间能带给每个人获得一些新视角的机会,更认真思考他们刚才的想法,更好地理解想法之间的关系。

第六步　筛选和识别不确定性

这一阶段也许是讨论现有创想内容的好时机。在不过分限制的前提下,询问是否有任何想法超出我们一开始限定的范围。更重要的是,花一些时间找出每个人对所产生的想法有哪些重大疑问和不确定性。最后,将超出范围和有重大不确定性的创想排除掉。

第七步　发散创意

再次将参会者分组,请每一组继续拓展和精进他们的创想。我们没有期望为每一个初步想法都建立一个完整的商业计划,但是可以创建一个单页的视觉效果,以帮助强调为什么该想法是一个好想法。

(1) 满足了什么任务,消除了什么痛点?

(2) 这个创想如何为业务创造价值?

(3) 这个创想所代表的产品与市场上大多数产品的关系是什么?

(4) 这个创想是否满足会议一开始提出的标准?

……

第八步　分析创想的情感任务

一个产品或一个特征主要完成一项功能任务,但是仅仅完成功能任务并不足以证明是一个好的创想,还需要对其是否能完成相应的情感任务作出判断。我们还需要请与会者讨论和分析这些创想是否能满足某些情感任务。挣扎解决之后,任务执行者的生活更好吗？在哪方面会变得更好？

第九步　构建产品概念

评估想法前,我们建议使用产品概念模板组织每一个创想内容,这样会让创想的呈现更加有规范。通常任务故事是产品概念模板的起始部分,因为它定义了一个问题。模板的其他部分解释如何解决这个问题、解决方法的依据、解决问题之后消费者可收获的利益点,以及取得的生活进展。同时,也可将解决方案可视化,用以辅助说明你的解决方案是何种样貌或如何操作,从而有助于解释为什么这个想法足够棒。产品概念模板见表 8-3。

表 8-3　产品概念模板

1. 产品概念名称	
2. 任务故事	3. 产品利益点
	4. 令人相信的原因
5. 产品宣传语(回应任务、强化利益点)	

此外,你也需要讨论产品概念的营销潜力,如这个概念是否写得通俗易懂,这个概念是否独特,这个概念读上去是否可信,等等。

第十步　评估概念

一旦将每一个想法概念化,我们就能对其优点进行更有根据的讨论,而不是单凭直觉反应排除想法。另外,在其他人有机会表达自己的观点前,请要求资历较深的团队成员保留自己的意见。如果创意的实际评估和选择将在稍后由更高级别的小组进行,那么避免在创意小组内对创意进行投票可能是明智之举,这样可避免出现项目团队和领导层得出不同结果的情况。

评估每一个概念前,请先列出所有评估标准,即完成这一任务的重要期望成果。有些创想可以满足瞄准的期望成果,但是同时降低了完成这项任务其他期望成果的能力。另外,有些期望成果可能相互冲突,因此在大多数情况下依据重要期望成果为产品概念打分非常必要[7]。

第十一步　确定后续行动

当头脑风暴会议即将结束时,你需要清楚下一步该怎么做。这些想法将提交给高级管理层吗?是否会有一个更大范围的小组开展全面审核?是否需要为最佳创意准备商业案例?与其让团队成员纠结,不如明确需要做什么,以及谁将负责推进想法的实现。如果没有明确的归属权,即使是最好的想法,也很可能会无疾而终。

糟糕的头脑风暴很常见,但却很容易避免。产生好创意的关键在于遵循一个结构化的流程,引导开展围绕任务故事的讨论,最大限度地提高参与者对场景的敏感度、发挥创造力和遵守严谨的优先级排序标准。最好的头脑风暴会议会减少唾手可得的果实对参与者的诱惑,鼓励人们挖掘更多创新想法。我们的经验不断表明,待办任务和任务故事充当头脑风暴会议的压舱石,将确保会议更聚焦、更有成效。

作为本节的结尾,我们希望强调头脑风暴并不是产生新创意的唯一方法。世界上许多大公司已经找到系统引入外部思维的方法,在此我们不再赘述。

第四节　在实验中运用待办任务验证概念

你也许听过这样一句话:"从来没有人因为购买 IBM 而被解雇。"这种说法反映了企业中的一种鸵鸟心态:安全的决策意味着工作保障。问题是安全的决策并不一定有利于创新。

创新与生俱来会带来不确定性。没有创新者能预测向市场推出新产品是否成功,因为新产品归根结底是由消费者最终决定购买与否,不管在企业看来新产品有多么强大的内在优势。产品专家 Marty Cagan 认为,产品要获得成功,必须对客户有价值,客户易于使用,商业上能为公司获得利润,技术和生产也可实操[8]。因此,产品开发早期开展一些实验可极大地减小不确定性带来的市场风险。

一、运用实验发现产品的市场适应性

实验听上去是不是就很冒险。根据它的定义,其结果不确定。杜克大学的行为经济学教授 Dan Ariely 解释道:"企业通常避免实验的原因很简单:我们往往重视答案而不是问题,因为答案可以让我们采取行动,而问题则意味着我们需要不断思考。别忘了,提出好的问题和收集证据通常会指引我们找到更好的答案。"[9]

我们来看一下市场上一些企业的行为。追求大屏幕曾是众多中国彩电制造企业都抱有的执念,似乎屏幕越大,消费者拥趸就越多,销量也就越好,因此它们纷纷投入巨资研发大屏幕电视,但最终市场向其说"不"。大屏幕电视需要宽敞的空间摆放,不然观看距离过近将导致不仅无法达到像在家中看电影一样的预期效果,还会给观者带来眼睛和身体的不适。因此,当我们走入众多超一线、一线城市年轻人的日常生活场景会发现:无力承担高房价以租房为主的他们,很难选择在相对狭小的空间内放置一台大屏幕电视;不断在城市内或城市间流动的他们,很难选择每次搬家都携带一台易碎难搬的大屏幕电视。

另一个例子是自行式单人滑板车 Segway 的推出。这项发明技术优势明显,对投资者而言非常具有吸引力。但最终由于无法匹配现有公共交通基础设施,市场拒绝将其作为一种可行的日常交通工具[10,11]。一个产品仅仅完成功能性任务不够。当设计人们真正需要的解决方案时,情感因素和环境因素都会发挥作用。

事实上,假如生产商做一些简单的实验,就有可能早点看到这些市场反应,并在不可挽回前调整产品。等到产品制造好后再进行测试,不仅时间周期长,而且是一种巨大的资源浪费。相反,你完全可以在任何产品制造出来之前尽可能早地进行实验验证。通过有效利用实验，低成本填补与关键未知因素有关的细节，从而尽早了解产品的市场适应性，并在设计和开发阶段相应调整。

好的实验不在于轰轰烈烈。它们关乎时机和可靠性。关于时机，我们的经验是实验应尽早测试最大的风险。尽管这些风险可能并非最有趣也并非最容易处理，但在对结果起决定性作用的风险因素进行测试前，你不应一头扎进忙乱的事务中着急推出新产品。

至于可靠性，我们的意思是，实验需要真正测试你认为正在测试的东西。虽然大多数人可能认为高中是我们最后一次需要思考科学方法的阶段，但实验设计知识不可或缺。实验应针对一个明确的假设进行组织，而且应该有严格控制确保每次只测试一个变量。你应该尽量确保实验具有足够的统计意义，以产生明确、有效的结果，同时找出并尽可能消除测试人员的偏差。

对开展实验的企业而言，实验必须得出对组织有意义的量化结果，而且要让结果在组织内部可见和可用。

二、概念测试 ABC

概念测试是就产品概念获取客户反馈的过程。这个概念可能只是一个通过草图形成的想法，也可能是一个模型、功能原型，或者一个生产就绪准备大规模投入生产的产品。

没有待办任务理念，概念测试就会有风险。我们想得到认可的倾向会影响自己的判断。为什么会这样？一旦某样东西被创造出来，无论是一个想法还是一个实际的产品，我们迫切希望寻求赞美而不是真相。毕竟，获取数据验证意味着对我们的认知质疑，对我们的想象质疑，对我们的理解质疑，甚至对我们的结论质疑。获取数据验证意味着可能证明我们是错的，而没有人想被证明是错的。

更糟糕的是，消费者也能让寻找真相的过程更加复杂。出于礼貌，有些人会告诉我们他们认为我们想听到的内容。遗憾的是，我们将会迅速记录下他们的认可。另外一些人则相反。他们过于负面——这对我们也没有帮助。因此,我们在焦虑挣扎中相信积极的一面,否定消极的一面。

但是有了待办任务理念,我们就有了客观性。概念测试的目标就是回答这个问题,"该产品能在多大程度上帮助客户完成任务?"当然,我们不会以这样的措辞开展提问。但不管怎样,你必须从测试中得到这个问题的答案。

第五章我们讨论了期望成果这一概念,它实际表达了顾客如何衡量一个产品的价值,也是顾客筛选产品的标准。你还记得我们是如何询问一条期望成果的满意度吗?在概念测试中,我们要问的是一个产品的某项功能能否实现期望成果。例如,"如果我们在应用程序上存储你的度假历史记录,是否能提高你的能力,最大限度地缩短重新预订前一次旅行酒店的时间?"

对概念测试而言,期望成果是流程的输入而非输出。开始概念测试前,我们要确定期望成果的优先次序。试图同时获得对产品概念和它所针对的待办任务的反馈意味着失败。当进入概念测试时,我们已经知道待办任务及其期望成果。只是希望得到有关新产品如何很好地满足这些期望成果的反馈。

为商业进行概念测试时,我们需要关注实验设计,如有多少个变量需要考虑、样本大小,以及有哪些可能对结果产生影响的偏差等[12]。

三、运用待办任务进行假设验证

Travis Lowdermilk 和 Jessica Rich 扩大测试范围,提出一套在产品设计和开发周期中如何运用待办任务形成可验证的假设框架[13]。待办任务通过提供一个共同的工作线索和工作语言,将对基本问题的理解与解决方案联系起来。其方法有四个阶段:理解顾客、理解问题、概念开发和功能开发,被称为假设递进框架(HPF)。在每一个阶段,HPF 都提供一个构建可测试假设的固定模式。HPF 允许你在四个阶段中任何一个阶段验证你的假设。请见表 8-4。同时,作者也极力建议在开发的每个阶段都验证假设。

表 8-4　HPF 框架下的假设生成

阶　　段	格式化的假设类型
顾客： 谁是我们的顾客？	<某一类型的>顾客，当完成<某项>待办任务时，是受到<某一因素>激励的
问题： 他们有什么问题？	<某一类型的>顾客，因为<某个问题>，会被<某个>待办任务困惑
概念： 这个产品能解决他们的问题吗？	<这种类型的顾客>，当完成<某项>待办任务时，如果使用<某项功能>，将会成功解决<此类问题>
功能： 他们能使用这个功能吗？	<某一类型>的顾客使用<这个>功能时，能顺利完成<某个待办任务>

你可以运用三个步骤开展对于模板化假设的测试。

步骤一　形成假设

制定并确认在四个阶段中的每个阶段可测试的假设。你可以运用表 8-4 中的问题为每个阶段创建格式化的假设。

请注意，对假设进行验证应贯穿于整个研发过程。确保四种不同假设类型都保持与待办任务的一致性，有助于团队将创新研发建立在基于真实存在的发现之上。

步骤二　用实验验证或否定假设

项目早期通过消费者访问或简单的调查，都可以简单有效地帮助你验证假设。

不仅如此，一旦你有了一个完整的解决方案，可以对概念和功能开展更细致的实验。所谓"最小可行性产品"将为你提供关于用户丰富的商业洞察，同时不需要你建立或推出任何更复杂的东西。请注意，将 MVP 当作学习的最短路径，而不要等同于制作一个产品。风靡全球创投圈、《精益创业》的作者 Eric Ries 曾表示：MVP 可看作一个新产品的特殊版本，它能让团队以最小的努力最大化获取关于客户的有效知识[14]。以他为代表的精益学派提倡的商业实验具体方法包括以下内容。

（1）说明性视频：创建一个解释你服务的视频并在互联网上

传播。通过流量和点击率衡量兴趣。

（2）**登录页**：有时被称为模拟店面，你可以通过测量一个简单的登录页的流量和点击率来衡量市场的兴趣，并宣布未来你将要推出的服务。

（3）**原型测试**：模拟概念的一个可运行版本。请潜在的顾客进行测试，并用一些具体的指标来测量，如任务的完成度和满意度。

（4）**人工服务**：从手动版本的服务开始。邀请一组数量有限的潜在顾客注册，然后手动提供服务的全过程。

（5）**有限产品功能发布**：为你的服务创建一个只有一两个功能的版本，衡量这些功能的成功和吸引力。

……

步骤三　学以致用

我们说过 MVP 的价值在于让你最快地学习与成长。因此，在每个阶段形成假设并测试，反思你的学习收获，然后有理有据地决定你和你的团队是应该继续、改变或者放弃某些功能或部件，而不是拍脑袋通过决策或是闷声苦干。

请注意，验证假设的目标是学习而非开发。如果你的项目团队对学习不抱开放态度，并坚信他们知道正确的方向，那么检验假设也没什么意义，或者说根本没必要开展。

在上述形成和测试假设的过程中，待办任务理论的价值在于为人们试图完成的事情提供一个一致的基础。基于 JTBD, HPF 框架为你提供一个清晰而有条理的方法测试在任何发展阶段的假设。

四、超越概念测试

任何新产品的最大不确定因素之一就是客户是否会真的考虑购买。如果你向消费者询问汽车最重要的部件，你很可能会听到刹车最重要。如果再问他们是否更愿意购买刹车性能更好的汽车，答案很可能是肯定。但当人们实际去买车时，几乎没有人会真正根据刹车系统做决定。要想让你的概念有意义，就必须创造一个让客户身临其境的故事，一个客户能够很容易理解的故事。重要的是,概念测试应有助于再现购买或使用产品的决策环境。

因此,仅简单询问一个产品功能或特征是否能完成某项任务或者满足某项成果完全不够。我们在第三节提到完整产品概念模板。这个模板中的任务故事详细再现问题的上下文和场景,利益点再现了产品能提供的好处,宣传语强化了产品所能满足更高一级的功能或情感任务。对一个完整的概念进行测试有助于衡量消费者对产品的真正兴趣度。

在进行更严格的概念测试时,情况依然如此。当尝试更好地了解新产品可能被广泛采用的程度时,基本的网站开发工具和独特的链接生成器可提供一种简单、廉价的方法量化对概念的兴趣。一旦建立一个基本的网页讲述你的新产品,你就可以给潜在客户发送电子邮件,鼓励他们通过访问网站了解更多信息。除了探索谁有兴趣了解更多信息外,网站还可以使用"立即购买"按钮,以了解有多少客户愿意实际购买,即使此时该按钮只将消费者带入一个页面,这个页面感谢他们的兴趣,并请他们有机会在产品实际上市时了解更多信息。

消费者虽然不善于告诉我们想要什么,但却可以清晰地告知我们他们的产品体验。因此,我们希望让客户在尽可能接近真实的环境中体验产品。理想情况是让他们将产品带回家,在日常正常状态下使用。例如,我们有一个应用程序帮助消费者预订度假。在最理想的情况下,他们应该下载该应用程序并进行几次度假预订。但是,现实不允许我们为每个概念测试都制作一个完整、功能齐全的原型。如果关于产品的想法有缺陷,我们希望在进行这种投资前先了解清楚。这里有三个备选方案。

(1)如果消费者无法将原型带回家,那么允许他们使用时你在旁边观看。当然这比不上带回家使用,但是比什么都没有要好。

(2)如果你无法开发一个原型,那么就开发一个模型,尽可能具备相应的功能,舍弃不需要测试和不太重要的功能。

(3)如果无法制作模型,那就绘制草图。然后,引导客户开展想象和思想实验。

流程早期阶段，在客户面前展示一些有形的东西，是收集有意义反馈意见的好方法，可以避免花费过多资金、少走弯路。早期原型可能粗糙、未完成，与最终版本大相径庭。关键是要让客户在实际生活中判断产品能否更好完成任务，以及他们喜欢或不喜欢的地方。

除了让客户对概念作出反应外，我们还经常发现，让他们协助打造新产品也很有帮助。研讨会上，我们让参与者为会议期间提出的概念设计包装或营销海报，而他们的反馈让我们有机会了解其重点关注的功能和信息，以及可能与现有产品产生的关联。同样，我们有时会给参与者一定数额的模拟货币，并提供一组有限的功能供其购买。这些功能会有不同的价位，反映出实际构建这些功能相关的相对成本。这种类型的数据帮助我们确定计划投资的产品属性对消费者是否有足够价值，从而证明花费的合理性。毕竟这比简单地询问消费者什么最重要更真实。

章后回顾

对创新而言，没有必然有效的良方。此外，要提高组织的创新能力，也没有唯一正确的方法。有些企业将所有创新或增长举措局限于某一部门，有些则将创新作为每个人工作的一部分。此外，许多企业采用混合模式，通常由创新负责人帮助团队以新的方式思考想法。面对企业的不同做法，我们认为只要采取的方法敏锐洞察到公司的具体情况，几种方法都可能奏效。虽然没有必定有效、既定的创新良方，但错误追求创新的方法却成百上千，其中最需要避免的一项做法是不设立和遵循明确流程。

创新流程的第一步就是明确自己的产品路线。目标模糊和缺乏沟通可能是推出新产品的主要障碍。解决方案必须由高层亲力亲为主导推进。领导者需要制定具体的产品路线，回答具体的问题——如何定义制胜、瞄准哪些市场、可以利用哪些优势以及需要突破哪些困境。一旦产品战略到位，负责创建新解决方案的团队就可决定需要解决哪些问题，并设定解决方案空间的界限。通过确保每个步骤都传达明确的目标和优先事项,项目团队能够帮助避免因根本性问题决策错位而导致的失败。

有了高层级的产品路线,企业才能组织活动,确定资源使用的优先次序。在团队层面,产品路线也同样有用,因为它们为哪些机会最值得争取以及如何争取提供明确指导。项目团队可以通过制订新产品的骨架方案,确保其工作与需要向领导层提供的答案相吻合。

创新的问题并不在于缺乏创意——公司通常在创意中畅游。许多组织对创新持达尔文主义的观点:如果能够产生越来越多的创意,最好的创意一定会脱颖而出。但我们认为,并里捞针时,最好的办法并不是向井里灌水。广告业的传奇人物 Phil Dusenberry 曾道:"创意一毛钱一大把,任何人都可以拥有它。"[15]创新的关键在于知道要追求哪些创意。创新活动的目标不应该是收集尽可能多的创意,而应该是找到正确的创意——那些对你所服务对象而言最重要的创意。

本章提供了一个基于待办任务制定产品路线图的方法。产品路线图提供高层级的开发次序,并将企业愿景、业务目标和产品开发结合起来。待办任务有助于指导产品路线图的创建,成为创建路线图的核心内容。

那么,如何使用待办任务找到正确的创意呢?任务故事是简短的概括性陈述,反映要完成的任务或任务步骤,并具备一些细节性的场景信息。任务故事将局部设计和开发工作与更广泛的 JTBD 框架联系起来,帮助开发人员理解消费者真正的问题,指导他们的具体开发工作。

产生好创意的关键是遵循一个好的结构化流程。本章也提出一个多步骤的流程,涉及定义规则、个人创想、小组创想等。流程中,任务故事是引导正确创意的关键,创意的评价标准也来自待办任务。

最后,通过测试我们的假设和概念,降低产品开发和市场不接受的风险。人们重视答案而非问题,因此他们对实验避而远之。但是,从有针对性的实验中收获的信息质量无论怎么称赞都不为过。项目进展太快时,实验是解决重大未知问题的一种廉价方法。Lowdermilk 和 Rich 展示了如何运用待办任务创建可验证的假设,关键是将任务与有助于完成任务的功能相匹配。对一个完整的概念进行测试是一种非常有用的判断顾客是否真的对产品有兴趣的方法。另外,尽早让顾客面对有形的产品,无论产品有多么不完整,都能提供有价值的反馈,减小上市后的风险。

总而言之,在创新领域你可以通过多种方式使用待办任务,将产品的设计与个人的待办任务联系起来。这有助于确保你的最终解决方案以人们的需求为基础,并在市场上有更大被购买的机会。

章后思考

1. 回想一下过去你制定产品路线图的依据是什么,现在请运用任务思维重新为你的产品制定一张产品路线图。

2. 过去你如何确保产品设计吻合客户需求?请尝试运用本章介绍的解决方案构建逻辑重新审视你的新产品,看看如何改进产品设计。

3. 请仔细揣摩以下任务故事,其中的场景、任务、利益、矛盾分别是什么?同时,请设想一下新产品的研发方向。

(1) 当我在健身运动后,我想补充能够快速吸收的蛋白质,从而有效增肌,但是高蛋白的食物要不吃起来麻烦、要不消化吸收慢。

(2) 当我查看一个公众号时,我想看到这个公众号有多少篇特定主题的文章,从而让我对这个公众号的专长有所判断,但是公众号往往对文章没有专题分类和显示。

(3) 当我要准备做饭时,我想知道冰箱里有什么食材和相应的食谱,从而快速决定购买和烹饪什么,但是经常想不起来冰箱里有什么。

参考文献

[1] LOMBARDO C T,MCCARTHY B,RYAN E,et al. Product roadmap

relaunched[M]Sebastopol,CA: O'Reilly Media,Inc.,2017.

[2]　COOPER A. The inmates are running the asylum: why high tech products drive us crazy and how to restore the sanity[M]. Indianappolis: Sams-Pearson Education,2004.

[3]　ADAMS P. How we accidentally invented job stories[EB/OL]. https://www.intercom.com/blog/accidentally-invented-job-stories/.

[4]　SANDBERG J. Brainstorming works best if people scramble for ideas on their own[EB/OL]. https://www.wsj.com/articles/SB115015518018078348.

[5]　ASCH S E. Forming impressions of personality[J]. Journal of abnormal and social psychology,1946,41: 258-290.

[6]　GREENFIELD R. Brainstorming doesn't work: try this technique instead[EB/OL]. (2014-07-29). https://www.fastcompany.com/3033567/brainstorming-doesnt-work-try-this-technique-instead.

[7]　ULWICK A W. What customers want: using outcome-driven innovation to create breakthrough products and services[M]. New York: McGraw-Hill Professional,2005.

[8]　CAGAN M. Inspired[M]. 2nd ed. Medford,MA: Wiley,2017.

[9]　ARIELY D. Why businesses don't experiment[J]. Harvard business review,2010,88(4): 34.

[10]　Skarayalcin. Segway: how an innovation,capable of changing the world,fell in a chasm[EB/OL]. (2011-11-28). https://strategiesbeyondmarkets.wordpress.com/2011/11/28/segway-how-an-innovation-capable-of-changing-the-world-fell-in-a-chasm/.

[11]　OLENICK M. Segway case study: avoiding the fate of the segway electric scooter[EB/OL]. https://www.blueoceanstrategy.com/blog/segway-case-study-avoiding-fate-of-segway-electric-scooter/.

[12]　THOMKE S,MANZI J. The discipline of business experimentation[J]. Harvard business review,2014,92(12): 70-79.

[13]　LOWDERMILK T, RICH J. The customer-driven playbook[M]. Sebastopol,CA: O'Reilly, 2017.

[14]　RIES E. The lean startup[M]. New York: Crown,2011.

[15]　DUSENBERRY P. One great insight is worth a thousand good ideas: an advertising hall-of-famer reveals the most powerful secret in business[M]. New York: Portfolio | Pengium Random House,2006.

本图片由 DALL·E2 协助制作

第九章

定义竞争和价值主张

> 如果你以竞争对手为中心,就必须等到有竞争对手先行。如果以客户为中心,就会更具开拓性。
>
> ——Jeff Bezos

本书的价值在于鼓励你用一种全新的视角看待企业中发生的一切:从发现市场机会、细分市场,到实现产品创新。那么,现在到了企业运转的哪一个环节?没错,营销!——去分析竞争、去营销自己、去兑现价值。

第一章,我们提到 JTBD 不仅提供一个可预测的创新机制,更重要的是它为我们提供一个看待市场和战略的滤镜。事实上,1960 年,现代营销学奠基人之一 Theodore Levitt 曾讲述应如何看待一个产业:"一个产业是一个满足客户需求的过程,而不是一个生产商品的过程,这一观点对于所有商业人士来说都至关重要。"[1]

市场不是一个消费者的集合,而是一群希望达成相似目标的人。商业领导者 Rita McGrath 相信未来市场应该被看作她称之为基于待办任务的竞技场。她在其畅销书写道:"分类的驱动因素很可能是特定客户所寻求的成果(需要完成的任务)以及实现这些成果的其他方法。这一点至关重要,因为对某一优势的最大威胁很可能来自外围或不显眼的地方。"[2]

一部分商业人士已经意识到从任务角度看竞争就会有不同的看法。竞争对手可以是满足相同任务的任何产品。在此基础上，构建自己的价值主张表述，确保你的解决方案更有差异性、沟通更有效率。从而当业务扩张时，以自己的价值主张为核心，延伸自己的品牌，保持市场竞争力。

第一节　竞争分析的新视角

在第七章我们曾指出当透过待办任务定义市场时，你将看到有成千上万的独特市场存在，并且有别于现有按产品划分的行业市场。那么，我们应如何看待竞争、分析竞争？

一、传统竞争视角 vs 任务竞争视角

人们在考虑竞争对手时，往往会关注距离自己最近的竞争对手。例如，我开了一家包子铺，街头拐角你开了一家"蒸功夫"，我们应该是竞争对手，对吧？毕竟我们都做快餐生意。因此，一点都不奇怪——所有我们看到的竞争分析报告，或者你制作的竞争分析报告封面，通常会添加两个字"行业"，即××行业竞争分析报告。

的确，企业管理中一个根深蒂固的观念是行业最重要，行业内竞争是最重要的竞争威胁。企业定义其最重要的竞争对手往往也是同行业内其他企业，因为彼此之间的产品具有极高的替代性。换而言之，所谓竞争就是努力超越同行的竞争对手争夺顾客，在已有基础上不断改进，提供比竞争对手更好的产品。在此背景下，竞争分析的立足点就是肩并肩地比较产品配置与功能技术，确认你的产品好于竞争对手，最后造就出一种看不见的行业内卷，即不停地堆砌顾客根本无所谓的功能与性能，由此导致企业陷入一种恶性循环：对标竞品—研发新功能—成本飙升—对标竞品……

你觉得这样看待竞争的视角可靠吗？当然不，这是一种盲人摸象式相当危险地看待竞争的方式。Theodore Levitt 曾写道："一个企业如果只盯着自己的特定产品，是看不到自己的产品如何

被淘汰的。"[1]真正的竞争都在赛场之外。越来越多的市场中,我们看到的并非产品竞争,而是商业模式、跨行的竞争,甚至在同一行业中,出现你以往根本无法想象的全新类别。例如,报业认为其业务是销售印在纸上的新闻。如果其意识到自己的业务是"让人们娱乐"或"让人们了解",手机游戏、微博和微信等的出现就会成为更鲜明的竞争威胁。这种意想不到的竞争,在那些积极拥抱数字革命的市场中尤为明显。支付宝、微信给传统支付企业——银行带来何种影响?当你盲目地认为你的竞争对手只存在于与你完全相同的产品类别中时,颠覆或毁灭就会以迅雷不及掩耳之势从你看不见的地方杀出。

开展行业竞争分析时,你很可能遇到这样的情景:不知道客户如何衡量价值,也不知道竞争产品能为客户带来多少价值。这就是问题所在:企业并不是在与其他企业或其产品竞争。它们是在为客户竞争,它们的唯一目标就是为客户创造价值。而做到这一点的方法只有一个:提供比其他任何产品都更好的产品,帮助客户完成任务。

请注意,我们并不是说行业内竞争不再重要,而是指出以行业作为竞争的分析单位往往不够精细,视野也较为狭窄。我们需要一种新的更加精细的分析方法,反映顾客和产品之间的联系,而不仅仅针对存在直接相互替代关系的产品展开描述。

待办任务恰恰是这种新分析方法的核心,它赋予我们一种全新看待竞争的方式。它为你提供触发人们使用产品的情境背景。如果知道顾客选择我的包子是因为他们只有两分钟的空闲时间,需要边走边吃到上班地点,那么我就知道竞争对手不是邻居"蒸功夫",真正的竞争对手是士力架,或者街头另一角的面包店,即竞争对手可以是满足相同任务的任何产品。重要的是,这意味着在不同的情况下,竞争对手的范围会发生变化。

让我们再看一个例子。一双耐克运动鞋的竞争有多大?如果任务是为跑步者提供舒适的脚部支撑,那么竞争对手很可能为New Balance 或 Brooks 的运动鞋。然而,那些试图完成情感任务的人很可能将你意想不到的产品作为和一双运动鞋对比之物。他们会在哪些商品中做选择？如果他们的任务是表达个性，那么运动鞋的竞争对手可能是保险杠贴纸或发廊；如果任务是为了彰显地位，那么竞争对手可能是一块手表。耐克公司认识到，其核心客户的任务不仅仅是鞋类的舒适性和支撑性，其还发现，每当顾客通过去发廊或购买昂贵的手表满足其中一项情感任务时，该顾客购买一双新运动鞋的动力（和额外现金）就会减少。这就是耐克公司超越传统策略（如将运动员与产品联系起来），寻找新方法满足顾客情感任务的原因。例如，NIKEiD 允许顾客通过选择鞋的款式、材料和颜色设计定制鞋，新业务的口号是什么？——"表达你的身份"。

基于待办任务理论，我们不再将竞争对手仅仅局限于那些在一个被清晰定义的行业里生产类似产品的公司。问问你自己，谁在为同一群人完成同样的任务而战？竞争视野开阔的企业不仅能在市场上区隔自己的产品，还能通过引入传统上属于其他行业的消费拓宽整个市场。

我们引用报税软件公司 Intuit 创始人 Scott Cook 的一句话："我们看到的最大竞争对手并不在这个行业，而是铅笔。铅笔是一种坚韧不拔的替代品。然而，整个行业都忽视了它。"[3]

二、三种竞争范畴

Des Traynor 提出了三种竞争模式[4]，如图 9-1 所示。

（1）麦当劳和肯德基是直接竞争者，它们以同样的方式完成同样的任务。

（2）腾讯会议与商务舱旅行是次要竞争者，因为它们都被"雇用"来达成相同的目标：开商业会议。它们在期望成果上展开竞争。

（3）可口可乐和健身房貌似截然不同的产品，但是它们争夺同样的客户。在非直接竞争中，一个客户想完成两个不同的任务，但这两种任务彼此冲突。人们想要苗条和健康，但他们也想要满足口腹之欲。这可能有悖逻辑，但人类完全可以保持多种相互冲突的观点和愿望。

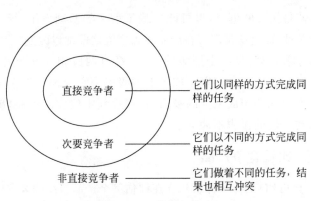

图 9-1　三种竞争模式

与非直接竞争话题相关联的另一个话题是非消费。我们在第一章涉及这个概念,非消费也是产品的竞争者。对可口可乐而言,我是一个非消费者。如果是因为不知道可口可乐这个产品所以我不消费,那么可口可乐的营销就可能赢得我的青睐。相反,如果我的健康理念已压倒"可乐"理念,那么向我做营销就是浪费资源。

但是有一类企业,它们真正有新的想法,这些想法往往是新兴技术的结果。真正的非消费领域可以带来诱人的增长机会,但也可能带来重大风险。探索新思路的企业需要找出不消费的原因,并衡量自己克服这些因素的能力。20世纪90年代末,微软公司推出 WebTV(后来的 MSN TV),在电视上提供互联网接入服务,在当时,这绝对是一个领先的想法。今天,最成功的公司都推出了相同主题的产品:苹果电视、谷歌 Chromecast、亚马逊 Fire TV 等。但 WebTV 失败的原因有很多,其中包括不能很好地完成任何任务。20世纪90年代末,大型高清电视还没有出现,普通的电子管电视在浏览体验方面乏善可陈。与此同时,拨号上网仍是常态。因此,浏览体验非常缓慢且不可靠[5]。这些限制条件非常苛刻,即使是出色的设计,最终也无法提供最佳网络体验。如今,企业之所以能在这一领域取得成功,是因为有足够的基础设施(包括更大的电视、更快的互联网和更多的互联网内容)满足消费者娱乐和寻找信息的任务。即使是伟大的创意,也可能依赖于潜在的基础设施、行为和其他先决条件,而这些都需要在产品成为主流之前加以改变。

请注意,不管哪一个层级的竞争,都有两股相互冲突的力量:你的产品与其他产品在期望成果上的吸引力。营销工作应努力降低替代方案在期望成果上的吸引力,或重新定位你的产品,确保期望成果与人们的愿望不冲突。

三、比较竞争产品

基于JTBD的竞争分析建立在评估某个产品帮助顾客完成某项任务的优劣程度之上。例如,炎炎夏日的午后,我和朋友在上海逛街购物有点儿累了,我们需要休息并且让自己恢复精神。我俩的选择有很多:全家便利店买一瓶冰红茶,或者到COCO茶饮店买一杯现制果茶,或者到星巴克买一杯冰镇浓缩咖啡,或者到意大利冰激凌店混搭两个冰激凌球……传统意义上,这些产品都是不同的品类。但是根据JTBD理论,它们都能不同程度地满足我们完成"边逛街边吃点东西"这项任务。在表9-1中列举了一部分这一任务的期望成果,从而比较容易看出每一种产品针对我们这项任务的表现。

表9-1 按照期望成果比较不同的解决方案

期 望 成 果	冰红茶	现制果茶	冰镇浓缩咖啡	冰激凌
最大限度解渴	5	4	5	1
最大限度提神	3	4	5	1
尽量避免吃的时候一团糟	5	5	5	2
能让我放慢速度吃	4	4	4	5
避免吃的时候有愧疚感	3	3	5	1
最大限度提升吃喝的乐趣	2	3	4	5
…				

注:5代表非常满足,1代表根本不满足。

作为研究者,你会发现我俩并不是在Manner与星巴克之间比较咖啡,或者"×师傅"和"×一"之间比较冰红茶,而是在众多期望成果之间评估究竟哪个解决方案更令人满意。当然,这样的比较过程非常简短,有时甚至仅仅出自直觉。但归根结底,消费者并没有把比较和选择局限于某个特定品类,甚至消费者根本没注意到品类的不同。

Levitt曾表示:"企业必须认识到,不能只盯着自己产品的优越性能,更不能对一个行业的定义过于狭窄,以至于过早地限于衰老。"[1]因此,对于向消费者提供解决方案的你而言,非常需要基于JTBD的竞争分析。不要固执于自己的划分,从现有解决方案和产品品类中后退一步,去努力理解消费者的待办任务和期望成果,从这个视角看待竞争。

四、任务视角下如何开展竞争分析

我们通常采用以下"焦糖布丁竞争分析四步法"开展基于任务视角的竞争分析。

步骤一　决定要比较的解决方案

从你的主要任务和任务地图开始,列出每个阶段完成任务的所有方法。从列表中比较和选择最相关的解决方案,并将其放在表格行的顶部作为列标题。请注意,可在自己的产品进入市场前就开展这部分工作。

步骤二　决定要去比较的需求

你可以使用整套期望成果开展竞争者比较,但通常情况下,为了缩短工作周期,可以考虑将重点放在某个子集上。例如,未满足的最重要期望成果,并在表格左栏列出这些需求。

步骤三　对每种解决方案满足这些需求的程度进行排序

理想情况下,可就所选的每项期望成果对任务执行者开展调查、比较。通过设置一个类似于前面章节描述的针对未得到充分满足的需求调查问卷,针对每项需求提供重要性和满意度量表,然后计算每项需求的机会得分并将其输入表格。

如果开展任务执行者调查不可行,你可以选择在团队中实验性测算每一项满足需求的程度,邀请团队成员按照"低、中、高"给每一项评估,并在大家评价差别很大时通过讨论达成共识。请注意,由于该方法缺乏真实的任务执行者反馈,因此,只能作为一种猜想参考。

步骤四 在竞争中找到自己的优势

确定竞品遗漏的需求或自己表现更好的需求。这样做的目的并不是要为产品找到尚未建立的功能，而是要找出哪些需求消费者尚未得到满足。接下来，当设计新的解决方案或改进现有解决方案时，你可以充分利用基于待办任务获得的深刻洞察，确定首先要去服务和满足的市场机会。此外，当要去营销产品时，我们要在那些自己表现更好的期望成果上着力沟通。

五、其他基于 JTBD 比较竞品的方法

不同于从期望成果的角度比较竞品，你也可从任务执行的步骤出发开展比较。整个比较过程与四步法类似。接下来，我们以"做饭"这一任务的步骤为基准比较三种不同的解决方案：从头到尾自己准备食材（例如去传统菜场买菜）；使用备好的食材（例如在线购买生鲜超市洗净切好的蔬菜）；包装好的预制成品菜（即简单加热即可食用）。对于每个步骤的相对满足程度，我们用简单的低、中和高表示，见表 9-2。

表 9-2 三种不同的解决方案对"做饭"的满足程度

步骤	自己准备食材	备好的食材	预制成品
决定做什么菜	低	中	高
购买食材	低	中	高
准备食材	低	高	高
制作	中	中	高
上菜	低	低	低
清洗餐具	低	低	低
收拾剩菜和存储	低	低	低

从表 9-2 简单比较中你可以清楚看出，相比从头开始准备，备好的食材和预制菜能为顾客完成做饭这一任务中的前几项步骤提供帮助。这也是近些年这些解决方案虽然需要更多的做饭预算，但日益受到消费者特别是年轻人欢迎的原因。

你还可采用图的形式将所比较解决方案的优缺点清晰展示，如图 9-2 所示。

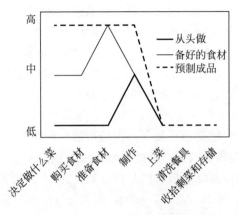

图 9-2　用图示比较解决方案

在本节的结尾，我们想强调客户不会在真空环境中体验你的产品。他们在体验你产品的同时，也在体验其他争夺其注意力的产品和想法。其中有些会与你的品牌激烈竞争，有些会与你的品牌消极抵触。了解所有这些竞争的力量有助于你在营销中与之抗衡。

第二节　基于待办任务定义价值主张

合唱团讲究整齐划一，不管是几十人还是上百人的合唱团，各个声部都需要相互协调，最终，发出听起来近似一个人的天籁之音。如果你能从歌声中分辨出每个人各自的声音，这意味着合唱团排练的失败。相反，在市场上，你必须有能力发出自己独特的声音，能够吸引消费者，不然消费者如何从成百上千种选择中，唯独挑中你的产品？

一、理解价值主张

"价值主张"一词最早出现于 1998 年麦肯锡的出版物中。其中,价值主张被定义为"公司对提供的有形和无形利益的简单明了的陈述"[6]。这个定义相当简单。换而言之,价值主张是一个企业向其顾客作出的承诺,同时解释其提供给顾客的好处。吊诡的是,现实中往往企业的价值主张在消费者眼中未必有价值。就像2018年,上汽集团对标特斯拉 Model 3,推出电动车 Marvel X,并将其定义为"全球首款量产智能汽车""电动超跑 SUV"。然而,进入2020年其全国月销量已然落到两位数……

价值主张不仅仅是产品利益点的陈述和表达,它是整个商业模式的核心,它建立了产品所提供的价值与顾客需求之间的联系,同时提供驱动顾客购买产品的根本原因。在一个强有力的价值主张下,用户可以清晰地接收产品的价值表达,产品也能更有效地传递价值信息。换而言之,当一个价值主张与顾客的需求产生共鸣时,产品与顾客之间的联系才有可能建立,购买行为才有可能发生。在 Marvel X 的例子中,很显然,上汽集团的价值主张与顾客的需求"完美"地擦肩而过。

因此,我们将价值主张理解为竞争优势的一种表述。价值主张越好,那么产品竞争就越易于被感知。虽然麦肯锡创造这一短语,但作为待办任务的推崇者,我们不断追寻如何更好表述价值主张。

二、价值主张的表述

"商业模式画布"作者 Alexander Osterwalder 等曾创建了一个系统创造价值主张的方法:价值主张画布(value proposition canvas,VPC)[7]。蕴含待办任务理念的价值主张画布是一种商业模式工具,旨在绘制客户感知的价值图。其主要目的是创造产品与市场之间的契合点,同时也是用于管理和改进价值主张所需要的工具,确保公司产品围绕客户的价值和需求进行定位。好的价值主张设计强调用户最重要的任务、痛点、收益,但并不需要解决用户所有的痛点和收益。

价值主张画布是对以往"商业模式画布"九大模块中的两大模块开展更深入的探索:客户概况和价值主张,如图 9-3 所示。

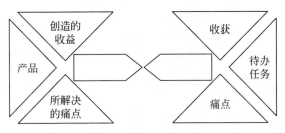

图 9-3 价值主张画布

画布分为两边：右边是客户概况，分为待办任务、痛点和收获三个部分；左边是价值主张，由产品、所解决的痛点和创造的收益三个部分组成。通过将左侧映射到右侧（对解决方案空间的理解），你可以清楚知晓自己如何为客户创造价值。当缓解痛苦和创造收益与客户的痛点和获得相关联时，你就有可能获得强大的契合度。

非常遗憾的是，与许多方法论作者相同，价值主张画布的三位作者虽然详细介绍了这一工具，但是没有就如何识别和输出待办任务提供任何具体指导，也没有就如何确定其优先次序提供任何详细方法……不过，利用本书中的一些技巧，你可以带着关键任务和需求运用VPC。

尽管如此，这个画布的应用却不轻松，而且作者并没有提出价值主张的表述模式。针对这些应用疑惑和难题，本节基于我们的思考和实践，将展示"焦糖布丁价值主张创建步骤"，让创造价值主张的工作变得简单、实操。

一个价值主张的表述应包含五个部分。

（1）**待办任务**：顾客试图在完成什么？

（2）**任务执行者**：谁是我们的顾客？

（3）**期望成果**：哪些期望成果不能让顾客完美完成任务？

（4）**产品属性**：我们的产品如何帮助顾客解决问题？

（5）**参照**：表现的参照标准是什么？或者，竞争是什么？

在这个模板中，价值主张描述的是：与参照物相比，你的产品如何帮助客户更好完成任务。一个好的价值主张应该确保产品属性、待办任务、任务执行者、期望成果和参照之间相一致。

让我们看一个例子。想象一下,你创建了一个新的生鲜配送服务——"即送":客户可通过手机下订单,生鲜将在1~2小时内送达。在构建价值主张时,我们从以上五个要素入手。

(1)**待办任务**:为家中购买生鲜。

(2)**任务执行者**:生鲜购买者。

(3)**期望成果**:①最小化生鲜选购时间;②最小化收到生鲜的时长。

(4)**产品属性**:配送服务。

(5)**参照**:开车去生鲜商店购买的人。

由此,推导出我们的价值主张:与驾车前往当地生鲜店相比,"即送"的送货上门服务可最大限度缩短购物和接收生鲜的时间,不花里胡哨,简单明了,消费者很容易理解"即送"提供何种价值,因此,有这类需求的人自然会响应"即送"提供的服务。

市面上关于创造价值主张方法的书籍不胜枚举,我们综合比较并长期实践后,还是认为使用待办任务语言的方法让撰写价值主张变得轻松易行。上述例子中,提到的是一种不同类型的竞争产品——"开车去生鲜商店",你也可以将"即送"与其他竞争性的类似服务开展比较,例如:"与京东的配送服务相比,'即送'的送货上门服务可最大限度地缩短购物和接收生鲜的时间。"

无论如何,价值主张表述中,竞争参考的选择取决于在顾客心目中,你的产品比替代方案在期望成果上的吸引力更大。

三、价值主张表述与定位表述的异同

"定位"是一个简单的概念,但应用广泛。就像待办任务这一概念,我们都很喜欢。然而我们不停地收到这样的疑惑:"定位与价值主张的表述究竟有什么区别?"

定位是一个主动定义的过程,我们希望一件事物在客户心目中产生联想。说"事物",是因为它可以是一个品牌、一种产品,甚至是整个公司。通过定义与事物的关联,我们能在顾客心中强化

它。这就是战场。事实上，定位的鼻祖 AI Ries 和 Jack Trout 正是用这句话作为他们的书名：《定位：心智之战》。

在这种情况下，"占领山头"意味着我们正在定义和强化一种理想的联想。想想沃尔沃吧——沃尔沃从未停止提醒我们它的汽车是安全的。它所传达的信息（双关语）：沃尔沃＝安全。

对沃尔沃而言，讨论安全不是在真空中进行，也不是一种绝对意义上的安全。驾驶一辆沃尔沃并不会比在自家床上睡觉更安全。它们所说的是，驾驶沃尔沃比驾驶其他汽车更安全。就像价值主张一样，定位也是相对于其他选择而言。

定位之所以行之有效，是因为客户会迅速产生简单的联想。顾客的大脑没有足够的空间去记住他们想要你产品的十大理由。坚持一个理念足矣。如果试图让客户将你的产品或品牌想象成两件、三件甚至更多件事情，那肯定会导致他们什么都记不住，最终完全忘记你的存在。最好的定位就是简单、易记、真实。因此，好的广告标语大受欢迎——让客户只需消化一个概念。

最好的定位也是独特的。无论你给产品、品牌还是公司定位，你都想要一个别人无法占据的位置。因为沃尔沃等于安全，现在如果你强调你的汽车也是安全的，注定是一个失败的策略。去找点新东西。作为一个待办任务的践行者，找到新东西并不困难。

定位的表述与价值主张的表述一样，它们具有同样的五个要素。但是，要明确以下两点。

（1）价值主张阐明我们的竞争优势。这很可能是为了提高产品相对于竞争对手的性能而作出的刻意努力的结果。

（2）定位是我们在确定战略进攻方向时所选。定位是一个选择的结果。它是我们选择传播的内容。定位告诉我们希望在客户心目中占据什么空间。

当我们构建定位表述时，就是以一种特定的方式陈述我们的竞争优势。因此，定位选择不可能建立在我们不擅长的方面。换而言之，大多数情况下定位表述与价值主张表述内涵相同，只是使用方式和范围略有差异。

请注意,不要混淆定位的内容和定位的口号。我们常见广告中的定位口号只是定位内容的一种展现形式。

四、构建价值主张的表述

根据表述结构,要构建一个价值主张,我们提出"焦糖布丁价值主张表述四步法"。

步骤一 选择待办任务及其期望成果

从讨论你的顾客和他们的待办任务开始,列出包括功能、社交和情感维度的主要任务。最终,你将获得一个有限、平均在2~5个任务的集合。

当为产品构建价值主张时,建议你谨慎选择任务抽象度水平。上述"为家中购买生鲜"的例子中,我们可以选择一个抽象度更低的任务,如"下单"或"为生鲜支付";或者选择一个抽象度水平更高的任务,如"养家"或者"为家中购物"。不要急匆匆作出选择,最好的选择往往都不是显而易见的。

确定任务后,通过消费者访谈生成期望成果列表。你可以得到类似以下的列表。

(1)最小化购买生鲜的时长。

(2)降低选错生鲜的可能性。

(3)避免生鲜变质。

(4)避免生鲜被损坏的可能性,如包装破损等。

……

有了这个列表,你可以通过问卷调查对这些期望成果进行优先排序。我们在第六章已经做过详细论述。

步骤二 选择产品属性和竞争参照

当设计的产品能够解决一系列既定的期望成果时,你的创新努力就会取得最佳效果。然而,在实践中,我们经常需要为现有产品制定价值主张,让创新的价值更容易被消费者理解。

当选择竞争参照时,请考虑下,顾客还使用其他什么产品完成任务,这些产品就是你的参照。请注意,当在不同环境下营销产品时，你可能会发现客户在使用各种不同的解决方案，由此，你可能需要多个价值主张。

步骤三　形成一个价值主张表述

用一句话概括你的价值主张。价值主张的模板我们已经提供，但概括成精练的一句话，还需要反复推敲和练习。

步骤四　测试你的价值主张，确保顾客理解和相信

我们的产品最终要卖给消费者。对他们而言，所有的现实都会在其大脑中被解释。价值主张也是如此。必须通过测量评估我们在价值主张中所选择的产品（或属性）、竞争参照、任务以及期望成果是否保持一致，是否能让顾客相信我们的陈述。

综上所述，价值主张明确企业要以待办任务为起点确定提供的价值，毕竟消费者更关注自身的任务如何完成。因此，从最开始即确保寻找价值的工作与待办任务完成保持一致，将非常有助于你发现人们真正想要，而不是你假想中的价值。

另外，我们想强调价值主张必须反映真实之物。如果应用程序速度慢，我们就不能声称自己的应用程序速度最快；如果你的汽车是马路杀手，就不能声称自己拥有最安全的汽车。撰写价值主张并不是编造客户想听的话。它必须建立在真实的基础之上。因此，构建价值主张的第一原则是我们应该诚实做人、诚实经营。

五、什么时候应该构建和使用价值主张

价值主张的意义在于帮助你设身处地了解顾客的世界。最终，根据目标顾客的需求和期望定位产品，从而发现产品与市场的契合点，促使你深入了解产品将如何影响顾客的生活。当解决方案与顾客最重要的期望成果相匹配时，意味着完美实现产品与市场的契合。通常，在产品成熟阶段，消费者对你的产品已非常了解，那么你可能并不需要一个价值主张的表述。然而，在如下情境中使用，你需要构建一个价值主张。

（1）创业初期。

（2）重组销售流程，以便更好地了解客户。

（3）为产品添加新功能，可能需要投入大量时间或资源。

（4）为拓展新的市场或客户群，需要了解这些新客户将如何接受你的产品。

……

第三节　围绕待办任务的品牌延伸

企业高管都肩负着实现盈利增长的重任。他们认为，品牌是实现增长和利润目标的工具。这一点无可厚非。不仅如此，一旦创建一个足够好的品牌，公司内部的人就不可避免地希望利用已有品牌资产进入其他品类并创造优势。这样的策略被称为品牌延伸（brand extension）[8]。然而，高管们应慎重考虑这些想法，因为即便延伸到其他产品的品牌存活下来甚至成功，也可能会削弱甚至破坏原有品牌资产。无论是在原来还是在新环境中，延伸的品牌都有可能对关键资产造成影响。David Aaker 提出的解决方案是识别原有品牌的品牌联想，识别与品牌联想相关联（或不冲突）的产品品类，然后从品类列表中选取产品进行品牌概念测试。他建议的标准是：第一，备选产品应与原品牌相匹配；第二，备选产品应具有某些优势[9]。

一、目的品牌

克里斯坦森创造了"目的品牌"（purpose brand）这个词语。如果一个产品的品牌与它被"雇用"去完成的任务紧密相关，那么这个品牌就被称为目的品牌[10]。换而言之，当人们在完成一项任务时，总能想起和使用一个特定的品牌，那么这个品牌就是目的品牌。

当今大多数伟大的品牌——如佳洁士、星巴克、施乐、蔡司、联邦快递、比亚迪等，都从目的品牌起步。产品完成了任务，顾客对此津津乐道。品牌资产就是这样建立起来的。事实上，品牌最大的资产就是建立与一项任务的关联。这种关联越强，品牌资产就越强大。一个目的品牌能将其对应的任务做到极致。企业之所以努力追求目的品牌,是因为有了它,顾客将毫不犹豫地让其融入他们的生活。一个完美的目的品牌甚至会让消费者感受到"蓦然回首,那人却在灯火阑珊处"的极致体验,从而不再寻觅其他选择。

当营销人员试图打造一个通用品牌,而不向客户发出何时应该购买产品、何时不应该购买产品的信号时,就会冒着人们可能会"雇用"他们的产品完成其设计本不应该完成任务的风险。这会稀释品牌已有资产,将导致客户对品牌的理解产生歧义,进而不信任该品牌。如果这是一个新的品牌,那么品牌资产很难建立起来。

一个清晰的目的品牌就像一个双面指南针。一面指引顾客购买正确的产品完成任务;另一面则指导企业产品设计师、营销人员和广告商对产品的改进和营销工作。一个好的目的品牌可以明确哪些特征和功能与任务相关,哪些潜在改进将被证明无关紧要。因此,目的品牌能形成与竞争产品强大的区隔力。在与顾客沟通时,有区隔力的产品才能事半功倍。

既然目的品牌在创造差异化和溢价等方面具备强大力量,为什么市场上强大的目的品牌并不多呢?问题在于,当一家企业在宣传其品牌产品在设计上能够完美完成某项任务时,它也在揭示该产品无法完成哪些任务。这就是聚焦的可怕之处。很多品牌的广告宣传既不与任何任务挂钩,却又希望自己的产品能被每一位客户用于每一项任务。他们花费天价广告费建设品牌资产,但广告不能取代设计从事特定任务的产品,并确保产品特点和功能的改进与该任务相关。想想迪士尼、星巴克、谷歌……每个著名的品牌都在投入大量广告费用之前已建立起良好声誉。

二、品牌延伸的法则

哪些类型的延伸会强化品牌,哪些类型的延伸会削弱品牌,这有规律可循。事实上,目的品牌针对特定任务,因此,当目的品牌延伸到针对不同任务的产品时,它将失去作为目的品牌的明确含义,而发展出不同的特质。这种情况下,克里斯坦森建议将原品牌作为背书品牌。

我们必须牢记，不同的任务需要不同的目的品牌。只有两种方法可以在不降低目的品牌价值的情况下对其进行扩展，如图 9-4 所示。

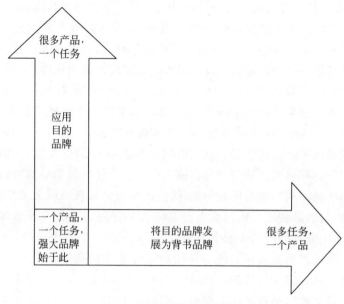

图 9-4　品牌延伸的两条路径

资料来源：参考文献[10]。

（1）选择将一个品牌延伸到其他产品，而这些产品也被设计用于完成同样的任务，那么企业就不必担心这种延伸会损害原有品牌资产。如索尼的 Walkman 和 CD 机。当然这里原产品的任务和新产品的任务并非要一模一样，可以是包含和被包含的关系。

（2）当新产品瞄准不同的任务时，建议创建新的目的品牌，但使用原品牌作为背书品牌，由此，新品牌将从原品牌的"背书"品质中获益。例如，作为比亚迪仰望 U8 上市后的第一个完整交付月，2024 年 1 月内共计交付 1 593 台，位居国内百万级新能源 SUV 销量第一[11]。仰望 U8 解决了用户在沙漠、冰雪甚至水面等极端环境安全通行的任务，而消费者对这一新品牌的信任则来自对背书品牌比亚迪二十多年深耕新能源车技术创新领域的认可。

作为汽车领域安全的代名词——沃尔沃,1999年被福特收购后,将自身定位延伸进豪华汽车并与其他豪华汽车品牌开展竞争。遗憾的是,不仅销量下滑,沃尔沃还失去了汽车安全领导者的地位。2010年,中国汽车制造商吉利将沃尔沃收入囊中,将其洗去豪华重新回归于安全并取得了可观的销量回报。

三、评估品牌延伸

针对评估一个品牌延伸是否合理,我们提出"焦糖布丁品牌延伸评估四步法"。

第一步 评估现有品牌的待办任务

通过第三章的任务访问方法,我们要回答一个问题:我们的品牌帮助消费者完成了什么任务?如果能完成多项任务,哪一项任务能被多数人立刻联想到?大多数人购买该品牌都为完成这项任务吗?这个品牌能完美地完成任务的哪些步骤,等等。访问中,我们需要关注受访者如何表达任务。部分受访者可能表达的抽象度比较高,部分则更为具体,我们需要将所有表达记录在案,形成原品牌的任务层次图。

第二步 评估新产品的任务

请消费者评估被设计用于完成特定任务的新产品,这一点必须通过产品测试得以确认。换而言之,要确保新产品在设定任务上的市场接受度。如果新产品能很好完成设定的任务,那么我们进行第三步。

第三步 确认新产品是否在原品牌的任务层次中

如果新产品的设定任务与原品牌的核心任务相当,那么企业不必担心这种延伸会损害原有品牌资产,相反,品牌延伸还会提升原品牌资产;如果新产品设定任务的抽象度在原品牌任务抽象度之下,那么你需要考虑将原品牌作为背书品牌,新品牌以原品牌+另一个新名称的形式设定。

第四步 测试品牌延伸的概念

无论是直接延伸原品牌到新产品,还是采用"背书品牌+新名称"的形式,都需要进行概念测试,以确保无论以哪种形式延伸品牌,消费者对延伸的接受度都符合管理层的预期。

综上所述,与现有品牌延伸方法不同,待办任务为我们提供了一个独特的视角看待品牌延伸,更重要的是,它提供了延伸品牌行之有效的方法和判断品牌延伸能否成功简便可靠的标准。

章后回顾

观察某个行业当下销售的产品或行业一贯的做法,或许能提供一些有益的启示,但这并不是竞争关键所在。企业需要认识到,它们不仅仅是在销售产品,而是在销售完成任务的方法。从任务角度出发,真正理解客户在生活中想要完成的任务,才能增加满足客户需求的方式,并在竞争中脱颖而出。

以传统眼光看待竞争——只看见直接竞争对手在做什么——将限制业务长期的发展前景。重要的是,我们要挑战人们对一个行业所销售产品或一个行业运作方式的固有看法。采用基于任务的视角可以创造更广阔的竞争视角,揭示更多的增长途径,并促使你对可能出现的颠覆者有更清晰的认识。这种评估还有助于确保你的品牌避免故步自封,并在市场不断发展的过程中保持竞争力。

通过比较不同解决方案对需求的满足程度,可以让你跳出固有的思维模式。与其比较特定行业或产品类别中的竞争对手,不如考察人们完成任务的所有可能手段,因为这样做可以让你深入了解自己的优势和劣势,并充分明确应关注的重点。

根据待办任务确定价值主张,使用我们推荐的价值主张输出模板将人们的主要任务与你提供或希望提供的产品结合起来,确保你的产品更有差异性,沟通更有效率。

一个能完成任务并被人们想起和使用的品牌,是一个目的品牌。目的品牌更容易在市场上成功,且能在同一项任务上帮助你延伸品牌。

章后思考

1. 从任务竞争视角出发,重新审视你的竞争对手。除了原有的行业竞争对手以外,还有哪些意想不到但潜力强劲的对手?

2. 运用"价值画布"这一工具明晰你现有产品的价值主张。请注意必须包含的要素:待办任务、任务执行者、期望成果、产品属性以及参照。

3. 假如你准备为现有品牌推出延伸品牌,请运用"焦糖布丁品牌延伸评估四步法"为延伸策略打分并找出需要改进之处。

参考文献

[1] LEVITT T. Marketing myopia[J]. Harvard business review, 1960, 38: 45-56.

[2] MCGRATH R. The end of competitive advantage: how to keep your strategy moving as fast as your business[M]. Boston: Harvard Business Review Press, 2013.

[3] COOK S. The myths of innovation[M]. Sebastopol, CA: O'Reilly, 2007.

[4] TRAYNOR D. "Understanding your real competitors," intercom-on-Jobs-to-be-Done[EB/OL]. https://www.intercom.com/resources/books/intercom-jobs-to-be-done.

[5] SMITH E. The story of Web TV, the smart TV of the 90s[EB/OL]. https://www.vice.com/en/article/4xaqe9/why-webtvs-remote-controlled-internet-failed-to-take-off.

[6] LANNING M, MICHAELS E. A business is a value delivery system[Z]. McKinsey staff paper, No. 41, 1988.

[7] OSTERWALDER A, PIGNEUR Y, BERNARDA G, et al. Value proposition design[M]. Medford, MA: Wiley, 2014.

[8] AAKER D A. Building strong brands[M]. New York: The Free Press, 1996.

[9] AAKER D A. Managing brand equity: capitalizing on the value of a brand name[M]. New York: The Free Press, 1991.

[10] CHRISTENSEN C M, HALL T, DILLON K, et al. Know your customers, "Jobs to Be Done"[J]. Harvard business review, 2016, 94(9): 54-62.

[11] 月销1593辆,仰望冲高成了![EB/OL]. (2024-01-03). https://mp.weixin.qq.com/s/LgRr1uFHPyK2Y1f37skMDQ.

本图片由 DALL·E2 协助制作

第十章

优化顾客运营

好的客户服务就是要了解客户的需求,然后超越客户的需求。

——Cory Cabral

克里斯坦森指出,(创新)拼图的最后一块是流程,即公司如何整合各职能部门以支持待办任务。流程往往不易察觉,但却影响深远。正如麻省理工学院 Edgar Schein 教授所言,"流程是组织潜移默化文化的重要组成部分。它们告诉公司内部人员,'这才是对我们最重要的'。"[1]将流程的重点放在待办任务上,可以为团队中的每个人提供明确的指导。

是的,如何向客户介绍和展示产品与获得正确的解决方案同样重要。待办任务在这方面也能提供帮助——从了解顾客是谁、理解消费过程,到减少客户流失,再到提供更好的支持。

第一节　构建顾客画像

顾客画像大概是近几年使用频率最高的营销词汇之一。"我们要推出运营管理的在线课程,我们的顾客是谁?""来,让我们描述一下这门课的顾客画像。他们是年龄 20~35 岁,本科毕业……"你觉得包含顾客年龄、性别、教育和行业背景等这些信息,就是所谓的顾客画像吗？采用偏向于人口统计的顾客画像，你迅速精准找到大批客户了吗？你用来描绘人群的关键词，使用依据是什么？从顾客画像使用目的出发，究竟该如何勾画你的顾客？……

由这些林林总总的实践困惑，引出本节将要回答的问题：如何基于JTBD绘制顾客画像？

一、顾客画像

顾客画像是顾客的典型化描述。它被用于企业从设计、营销到销售各个领域，从而灌输以顾客为中心的决策理念。顾客画像本质是一种沟通工具——一种以团队中每个人都能使用的方式总结顾客信息的方法。如果每个人都知道目标顾客的类型，就能减少一些不必要的争论。

画像永远有其存在的价值。如果你想制作一则广告，吸引21岁的男性或35岁的专业人士，那么画像可以帮助你创建目标受众的真实形象。我们再来看看市场的定义：一群人+一项待办任务。如果连这群人具有什么特征都不去总结，我们对市场是否只是"半懂"？我们能在上亿人中识别这群人并与这群人沟通吗？

然而，在待办任务社区里，一些实践者呼吁完全放弃画像。他们指出画像的缺陷。例如，基本是基于人口、心理、行为和态度等的描述信息。这些信息也许对传统营销方式有价值，但对于创新和设计毫无帮助。克里斯坦森也表示，"顾客画像中人口、心理和行为等信息与创新没有直接关联。"[2] 例如，如果你想打造一款软件产品，那么根据一系列个性特征作出关键设计决策并不会让你的软件成为一个优秀产品。我们在前几章认识到，对研发和营销者而言，用户想要的结果远比他这个人是谁重要得多。正如，即使你知道在键盘上点击你的网站来自一双33岁年轻人的手，但这个信息对你设计网站不会有什么影响。产品要与问题匹配，而非与人匹配。

我们必须承认，传统基于人口统计、个性等信息的画像对于创新和设计问题确实帮助不大（见第五章和第八章）。然而，认为待办任务完全取代对画像的需求也是一种误解。事实上，鉴于任何给定的待办任务生态系统中都有多个参与者,因此画像的作用在于可以代表各种角色,如任务执行者、任务受益者或任务购买者等。同时,并不是所有任务执行者都一模一样,画像可用于说明不同类型的执行者。

显然,"画像"概念本身并没有错误,关键是我们需要从哪个角度对顾客进行描绘。

二、一种基于目标的顾客画像

基于目标的顾客画像是一个好思路。Alan Cooper 在其著作中介绍了这一概念,并指出"画像由目标定义"[3]。画像不是基于地理人口统计信息,而是基于顾客的预期成果。在他的后续著作里,作为目标导向设计法(goal-directed design,GDD)的一部分,Copper 介绍了创建画像的完整说明。尽管 GDD 和待办任务理念均为独立发展,但它们之间还是有重叠之处。两者都关注和聚焦在人的目标上。然而,GDD 是一种专门用于设计软件产品中顾客界面的方法。因此,该方法针对定制产品的顾客,并在特定的解决方案空间内进行画像。Copper 使用的语言假定软件产品的预期成果,从而限制了其与其他学科和其他类型产品之间明显的相关性。

Kim Goodwin 在画像方面的工作深化了 GDD 的标准,其长篇大作详细介绍数字产品设计从头至尾的完整方法[4]。此外,John Pruitt 和 Tamara Adlin 的著作则提供如何创建画像的综合手册。虽然这两位作者并非按照待办任务的方法设计画像,但确实针对需求和目标开展讨论,并作为创建画像的基础[5]。上述著作都为如何构建基于目标的画像提供了好的出发点和框架。

目标心理学提出:人的绝大多数态度与行为特征是由其目标决定和影响(请见延伸阅读一)。因此,我们也认为基于目标定义顾客画像是一种非常好的思路。在这一部分,我们引用 Cynthia Huffman 及其伙伴的"目标结构模型"构建一个通用顾客画像模板。该模型中有六个不同层次的目标,其中高层次目标相对抽象、更具包容性并不易变化，低层次目标更具体、更细节，与当前所考虑的产品品类相关。这些目标的抽象程度依次为人生主题与价值观（life themes and value）、人生规划（life project）、当前关切（current concerns）、消费意向（consumption intention）、寻求利益（benefits sought）以及特征偏好（feature preferences）等[6]。

（1）人生主题与价值观。 人生主题与价值观被定义为个人的生存理想，代表了框架中的最高目标层次。人生价值观是一种持久的信念，认为某种存在的终极状态（如自由、智慧、家庭团聚）比其他可能的终极状态更可取。人生主题是个人在日常生活中所关注的相关存在问题。与社会文化价值观相比，人生主题最明显在于根植于个人历史；个人在经历童年、家庭关系、学校教育以及成年生活中的不断选择等转变经历时，仍试图为自己的生活创造一种主题一致性，如生活的主动性与被动性，对他人的真实与虚假。先前的研究表明，人生主题和价值观在个体内部的数量都相对有限，而且一旦形成就相对不变。它们共同代表了自我的核心概念。由于其根深蒂固、相互关联，而且是维持自我系统完整性的核心，因此可能相对稳定、易于获取，从而在各种情况下都很容易被激活。此外，价值观或人生主题一旦确立，将成为指导许多低层次目标和行动的标准或尺度。

（2）人生规划。 人生规划被定义为所构建和维护的关键生活角色和身份，如做一个有思想的人，或者成为一个能传道、授业、解惑的人生导师，或者成为一个专业人士。在某个特定时间点上，一个人可能有几个人生规划。相对于人生价值，人生规划一定程度上随着人的一生而变化，尤其当经历人生重大转折点时，如结婚、生子或换工作等。

（3）当前关切。 当前关切是指个人希望在短期内参与的活动、任务或追求，即当前最需要在身心两方面关注的事情。由于满足当前关切需要分配自己的时间开展和完成特定活动，因此这一级别的目标在指导可自由支配时间消耗方面发挥着至关重要的作用。与人生规划相比，当前关切持续时间较短、范围较小。在个人意识中，这类目标通常是需要尽快完成的事情。例如，找到一份工作、减掉 15 斤体重或者举办一场周末聚会等。

（4）**消费意向**。消费意向是指个人从事特定产品消费和使用行为的目的与愿望。例如，消费意向可指一个人乘坐地铁上下班或将退休储蓄投资于购买基金的目的，也可指一个人在晚餐时喝一杯葡萄酒的愿望。消费意向有助于将当前关切分解为一系列具体的行动子目标；满足当前关切通常涉及与购买和消费多种互补产品相关的目标。例如，我的当前关切是举办一场周末朋友聚会，因此我可能想购买几件产品：开胃点心、做主餐的食材、饮料酒水以及甜品等。

（5）**寻求利益**。寻求利益被定义为拥有、使用和处置一个产品所产生的令人愉快的结果。例如，我想购买一个书桌和书架，它们不仅要结实耐用，而且要符合我的审美，同时不会太占地方。

（6）**特征偏好**。特征偏好被定义为以具体的物理或财务术语表述的首选产品功能或价值。寻求利益是主观行为，与结果相关，而特征偏好则相对客观，与产品相关。特征偏好（例如一辆汽车的价格，或者它是否具有防抱死系统）通常与"搜索特征"有关，而寻求的利益则更具经验性。特征偏好经常在消费者决策中扮演重要角色，这主要取决于其具体性和相对易于认知。显然，消费者的特征偏好很可能会受到其所寻求相关利益的重大影响。

目标结构模型如图 10-1 所示。

请注意，各层次目标之间的关系可划分为三种状态：存在、行为和拥有。同时，它们相互关联。我们通过获取和实施行动，从而让我们更接近于实现价值观和理想自我。

在该框架中，"存在"这一状态与生活主题和价值观的关系最为密切。这一状态下的目标是对自我的期望，即一个人想要成为什么样的人。"行为"这一状态下的目标意味着人们希望参与有目的的活动，它们通常是实现理想自我的行动手段。这些目标在我们的框架中主要体现为当前关切。"拥有"这一状态则是一种获取手段，用于促进或帮助一个人实现"做"的目标，通常与其"存在"包含的目标相

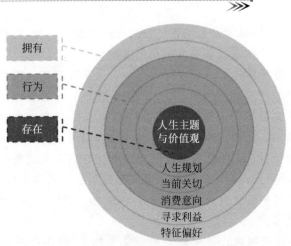

图10-1 目标结构模型

一致。"拥有"状态在目标结构模型中对应的是寻求利益和特征偏好。

框架中人生规划和消费意向分别对应的是"存在"与"行为"、"行为"与"拥有"之间的目标。因此,这两个层次的目标具有双重性。人生规划涉及一个人一生中重要的角色和身份。另外,既然是规划,就涉及时间和精力的消费行为。例如,我的人生规划是成为一个优秀的咨询顾问,这一规划不仅与我想成为一个什么样的人相关,而且指向我需要做哪些事情:时时学习、紧跟市场变化……消费意向指的是行动目标(如吃饭、写作、旅行、放松等),涉及消费者可用资源(主要是金钱、时间和精力)的分配和消耗。此外,实施这些行为还需要不可或缺的产品作为"道具":如食物、电脑、汽车或电视机……因此,我在书桌前学习的这一消费意向,表示的是一种从事特定行动的意向,以及我为完成这一行动而需要购买的产品类型。

在这六个层次的目标体系中,"当前关切"最接近我们所定义的待办任务:当前最需要解决的问题。框架中,当前关切是一项比较大的任务,或者抽象度比较高的任务。当前关切的里层是人生主题与价值观和人生规划,两者决定和影响了当前关切。

当前关切指引要去完成的具体事情,因此我们将消费意向理解为将当前关切分解为执行步骤时其中的一些重要步骤。第三章中我们对任务地图进行了详细的讨论。任务地图中的每个步骤描述的是任务执行者在这一步要达成的目的,只不过在任务地图中我们不涉及产品。而这里,消费意向是指个人对应于特定产品消费和使用行为的目的和愿望,它是我们在访问中回答"为什么购买和使用这个产品"的答案。在画像模型中,消费意向之下是寻求利益和特征偏好,它们指向消费者所理解的需要从具体产品上获取的利益点和功能。

是不是听起来有些复杂?或者说这个目标结构模型与你常见的顾客画像绘制工具差别非常大?请注意,千万不要因为陌生而错过美好,这个目标结构模型提供了一个完美的顾客画像模板。例如,就像我们试图理解周围的人一样,知道他们的年龄、籍贯、工作单位等信息并不能让我们理解这个人。只有理解了他们的价值观和人生观,做事的原则和标准,当前为什么做某件事情,以及对事和对人的偏爱与兴趣,我们才会说我们真正懂了这个人。基于目标的顾客画像正是可以更好地帮助我们理解顾客的人生目标、行为标准和购买偏爱,引导我们真正理解顾客。

我们来看一个简单的例子,如表 10-1 所示。

表 10-1　一个顾客画像的例子

背　　景	目　　标	画　像　内　容
男,29 岁 电商创业者(员工 7~8 人) 美国留学归来	人生主题与价值观	精彩:创造经济与社会价值 刺激:挑战自己的极限 丰富:不喜欢一成不变的生活
	人生规划	做一个优秀的公司管理者
	当前关切	拓展公司业务到其他行业
	消费意向	周末去充电,向其他有经验的管理者学习
	寻求利益	电商业务下滑,为跨行做准备,寻找好的切入点和时机
	特征偏好	成功的创业者圈子 具体操作建议

同样的受访者，我们为房地产品类绘制一张顾客画像，如表 10-2 所示。

表 10-2　另一个顾客画像的例子

背　景	目　标	画　像　内　容
男，29 岁 电商创业者（员工 7~8 人） 美国留学归来	人生主题与价值观	精彩：创造经济与社会价值 刺激：挑战自己的极限 丰富：不喜欢一成不变的生活
	人生规划	成为一个负责任的家庭责任承担者
	当前关切	买一套大一点的房子
	消费意向	攒钱、扩大业务，排号
	寻求利益	品质感、私密性、丰富性
	特征偏好	大的落地窗 小区里有运动场所、咖啡馆、图书馆 小区呈现变化的四季景色 不会很嘈杂，最好一梯一户

我们的经验和实践表明，这个通用的顾客画像模型在大多数项目能引导我们了解顾客，并且上下六个层次的目标自成逻辑，能自述顾客故事用于营销传播。我们并不排斥其他背景信息，但核心信息必须在位。

三、如何构建基于目标的顾客画像

也许你会担心包含人生主题与价值观的目标结构模型会偏向于宏大叙事，或者很难获得受访者的有效反馈。我们的思考和实践是：一切叙事建立在故事基础之上，通过"焦糖布丁顾客画像构建四步法"可以较顺畅地绘制基于目标模型的顾客画像。

步骤一　访问任务执行者

顾客画像通常也基于定性访问。挖掘待办任务的访问和对任务执行者的画像可同时进行。毕竟与其直接询问任务执行者对产品的喜好，不如关注他们的人生主题和人生规划，以及什么会让他们感到沮丧，什么才是成功的样子。通常 15 个左右的顾客访问数量即可，在一些复杂环境中也可能访问更多顾客。访谈目标都是收集足够的信息识别规律性事物，当你能够运用收集的信息预测下一位受访者将如何反应时，即说明访问量已足够。

步骤二　将访问结果映射到重要的目标变量上

现在，需要将访问结果映射到六个目标层级的变量上。人生主题与价值观和人生规划主要体现对社会、个人和自我等方面的态度和认知，需要从个人所经历的童年、家庭关系、学校教育以及成年生活中的不断选择中所坚持的一致性，追踪挖掘。当前关切体现在目前个人经历、时间和金钱所分配的重要事务上。消费意向、寻求利益和特征偏好则体现在选择产品和服务的理由，以及比较标准上，如倾向高科技还是价格。

步骤三　在六个目标层面识别规律

现在，你需要识别相似性。一组在几个变量相似的受访者代表了一个在目标或行为上有意义的规律。请注意，你并不是在做统计分析，而是在变量之间识别规律。虽然没有统计分布和验证结论，但定性访问的内容却能更生动地用于描述顾客行为。

步骤四　形成最终画像描述

对于每一个识别的群组，我们输出单独的画像。画像基本信息应包括我们讨论的六个层级。这个画像应反映典型受访者的目标层级、实现这些目标层级时的相关情况，以及变通办法。

当然，最终的画像内容也可以不限于这六个目标层面。例如，你可以添加痛点辅助说明顾客所寻求的利益点，或者添加当前使用的产品来支撑当前关切和消费意向，等等。

四、其他相关方法

上述基于目标结构模型的顾客画像，你可能觉得在某些特殊的产品品类里显得缺乏细节，从而缺少对产品设计的指导性。因此，另一种方法是不在目标变量上区隔顾客，而是用场景来做顾客区隔，因为不同的场景意味着对解决方案要求的不同。方法与上述方法类似。

步骤一　访问任务执行者

在了解他们的任务和需求时,还需确定对这些任务而言最重要的不同场景。

步骤二　将访问结果映射到场景上

将所做的每一个访问都投射到相应的场景上。

步骤三　在场景上识别规律

寻找有因果关系逻辑的场景群组。

步骤四　形成最终画像描述

将最终结果归纳在一个模板上。

Stephen Wunker 和他的同事们推荐了三个称为"任务驱动因素"的变量:态度、背景和情景[7],三者共同影响了消费者的目标构成和选择标准。我们对这三个变量在第五章有详细论述。我们认为这三者都可以成为顾客画像的一部分。我们在这里不再赘述。

总之,使用画像的成功与否各有不同。关键在于不仅要以目标为基础,而且要做好的研究。画像是大量工作的最终结果。它们类似于度假明信片可作为完成旅行的证据,但你不能因为买了明信片就以为自己去度假了。让你的团队参与到画像的创建中来,以获得更多的认同。否则,顾客画像就会被束之高阁,其效用也会随着时间的推移而变得日渐晦暗。

第二节　基于 JBTD 绘制消费旅程图

当上亿人中的某一群人被你锁定后,接下来你需要了解他们如何与你的产品互动,从而完成其任务。由此,引出本节将要回答的问题:如何基于 JBTD 审视消费者与产品互动的全流程,并更好提高客户满意度?

一、消费旅程图的价值

虽然我们生活在一个服务经济中,但吊诡的是大多数企业并不知道、也不能提供好的服务。为什么好的服务可遇而不可求？一方面是因为企业与消费者的接触点不可见并随时间变化而变化，另一方面则是客户的期望值在不断提高，并将持续增长。此外，网络平台尤其是社交媒体的出现，给予客户在决策时更大的选择权。

在此背景下，消费旅程图的价值在于通过绘制消费者与企业或产品的互动接触点，将企业的客户体验可视化，为企业提供一个了解和改善客户体验的强大工具。

绘制客户消费旅程图在以下几方面有助于企业。

（1）深入了解客户的内在动机和需求，以及对品牌的期望，有助于改善客户体验。

（2）确定企业应优先投资和花费精力的领域，从而降低成本。消费旅程图可帮助企业识别和消除不必要的接触点或流程，因为它们很可能不会为客户体验增加价值。

（3）通过发现客户期望与当前客户体验之间的差距，识别未满足的客户需求，帮助实现创新和差异化。

（4）通过识别严重的客户体验问题并有效消除这些问题，提升客户满意度。

（5）通过了解客户的需求、偏好和情感，帮助建立牢固的客户关系，从而提升客户忠诚度。

（6）通过促进组织内部协作并调整团队，提高对客户消费旅程的共同理解，推动不同团队朝着共同目标努力。

……

请注意，不要将消费旅程图与第三章介绍的任务地图混为一谈，它们代表着不同的分析视角。

任务地图展示任务执行过程，通过什么样的步骤完成什么任务。任务及其完成过程独立于任何解决方案。任务地图的目标是理解顾客需求，从而提高市场接受我们解决方案的概率。

相反，消费旅程图绘制的不是任务和任务被完成的过程，而是按时间顺序映射了客户与企业/品牌互动的每一步。消费旅程图通常将客户有一个购买需求或是发现你的产品作为第一步。最终，它可以延伸到产品使用和再次购买。在某个消费旅程图中，你可以看到为达成购买目标，一个购买者考虑了不同的品牌、在不同的渠道中权衡。购买者可能在绘制消费旅程图中扮演某个关键角色，但他可能不是产品唯一的使用者。例如，虽然是妻子负责购买洗发水，但丈夫和子女也会使用。此外，消费旅程图并不会独立于一个公司或品牌，通常包括与某个特定公司或品牌的接触点信息。

二、什么是有价值的消费旅程图

现有文献描述的旅程图常常是企业与客户在一段时间内的总体互动图，用以揭示由企业控制的有序接触点如何促进客户体验。这类图侧重从企业角度识别企业与客户的接触点[8]。它们更强调购买环节的行为，并常常忽略企业未出现环节的客户接触点。例如，使用场合、使用体验、存储和处置……这类并非揭示全貌的旅程图，无法告诉企业究竟客户消费体验如何。毕竟买得开心不代表用得舒心。

所以，从客户角度出发的消费旅程图更具有创新意义。假设我们将消费也看作一个"消费任务"，即人们通过寻找、购买、使用产品从而达成期望目标，那么我们就可以用任务思维从顾客视角，绘制一张真正的消费旅程图，而不是一张"由企业控制的接触图"。

图10-2展示了一个通用的基于任务的消费旅程图模板。它包括所有可能的接触点，不仅囊括众多购买过程中的细节，同时覆盖顾客对产品的使用体验和满意程度。如果将模板中的步骤投射到任务地图上，那么，其中1～8构成任务地图中的"计划"，9～16构成"执行"，17～19构成"修改"，20则构成"结束"。

请注意，上述模板仅仅展现消费任务中的目标和实现流程中的接触点，一个完整的消费旅程图还应该包括以下几方面。

（1）顾客角色：目标客户群的代表，包括他们的人口统计、行为和动机。

第十章 优化顾客运营

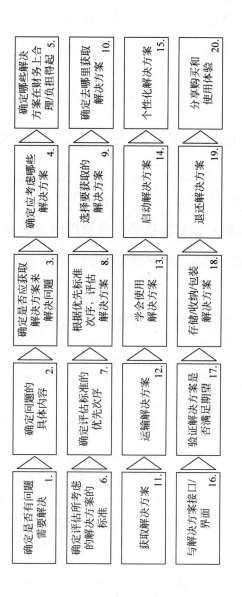

图 10-2 消费旅程图模板

（2）情感：可视化呈现顾客在不同接触点的感受。

（3）渠道：客户与公司互动的方式，如网站、社交媒体电话或面对面互动。

（4）数据和洞察力：来自调查、分析或其他来源的客户行为数据和洞察。

（5）痛点和机遇：确定可改善客户体验的领域，以及创新和差异化的机会。

（6）建议采取的行动：根据旅程地图分析，提出改善客户体验的具体建议。

（7）保持与公司目标一致：如何与公司总体目标和战略保持一致的可视化展示。

三、如何绘制一张有价值的消费旅程图

相比第一节基于目标结构模型绘制顾客画像，消费旅程图似乎很容易制作。但请注意，绘制时千万不要遗漏众多细节。虽然不同企业提供的产品、受众行为不同，消费旅程图可能会有所不同，但通常你可以借助"焦糖布丁消费旅程图绘制四步法"制作一张很好的消费旅程图。

第一步　发起一个消费旅程图项目

为此，你和你的团队需要深刻讨论如下话题并找到大家一致认同的答案。

（1）你的团队要实现什么目标？明确创建消费旅程地图的目的。

（2）你准备绘制谁的旅程？按照定义，消费旅程图关注的必然是购买者的体验（当然有可能你也想考虑安装者、技术人员或其他决策者）。首先要确定目标市场购买者，即在前期广泛研究的基础上对目标市场购买者进行选择。为避免创建的顾客旅程地图过于笼统，你需要为确定的每个细分市场创建单独的消费旅程图，因为不同细分市场购买者的接触点可能会天差地别。

（3）这个消费旅程中哪部分对客户最有用？从识别消费任务开始，延展至其他方面，如渠道、情感、满意度等。

(4)旅程的边界在哪里？什么时候旅程开始？什么时候旅程结束？当然，这取决于你绘制旅程图的目的。如果你要挖掘整个消费过程，那么就要覆盖从意识到一个问题或需求开始，一直到解决方案的选择，最后到保持忠诚的原因等。

第二步　研究购买者的消费旅程步骤

请注意，我们必须将绘制旅程图根植于真实的数据和消费者实际生活中，否则旅程图毫无指导意义。因此，先从了解现有其他相关研究开始，再去做购买者访问。通常，访问6名购物者足以让你勾勒出一个不错的旅程图框架。

在访问中，首先，你需要认真识别消费任务的步骤，特别是识别旅程图的核心流程。客户接触产品需要经历哪些阶段？将客户旅程图细分为不同的阶段，会使其更容易理解和参考。这些阶段可能会根据你的业务情况、销售漏斗设计、营销策略等而有所不同。在访问过程中绘制出接触点，从而更好地明确各个阶段的内容。接触点指的是客户与品牌接触过程中的任何时刻（如网站、社交媒体、推荐、广告、销售点、账单等）。这些接触点包括他们从第一次发现你的品牌到购买你的产品以及后续互动的步骤。

其次，尝试确定客户在采取每个行动时的情绪状态（比如开心、烦恼等）。了解他们的感受将有助于了解其是否会从旅程中的一个阶段进入另一个阶段。此外，你可以考虑其他来源的数据细化消费旅程。

接下来，你需要聚焦于了解客户在每个阶段想要实现的目标。优化客户旅程时，如果能了解客户想要实现的目标，意味着事半功倍。一旦了解透彻，你就可将这些目标与接触点结合起来。

第三步　展示整个旅程

现在，你可以将从访问和研究中得到的核心因素筛选出来绘制地图。请注意，在绘制过程中聚焦于购买者目标：什么原因触发他们去购买？购买决策中他们想优化什么？哪些因素让他们对产品忠诚？

如何让旅程图更加结构化？Ulwick的建议是：当决定消费任务主要工作步骤时，从以下词汇开始：计划、发现、学习、决定、购

买、准备、使用、修改、升级、更新、离开、返退……[9]

当你绘制每个步骤时,请用一个动词开头。尽量让每一个步骤与具体时间无关,从而在更长的时间内保持旅程图的有效性。例如,"观看2023年春晚的电视广告",可被替代为"观看节日电视广告"或"观看当季电视广告"。

当形成一个初步的消费任务模式时,你可以开始添加能反映情感和上下文等体验性的细节。换而言之,当明确消费者与企业接触的每一步要完成何种任务后,请逐步添加其他信息,这些信息能向你的团队折射出消费者的思考和感受。

第四步　识别重点关注的接触点和问题

现在,你已经知道购买者在消费旅程中的每个阶段想要实现的目标,他们为实现目标所采取的每个步骤,以及与你产品的接触点。假如你的客户旅程足够完美,例如,不会有客户放弃购买,没有填写表格就离开登录页面,买了之后还退货等糟糕的情况发生,那么你什么都不必做,完美不需要画蛇添足。事实上,在大多数情况下透过客户旅程,你会发现为了让顾客体验顺畅,虽已做了大量正确的事,但仍然有意无意地设置了众多障碍让顾客备感沮丧。这时需要清楚找出这些障碍和客户的痛点。例如,产品价格太高、快递公司选择不合理或是注册表太长……这将有助于你采用更好、更恰当的解决方案改善客户体验。

四、拥有一张有价值的消费旅程图后

虽然绘图非常重要、不可或缺,但绘图的真正力量在于激发公司内部围绕产品开展广泛而深入的讨论,并持续思考如何才能提供更好的产品体验。请注意,绘图不是留给你孤芳自赏,而是用它使其他人一道进入讨论、改变和创新的大熔炉中。

具体到如何操作,你可以采用消费旅程图在组织内部推动执行以客户为中心的战略。例如,你可以一开始就邀请其他相关部门参与绘图,或者筹备一次工作坊让跨部门相关人员,围绕流程中的接触点开展头脑风暴:在支持顾客完成任务的过程中我们最大的机会在哪?我们如何在旅程中支持顾客?完成任务过程中消费者最大的纠结点在哪？如何解决识别出来的接触点和问题？……通过让旅程图成为协作性工作的焦点，推动市场营销、销售、客户服务、产品和设计团队共同合作，最终达到调整跨职能团队和流程以满足客户需求的目的。这意味着，也许你们将共同输出另一张消费旅程图——未来顾客将如何进行更好的消费旅程。

现在，你是不是发现，所谓的顾客旅程图不仅仅是了解、掌握外部顾客的工具，更是帮助我们内部形成顾客导向思维的有力武器？一旦整个组织具备这种思维方式，运营模式将会从由内向外转变为由外向内，企业的运营将真正围绕客户而运转，从而创造更高的客户价值。

第三节　优化订阅经济中的顾客运营

随着服务经济日益成为新的利润增长源泉，全球众多企业纷纷努力提高服务水平，其目的不仅是为留住客户，更是为了在激烈竞争中领先对手。服务经济中，消费者常常通过订阅或租赁的方式获得服务。例如，音乐、云存储、电子邮箱、汽车、打印……即使在B2B商业领域，依然产生众多订阅或租赁服务模式，如CRM系统、办公空间、分析软件、大型设备租赁，甚至人力资源服务……面对越来越长的订阅服务列表，我们将这类新兴但前景广阔的服务业态统称为"订阅经济"。

由此，引出本节将要回答的问题：如何基于JBTD优化订阅经济中的顾客运营、成功获客，并尽可能减少顾客流失？

一、如何成功获取顾客

让客户选择订阅服务对企业长期成功至关重要。如果新加入顾客的数量大于流失顾客的数量，那么品牌才可能增长。在获取新客的过程中，常见的做法是了解客户正在解决的问题、他们以前使用过或正在评估的工具，以及他们可能想要更换工具的原因。待办任务提供了一种看待客户的视角：客户试图实现的目标与其使用的解决方案无关。Ryan Singer谈到任务思维如何帮助设计更好的获客体验：

"……获客是'帮助人们更好地掌握你的产品能帮助他们做什么'。你越解释产品,你就越不能关注人们为什么使用它。更重要的是,你的产品能让他们做哪些不同的事情……无论如何,熟练使用软件永远不是目的。相反,获客的重点是外在的东西——人们试图完成的任务。"[10]

换句话说,用"完成任务"获取顾客,而不是仅仅用服务获取顾客。Alan Klement 提供了一个具体框架,用于识别和设计不同的获客情景。这个框架中有两个维度[11],见图 10-3。

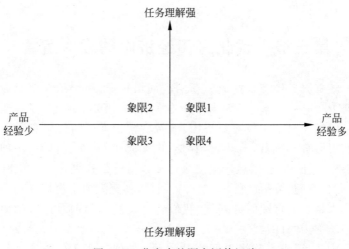

图 10-3 获客中的顾客评估矩阵

（1）**产品经验**。此即顾客对产品和服务有多熟悉。它考虑的是顾客的产品技能和技巧。例如,顾客曾经使用一种解决方案或多种方案完成任务。

（2）**任务理解**。此即顾客对当前任务的理解程度。例如,顾客可能曾经偶尔执行过一次同样的任务,也可能执行过很多次同样的任务。

两个维度交叉生成四个不同场景,任何一个顾客均属于这四个场景其中一个。

（1）**象限 1 对任务理解强，对各种产品很熟悉**；获客过程中需要展示产品之外的价值，并教育顾客完成任务需要了解和考虑更深层次的问题。

（2）**象限 2 对任务理解强，对产品不熟悉**；你需要向这个象限的顾客展示产品的优势，特别是你的产品与其他产品的不同之处。

（3）**象限 3 对任务理解弱，对产品不熟悉**；需要向这个象限的顾客展示为什么需要完成这项任务和完成这项任务的要素和步骤。你需要一步一步走完整个流程，边走边解释你的产品特点和功能。

（4）**象限 4 对任务理解弱，但对产品很熟悉**；这种情况比较少见，但是也有可能出现。例如，顾客只是对产品的一部分很熟悉。因此，需要向他们解释从你的产品中可以获取更大的价值，如完成这项任务。

了解顾客属于哪一类，就能针对特定顾客的知识差距设计产品和信息，从而让顾客获得更好的初始体验，削减使用新产品的不确定性和想象中的困难。我们推荐以下工作流程。

第一步　了解新顾客

在新顾客最初接触产品时对其进行评估。通过调查或直接面谈，询问他们在使用其他产品和完成任务方面的经验水平。基于新顾客提供的信息，决定他们属于哪一个象限。

第二步　确定每个象限的最佳学习顺序

列出你希望顾客采取的步骤，这些步骤不仅是为了使用你的解决方案，也是为了实现顾客的目标。努力帮助他们缩短实现价值的时长。重点关注顾客最头疼的问题以及通常存在的知识差距。认识到人们需要不同类型的信息并引导他们使用你的解决方案，让新顾客达到一项与学习如何操作产品和完成任务都相关的目标。

第三步　设计相应的产品内容和信息

针对每个象限的新顾客设计产品内容和信息，开发相应的功能和特征支持每个象限的顾客需求。不要告诉顾客他们应该怎么使用，而应该告诉他们可以期望得到什么成果。你选择的词语和表达方式需要让顾客安心：你会帮助他们完成任务。

Alan Klement 的这个框架针对的是人机界面的设计，但是其原理也适用于人与人的直接接触——聚焦于客户未满足的需求将会提升与客户共鸣的机会。客户的待办任务是什么？需要满足的最关键期望成果是什么？在你试图获客、讲解或演示产品的过程中强调这些需求，会让客户觉得你真正了解他、说在了他的心坎上。

需要注意的是，要充分了解一个人的目标、行为和需求，就必须能够挖掘出任务背后的情感和社会背景。你需要从对方的角度深刻理解他的挣扎和痛苦。但在获取新客（销售）的场合，人们的警惕性都很高。销售通常处在一种低信任度的场景中——新客只是在试图了解你的产品是否适合。这无疑是一个建立信任的机会，比如，你可以提供建议。如果一个人说出他需要解决的一个问题，而你的产品没有解决这个问题，你可以说正计划在未来添加这个功能，并询问他为什么需要这个功能，或者另一个竞争对手能更好地解决这个问题，并建议使用其产品。这展现了你的判断力和为客户着想的视角。但从本质上讲，这并不是一个轻松的环境，因此不适合像在访谈中那样投入感情和抛出一个接一个的问题。

二、理解客户留存、提升客户留存率

订阅经济之所以在各个行业蓬勃发展，关键在于：随着时间的推移，它能够帮助顾客完成他们的任务。试想一下，当顾客订阅时，一定是满怀期待借助你的产品去完美完成某些任务。如果最后他们发现与预期差距较大，一定会满怀失望毫不犹豫地转身离去——取消订阅。

当顾客取消订阅服务时，我们说这个顾客"流失"了。能否留存老顾客是订阅经济最重要的工作之一，也是衡量订阅服务成果的核心指标之一。毕竟，通常我们认为，获取一个新顾客的成本是留存一个老顾客成本的 5 倍，因此防止一个老顾客流失将会极大提升顾客的终身价值。

为了弄清究竟客户为什么执意离开，企业常常在其提出取消订阅时，通过设置简单的询问环节获取原因。通常答案有三大类。

(1) 不想再使用你的服务。

(2) 项目已经完成了。

(3) 没有需求。

拿到上述回答足以让你挽留下一位准备离开的客户吗？或者说你获得了足够多的信息可以优化运营、避免新的流失发生吗？

显然，这三类答案能提供一些为什么取消订阅的线索，但缺乏改进所必需的细节和深度。相反，基于待办任务的思考可以帮助你洞察流失问题的核心，并且在深度理解之下，帮助你采取行动预防流失再次发生。

通过访问，你会发现离开的决定绝不是一夜形成，恰恰相反，是取消订阅那个时刻前的一系列事件或者决定导致取消发生。这一系列事件或决定可能发生在取消之前的数周、数月甚至数年。需要深度挖掘并重现订阅者的决策过程，最终找到根源。我们经常采取的办法是以转换访问为基础，运用"焦糖布丁留存客户三步法"挖出客户流失的本质原因。

步骤一　进行针对注销的访问

从识别和接触流失顾客开始，采用以下时间线，由最后时刻逐步倒推向前探索，找到其产生注销想法第一个念头的根源。

(1) **使用场景**：当他们使用服务时，是什么时候、在哪里以及如何使用。

(2) **取消时刻**：这是他们评估选项决定取消的时刻，请关注他们如何作出权衡。

(3) **积极寻找**：通常，这是一个敏感事件，它刺激顾客积极寻找替代服务。

(4) **被动寻找**：一些事情的发生导致顾客开始考虑其他选择，尽管可能还没有那么积极地寻找替代品。

(5) **第一个念头**：这是顾客第一次产生怀疑的时刻——你的解决方案不能满足他的需求。

那么，如何帮助受访者更轻松、坦诚地告诉你究竟发生了什么呢？我们推荐采用以下探究性问题开展访问。

（1）是什么因素阻碍你完成任务？
（2）有什么期望成果没有被满足？
（3）你什么时候对我们的服务开始质疑？
（4）你为什么开始评估其他服务？
……

聚焦于阻碍他们完成任务的障碍上。这些障碍常常不会是出现在取消单上的原因。从访问中你非常有可能收获众多顾客离开的动机，其中有些很可能与你的服务无关。另外，关注顾客完成任务的场景元素也会对你理解他们离开的原因有帮助。

步骤二　在取消原因中寻找规律

请注意，访问的目标是要在看似各异的现象中找到共同的规律，并利用规律提升你的服务，从而在第一时间预防顾客流失再次发生。访问的价值在于这是一种跨顾客的根源分析。你可以采用以下问题与团队一道针对访问结果开展反思与梳理：

（1）在哪一个节点顾客毅然决定弃你而去？
（2）有哪些共同的障碍你可以去改变从而避免取消？
（3）顾客执行任务过程的哪一部分或环节存在问题最多、最严重？
（4）顾客有哪些需求（期望成果）没有被满足？
（5）有哪些场景对下决心离开的顾客有重大影响？
……

步骤三　找到根因

顾客之所以保持忠诚不是因为他们喜欢你的产品，而是因为你的产品能帮助他们完成任务。因此，顾客留存策略需要考虑你的服务如何帮助其完成任务，并尽量完成得很好，只有这样，你才能预防流失、提升留存率。一旦找到根因，请将识别出的原因和事件转变为"我们这样……如何？"的句式，并制定消除这些问题的策略。

三、强化对顾客留存的理解

还记得第四章四力模型赋予我们对留存的洞察吗？特别是模

型底部的两个因素：惯性和不确定性。它们表达了顾客留存的原因。

一方面，减少顾客推离的动力，需要持之以恒地努力减少顾客与产品和公司互动时的摩擦或矛盾，要仔细倾听服务中那些造成顾客痛苦的方面和降低你产品吸引力的因素，毕竟吸引力是吸引顾客继续采用产品的原因。

另一方面，找到提升顾客对你产品熟悉度的方法。通过提供习惯养成的特征和功能，推动顾客提升使用产品频率。不过，众所周知，改变顾客习惯是一项非常有挑战的工作，有时甚至不可控。

那么如何提高改变顾客习惯、产生新行为的可能性？Fogg B J 行为模式表明，行为的发生必须同时具备三个要素：动机、能力和提示[12]。当一种行为没有发生时，那意味着三个要素至少缺失一个。因此，要成功培养"养成系顾客"，以下三个条件缺一不可。

（1）**动机**：从JTBD角度看，改变的关键动机等同于完成一个目标的欲望。当一个人非常迫切想完成某项任务时，那么他的驱动力会很强，会非常有意愿改变。那些在凄寒冬日夜里12点还守在机场接机的疯狂粉丝，非常希望能看到某位偶像一面，以至于一改早早上床睡觉或窝在家中打游戏的习惯。

（2）**能力**：人们必须有实施待办任务的能力。你的方案必须提升人们的自然能力，教会人们如何达成他们的目标。通过经纪公司与那些非常有组织能力的核心粉丝的统筹、募集与运作，让原本普通不起眼的一位位粉丝高度参与为偶像应援的各种活动，最终有能力实现其成功为偶像命名小行星、在演唱会整齐划一举表白牌等梦想。

（3）**提示**：目标行为的发生和习惯的形成需要一个触发。给顾客一个清晰的行动指南是形成习惯的关键。在大多数情况下，需要一步一步来，慢慢向顾客展示行为习惯改变的有效性。同样，在偶像演出后，经纪公司会有清晰的提示，购买偶像的哪些周边产品可获得何种福利。例如，上台与偶像握手。由此，粉丝们逐渐培养付出金钱、获得与偶像进一步接触的习惯。

现在，你应该明白当一个改变没有发生时，意味着三个要素中至少有一个缺失。要提升顾客留存率，请将上述三个要素考虑在你的留存措施中。

四、提供任务驱动的客户支持

当客户主动联系客户支持时，通常是因为遇到了问题，而这个问题阻碍了他们完成既定的任务。他们需要解决这个问题，这样他们就可以继续做他们最初想做的事情。在这里，你要理解他们的挫折感，帮助他们解决这个问题，让他们能够重新开始工作。

在这种情况下，对其基本任务的那种深度好奇是不合适的。他们正在努力完成某件事情，产品已经挡住了他们的去路，所以不适合再用更多的问题来妨碍他们。而且，他们很可能宁愿去做这件事，也不愿和别人谈论他们如何做不了这件事。他们是向你寻求支持，不是等待你访问他们。

当然，你可以利用这个机会，在问题解决、任务完成、压力消失后，再进行后续跟进，安排另一天的专门访谈。

但是在某些比较专业的领域，有时人们并不能直接、明确、精准地说出其要求。他们可能会使用错误的语言，毕竟并不清楚应如何将自己的需求与你的产品相关术语准确对应。另外，他们可能已经在内心有了一个针对其问题的解决方案，但其实他们想象的解决方案并不解决问题。因此，在提供解决方案前，除了积极地聆听，你需要非常仔细地厘清消费者真正的需求、明确核心问题。请注意，你可以通过以下三个步骤真正掌握客户究竟要什么。

步骤一　聆听并识别任务

客服人员需要仔细聆听并铭记顾客可能使用不同的语言或令人困惑的词语，对一些事物给予的标签可能与企业的方式并不相同。仔细聆听的目的是识别待办任务，发现语言背后的真实需求。

步骤二　厘清和评估

判断顾客所询问问题的层级，澄清问题场景。通过"how"获取更具体的细节，通过"why"分析更普遍的场景。通常，需要我们服务支持的问题非常细节，但要通过"why"识别隐藏的任务。此外，顾客可能陈述了一个比较宽泛的事情，你需要不断追问细节解决问题。此时询问"how"有助于继续深挖。请注意，不管解决方案是什么，要和顾客确认你理解他们的待办任务，同时，他们也需要知道自己在被倾听，确认你们双方在一个频道上。

步骤三　解决问题

评估在力所能及的范围内你可以做什么解决问题。请注意，这个解决方案可能不是顾客一开始所期望的那个，因为，在接触你之前，他们也许已默默形成一个解决方案，但由于其认知的局限性，并不清楚解决方案其实是错的或根本无法实现。此时，不要与顾客纠结于原有错误的方案，而是后退一步，仔细思考究竟顾客试图想要完成的事情，那么就有可能提供让其更满意的解决方案。请注意，在找到一个好方案前，任务导向的思维方式将确保你始终独立于产品来看待顾客的目标。

最后，我们想说的是客户访谈不是客户支持。如果有客户提出了问题或投诉，你应该把它记录下来，告诉他们你已经注意到了，并将它传达给相关人员/团队/之后，把它列入相应的服务队列，然后尽快将该问题解决。客户遇到了问题，只想尽快继续他们的工作。不要在产品问题上再给他们添麻烦。探讨为什么这个问题会给客户带来麻烦，这可能是描述客户任务完成过程的一个很好的切入点，但在绝大多数情况下这不是客户支持模式的一部分。

JTBD 为企业了解客户目标提供了一个共同的视角。正如在本书中所看到，了解这些目标可以帮助你定义和设计客户认为有价值的市场产品。任务思维也可以渗透到整个组织，直至销售人员和支持人员，甚至可以运用任务思维与客户开展各种简洁却有效的互动。换而言之，任务思维无所不在。

章后回顾

理解顾客是向顾客递交产品的关键。待办任务方法可应用于进入市场的各种活动。

顾客画像是我们理解顾客的第一步,一个基于长期目标和短期目标的画像更能帮助我们理解顾客的态度和行为。

旅程图说明客户如何消费产品。它与任务地图的不同之处在于,它将客户与公司或品牌联系在一起。销售和市场营销人员以及产品设计和开发人员或其他领域的人员都可从了解客户旅程中受益。

一旦顾客对产品产生兴趣,你可能需要让他们更深入地了解产品,或者试用产品。JTBD 的视角有助于设计具体步骤,帮助顾客使用你的产品完成他的任务。

一般而言,留住一个老客户的成本要比争取一个新客户的成本低得多。留住客户需要他们采用你的创新产品,从中获得价值,并最终成为你的拥护者。让客户成功是一种实践,它不仅要帮助客户使用解决方案,还要帮助他们最终完成任务。

待办任务的洞察力和技术可以通过组织向下传递。例如,服务支持人员可在与客户互动时专注于顾客要完成的任务,从而更好地解决其问题。甚至售后服务的规章制度也会受到待办任务的影响,从而影响售后服务流程和效果。

章后思考

1. 请运用目标画像工具为你现有的客户画像,然后比较原有基于人口统计的用户画像与新画像的差异,以及带给你哪些不一样的洞察。

2. 你是否制作过服务蓝图,请比较服务蓝图与消费旅程图之间的差异,并尝试制作现有客户的消费旅程图。

3. 你是否已开展订阅服务,如果有,请尝试运用"焦糖布丁留存客户三步法"明晰客户流失更深层次的原因及改进策略;如果没有,请设想一下开展订阅服务的可能性和价值。

参考文献

[1] SCHEIN E H. Organizational culture and leadership[M]. 4th ed. San Francisco,CA：Jossey-Bass,2010.

[2] CHRISTENSEN C,HALL T,DILLON K,et al. Competing against luck：the story of innovation and customer choice[M]. New York：HarperCollins Publishers,2016.

[3] COOPER A,REIMANN R. About face 2.0：the essentials of interaction design[M]. Indianapolis：Wiley,2003.

[4] GOODWIN K. Designing for the digital age：how to create human-centered products and services[M]. Indianapolis：Wiley,2009.

[5] PRUITT J,ADLIN T. The persona lifecycle：keeping people in mind throughout product design[M]. San Francisco：Morgan Kaufmann,2006.

[6] HUFFMAN C,RATNESHWAR S,MICK D G. Consumer goal structures and goal-determination processes[M]//RATNESHWAR S,MICK D G,HUFFMAN C. The why of consumption：contemporary perspectives on consumer motives, goals, and desires. New York：Routledge,2000：9-36.

[7] WUNKER S,WATTMAN J,FARBER D. Jobs To Be Done：a roadmap for customer-centered innovation [M]. New York：HarperCollins Leadership,2017.

[8] SCHAU H J,AKAKA M A. From customer journeys to consumption journeys：a consumer culture approach to investigating value creation in practice-embedded consumption[J]. AMS review,2021,11：9-22.

[9] What is outcome-driven innovation？[EB/OL]. https：//strategyn. com/resources-dynamic/what-is-outcome-driven-innovation.

[10] HULICKS. Applying Jobs-to-be-Done to user onboarding, with Ryan Singer![EB/OL]. https：//www. useronboard. com/ryan-singer-user-onboarding-jtbd/.

[11] KLEMENT A. Design for switching：create better on boarding experiences [EB/OL]. https：//jobstobedone. org/news/design-for-switching-create-better-onboarding-experiences/.

[12] FOGG B J. Tiny habits：the small changes that change everything[M]. New York：Harvest,2021.

本图片由 DALL·E2 协助制作

第十一章

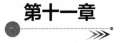

发展市场战略

> 比竞争对手学习得更快的能力可能是唯一可持续的竞争优势。
>
> ——Arie de Geus

作为企业管理者,你感觉制定企业战略越来越简单还是越来越难了?

2013年,曾获得诺贝尔经济学奖的 Milton Friedman 表示:自20世纪60年代初战略学诞生以来,可供企业管理者选择的战略工具和框架数量大幅增长[1]。遗憾的是,企业选择正确的战略制定方法却从没有像今天这样困难。例如,对于一家每天都要面对新产品和新竞争对手的人工智能企业首席执行官而言,完全无法借鉴石油企业一次性制订数十年战略计划的方法。

不仅是你个人觉得战略越来越难以制定,与我们交流的众多企业管理者也面临选择困境。随着商业环境的极大不确定和动态性不断增强,现有企业被颠覆的频率和速度,以及赢家和输家之间的业绩差距,都呈现出前所未有的景象:许多老牌大企业需要小心翼翼地提防被后起之秀削弱其地位甚至被颠覆,而许多初创企业正跃跃欲试重构江湖。因此,如何选择正确的战略方法变得非常重要但却异常艰难。

大多数传统战略方法都是从企业角度分析竞争环境,由内向外看待增长。增长确实是关键,企业如何选择增长是战略的核心,毕竟战略究其本质是研究如何达成增长目的。

然而,与传统从内向外看不同,我们认为运用待办任务的视角从外向内看,能更准确、更迅速找到正确的增长路径。毕竟只有帮助消费者解决其问题,企业才能实现其增长的战略规划。

更重要的是,任务具备稳定性,因此围绕任务制定的市场战略才能成为快速变化市场环境中的灯塔。我们可以生产黑胶唱片和磁带,也可以开发CD,更可以转向MP3以及流媒体音乐服务,然而我们帮助消费者想要完成的任务一直没变:听音乐。技术过时,并不意味着市场会改变。因此,围绕不变的市场制定的发展战略才有意义。

第一节　围绕待办任务制定企业增长战略

最经典的战略分析工具是安索夫矩阵和波士顿矩阵,其本质是使用两个指标将产品分类到四个象限中,给每个象限赋予一定的战略意义。自波特的《竞争战略》和《竞争优势》两部战略管理专著问世后,"竞争"就成了战略管理领域的关键词。被竞争战略思想武装了头脑的企业常常在"低成本领先战略""差异化战略"和"聚焦化战略"之间选择其一,确立自身产品在市场中的独特定位,以便打败竞争对手,最大限度地占有市场份额。然而,在当今数字化和互联网时代,已有战略很难让新兴行业信服。比较新的战略分析工具是Martin Reeves,Knut Haanaes和Janmejaya Sinha提出的"战略调色板"[2]。它是以安索夫矩阵和波士顿矩阵等传统模型为基础,基于三个问题产生五种不同的战略类型:适应、做大、协调、前瞻和重建。由于篇幅原因,我们对这些战略思想和工具不再赘述,请参考相关书目。

这些方法实质是一种从内到外审视市场的视角。这种视角的价值在于你可以非常容易看清自身企业所处行业地位和产品业务发展阶段。问题是,消费者如何看待你的企业和产品呢?如何衡量你的价值呢?

请注意,我们的观点不是要否定传统战略工具,而是鼓励你建立一种方法:从事物的另一面观察现象、寻找解决方案。待办任务视角提供一种由外向内、从客户角度审视战略的新视角。特别是在变化迅速、高度不确定环境下,以待办任务为中心有助于组织保持恒定的战略视角:从如何帮助顾客完成任务出发,从而找到可靠、可控的企业增长战略。

一、Ulwick 的增长战略矩阵

增长战略矩阵由 Ulwick 基于待办任务开发[3]。其核心思想非常简单、易于接受:人们购买产品和服务是为了帮助他们完成一项任务。通过了解哪些解决方案能以更低的成本、更快的速度完成任务,企业能够实现更可预测的增长。

增长战略矩阵基于一个观察:在市场上取胜的产品能更好或者更经济地帮助完成一项待办任务。因此,矩阵的一边评估产品与市场上其他产品相比完成任务的程度;另一边考虑产品的成本相比市场上其他产品更贵还是更便宜。这就生成了四个象限,它们分别对应 JTBD 的目标客户类型(图 11-1)。

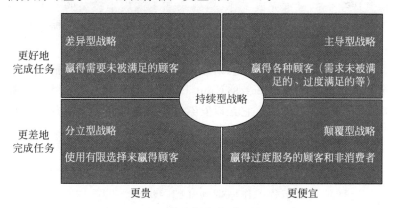

图 11-1　基于待办任务的增长战略矩阵

（1）差异型战略。以需求未能满足的客户为目标。提供的产品优于现有替代产品，但价格更高。一家企业发现一些重要性高但服务不足的需求，针对这些需求为相应的客户群提供新产品，当其能够以更高价格更好完成任务时，该企业就在实施差异型战略。成功例子包括 3G 和 4G 时代的 iPhone、山姆会员店、戴森吹风机、石头扫地机器人、博世洗碗机……

（2）主导型战略。当一家企业针对市场上所有消费者提供一种新产品时，该企业就采取了主导型战略。这种产品能以更低的成本更好地完成任务。性能更好、价格更低的产品当然会吸引所有客户。例如，微信与支付宝的零钱存储与支付服务等。

（3）分立型战略。为选择有限的客户提供服务。当一家企业针对受限制客户群推出一种产品时，就会采取这种分立型战略。这种产品只能在特定条件下帮助客户完成任务，并且企业与客户都需要付出更高的成本。这种策略适用于顾客在法律、身体、情感或其他方面受限制的情况。成功运用分立型策略的例子包括在机场安检后出售的饮料、高铁上出售的餐食以及偏远地区的自动取款机……

（4）颠覆型战略。其针对的是非消费者和服务过度满足的客群。当一家企业发现并针对服务过剩的客户群体提供新产品，确保其以更低的成本完成工作，但效果却不如成本较高的竞争解决方案时，该企业就采取了颠覆型战略。因为价格足够低，所以也吸引了一部分非消费者。成功例子包括 Skype、拼多多……

（5）持续型战略。它占据矩阵的中间位置，代表能稍微更好或稍微更经济地完成任务的产品。它很可能吸引不了新顾客。对新的市场进入者而言，这是一个不好的战略，但对于现有玩家而言，有助于留存顾客。

二、如何运用 JTBD 增长战略矩阵制定战略

以增长战略矩阵工作原理为基础，我们建议采用以下"焦糖布丁战略制定四步法"制定增长战略。

步骤一 利用待办任务识别市场机会

理解消费者"雇用"你的产品将完成什么任务。制定任务地图,运用第五章描述的方法判断是否存在被过度满足的需求或未被满足的需求。还记得如何识别未被满足的需求吗?没错,找到未被满足的期望成果!

或者,你运用第七章讲述的基于期望成果的细分方法识别一些客群。这些客群具有不同未满足的需求,你与团队可选择其中某些群体作为目标。

步骤二 决定你的战略

运用 Ulwick 的待办任务增长矩阵决定你需要采用哪个战略。请注意,一种战略仅聚焦于一个单独的产品或产品组合上。假如你所在企业提供多样的产品服务,请为它们分别找到恰当的战略。

步骤三 确定完成任务的解决方案

现在,你需要确定如何设计产品以及每种产品的功能如何能够更好地吸引目标人群。基于完成待办任务的方式,你将获得三种不同的增长路径。

(1)**完成更多的步骤**:回顾你的任务地图,仔细琢磨一下你的产品如何帮助用户更全面完成更多的步骤,从而让任务的完成更圆满。

(2)**更好地完成步骤**:将更好完成步骤的方法与其他解决方案进行比较,并开发出更好满足期望成果的方法。

(3)**更经济地完成某些步骤**:显著降低完成某些步骤的成本。

请注意,当设计一个产品时,你还需要考虑情感、社会因素以及完成任务的场景。在克里斯坦森看来,仅聚焦于功能性任务的完成几乎不可能产出一个有吸引力的产品,你也要考虑如何开发消费者真正渴望、引人注目的产品[4]。正如软件开发行业尊崇"测试、测试、测试",这句话同样适用于任何新产品开发——通过测试想法和概念,你将从功能、社会和情感层面完善产品与市场的匹配度。

步骤四 精心设计价值主张,并开展营销活动

使用待办任务的语言创建能与目标群体产生共鸣的传播和信

息：围绕每个客户群体任务及其未满足需求制定营销战略。同样，在这一步你依然需要借助情感和社会因素的力量：只关注要完成的任务功能步骤不足以形成有强大说服力的信息。

随着时间的推移，产品的定位可能会随着产品和市场需求的变化而变化。不仅如此，企业有可能会有意识地通过向下游或上游发展改变产品定位，因此增长战略也会变化。例如，特斯拉电动车一开始采用差异性战略，推出的车型 Model X 具备众多性能优点，但价格高于同档次传统燃油车。伴随着特斯拉在中国国产化不断推进，产能大幅提升，推出价格大幅下调的 Model 3 和 Model Y，由此，特斯拉转向主导性战略。我们想说的是，使用待办任务增长矩阵进行的任何分析都为动态，反映某个时间点上的情况。

以待办任务为基础制定增长战略，有助于预测市场的整体长期成功。虽然本节介绍的四步法看似简单，但实际运用时需要对待办任务和战略制定有深入的了解和掌握。

第二节　在颠覆式创新中活下来

克里斯坦森在美国的名望很大程度来源于他的"颠覆式创新理论"。随意询问一位商学院 MBA 学生：学习过程中，听到最多的理论是哪个？答案很有可能就是"颠覆式创新"。为什么这个理论如此受众人瞩目，也许是近些年人们看到太多成功的颠覆式案例：微信/支付宝、Airbnb……以至于但凡出现一家成功的企业，人们不禁会问：它颠覆了谁？

一、根源于待办任务的颠覆式创新

2003 年上市时，Skype 的功能非常有限、通话质量也很糟。但是，它免费：用户仅需注册即可实现全球无限量、无障碍通话。

当时的网络会议提供商，如 WebEx 和 GoToMeeting 以"我们是为商务客户而生"为荣，在很大程度上忽略了廉价甚至免费服务。它们认为 Skype 是给大学的孩子们聊天使用。电信提供商也对 Skype 不屑一顾：针对低端市场的免费服务，凭什么大玩家要在意？

2011 年，微软花费 85 亿美元收购 Skype。次年，其国际长途电话使用人数翻了 3 倍。几年后，微软发布 Skype 商务版，最终迫使原商业电话服务商将其国际长话费率几乎降为零。不仅如此，Skype 还为通信领域的安全、技术架构和功能等领域引入新的技术和竞争，如推动视频通话的兴起[5]。

Skype 的发展历程是"颠覆式创新"的一个典型例子。克里斯坦森在其《创新者的困惑》中创造了这样一个概念，但使用这个词有非常具体的含义。归根结底，"颠覆"是一种竞争反应：新进入者提供性能较低、成本较低的解决方案，以满足服务过剩的客户。努力维持现有业务的在位者无视新来者提供的更廉价、更低质量的产品。然而，随着时间的推移，这些新来者不断发展，最终直接影响到现有行业格局。

拼多多几乎就是 Skype 在电子商务领域的翻版。成立于 2015 年 9 月的拼多多是国内移动互联网的主流电子商务应用产品，它将社交网络与在线购物结合起来，用户可以与朋友和家人分享产品链接、创建购物群组并邀请其他人加入群组以享受折扣。加入群组的人越多，获得的折扣就越大。此外，拼多多利用游戏化让购物变得更有趣、更有吸引力。用户可以参与游戏和挑战来赚取优惠券和折扣。

拼多多的出现一开始让竞争对手和广大中产购物者嗤之以鼻。拼多多一开始售卖的产品以农产品为主，后来售卖的非农产品中假货也比较多，给人土气低质廉价的感觉。拼多多进入市场初期吸引的都是价格敏感度高的群体，比如学生群体和刚入职场的年轻人。学生的群体性很强，组团拼单等行为对于他们而言比较容易做到。刚开始工作的年轻人，几乎是零积蓄的状态，他们买商品最看重的就是性价比。虽然他们不会以拼多多作为主要的购物平台，但是也不介意在看到高性价比的物品时进行购买。

电商行业兴起多年，淘宝、天猫、京东等巨头早已稳固占据市场,拼多多却凭借其优秀的商业模式挤进了这一几乎饱和的市场。2018年7月,拼多多正式登陆美国纳斯达克上市。此后,拼多多不断通过"分享式宣传"和邀请国际大牌入驻,提高拼多多的产品质量和品牌调性,让拼多多的品牌形象从"廉价低质"转变为"低价划算"。经济下行期大量中产收入的减少,也助力拼多多扩大了用户群体。截至2023年第一季度,拼多多用户规模和活跃度持续增长,年活跃买家数达9.1亿、平均月活跃用户数达到7.9亿。2024年第一季度,拼多多的市值已然超越阿里巴巴,成为国内第一大电商平台。

待办任务是颠覆式创新理论的核心。在克里斯坦森看来,任何企业起步之初,都会专注于解决人们的问题。但随着企业的成熟,它们会将重点转移到维持业务上,从而停止进化。只有回归到任务思维,才是应对颠覆的良方。

"颠覆"一词提供一种警示:那些以牺牲开发新客户价值为代价、实现短期利润最大化的所谓好的管理者,如何最终导致企业消亡。待办任务将企业聚焦点从产品和服务转移到让客户成功完成任务上。如同永远的北斗星,待办任务不断提醒企业开发并重新开发客户真正认为有价值的产品。

二、如何运用待办任务防范颠覆

为了避免被颠覆,2012年,Maxwell Wessel和克里斯坦森提出一种简单明了识别破坏性威胁的方法:"确定人们需要完成哪些任务,以及如何才能更轻松、更方便或更经济地完成这些任务,这是颠覆者能够想象如何改进其产品,以吸引越来越多的客户的好办法。如果你能确定颠覆者在完成你目前所完成任务方方面面的有效性和无效性,那么你就能明确核心业务中最脆弱的部分,以及你可持续的优势。"[6]

相比以往克里斯坦森对具体执行方法的模棱两可,这一次他们终于清楚解释了如何以待办任务为分析核心,采用一个简单的"反颠覆三步骤诊断法",找出并确定新来者可能很容易复制的任务,并在为时已晚前形成对进入者强有力的干扰。

步骤一 决定颠覆者的强项

确定潜在颠覆者能完成的相关任务。可以从你的主要任务开始,考虑其他人可能如何完成这些任务。然后,列出潜在颠覆者在完成同样任务时的主要优势和劣势。

步骤二 识别你企业的相对优势

列出你的产品目前能完成但与颠覆者的低端竞争产品有重叠的任务。从顾客角度描述这些任务,包括这些任务所处场景的细节以及与完成这些任务最相关的条件。

步骤三 评估障碍

研究哪些条件会促进或阻碍颠覆者。确定你的产品所能完成任务的核心部分是更容易还是更难被颠覆。

我们用 Maxwell Wessel 论文中的例子来演示上述三个步骤,见表 11-1。

表 11-1 一个以待办任务分析颠覆者的例子

(我们现有产品)手持 GPS	(颠覆者的产品)手机 GPS
核心任务:导航到特定位置	
增加对周围环境的了解 | 降低迟到的可能性	尽量降低沿途的安全风险
紧急情况下,人们仍然看重坚固耐用、防水、电池寿命长的 GPS 设备的可靠性,因此,开发一款电池寿命更长的设备可能有助于确保这一利基市场。但是,颠覆者可能克服新技术障碍,从而改善它们的产品	
手机 GPS 优势: (1) GPS Apps 可被包含在手机价格中; (2) GPS 数据可和其他应用数据整合,例如餐厅评论和预定系统 手机 GPS 劣势: (1) 手机脆弱; (2) 手机必须足够小,从而能装进口袋; (3) 电池必须频繁充电,因为手机也可用于其他目的	

以上例子呈现了对待办任务和颠覆者优劣势的分析,这样的分析为如何在颠覆性市场中活下来提供洞察。

需要关注的是，如果改变任务、任务执行者或者被比较的竞争产品，那么我们就会有一个不同的颠覆性场景。而不同的颠覆性场景意味着可能有不同的决策。现有企业不应对颠覆作出过度反应，解散企业的核心业务或仍在盈利的业务。一个业务是否有继续存在的价值，需要围绕待办任务作出评估。

第三节　评估你的核心业务

令人惊奇的是，许多管理团队都未能挖掘甚至察觉到自身业务的全部潜力。他们或过早放弃核心业务，一味追求所谓的市场热点或虚幻创意。例如：博士伦（Bausch＋Lomb）在20世纪90年代急于摆脱隐形眼镜的束缚，进军牙科、护肤品甚至助听器领域。如今，虽然剥离了所有后发但亏损的业务，其仍然丧失其在隐形眼镜行业曾经的主导地位[7]。相反，另一些则过于坚守本业，例如：宝丽来，长期专注于照相设备，最终因技术的变革不得不于2001年宣告破产[8]。作为曾经的华尔街宠儿，两家企业都曾拥有睿智的管理团队和占行业主导地位的核心业务，然而却犯了同样的错误：没能前瞻性判断究竟核心业务处于其生命周期哪个阶段——专注、扩张还是撤退。

人们最不愿面对的是未知与不确定。同理，企业管理者也都非常渴望了解自身核心业务究竟发展到哪一步：是真的需要从根本上开展改变，还是潜力尚未充分挖掘，抑或是需要确定新的核心业务？Chris Zook通过研究表明：测量和判断一个核心业务是否已走到头并非不可能，但大多数企业直到糟糕透顶时才思考这个问题，因此，定期评估企业核心业务活力非常有必要[9]。他提出一套包含五大类问题的工具开展评估，其中一大类问题试图从与客户相关的内容审视核心业务：盈利能力和忠诚度如何？市场份额、客户保留率是多少？企业占据客户钱包多少份额？

Zook的这些问题大多是从财务和市场现状角度，而不是从顾客角度提出关于未来的问题。运用核心业务测评五步法审视一个核心业务所包含的产品,是否对客户仍有吸引力,是否能帮助客户完成主要任务,客户是否有更好选择等关键问题,能为判断核心业务市场地位提供更好的诊断信号。

经过长期思考与实践,我们以 Zook 的核心业务测评为基础,形成更有效果的"焦糖布丁核心业务测评五步法"。

步骤一　明确核心业务(包含其产品)指向何种任务

采用第三章介绍的任务访问,你可以了解核心业务正帮助顾客完成什么任务:在用户看来,产品从功能上帮助其达成什么目标?为什么他需要达成这个目标?当目标达成后,其生活将有哪些变化?……类似问题的价值恰恰在于正向和逆向挖掘顾客解决问题或达成目标背后的动机。此外,询问"为什么"会帮助你识别更高层级、更抽象的待办任务。请注意,这些问题最终可能让你看到的是一个情感型任务,不要诧异,这也是待办任务的一类。

步骤二　理解你的产品如何帮助达成目标

产品如何帮助用户达成目标?这相当于通过询问"怎样"帮助你识别更低层级、更具体的待办任务。可运用的问题包括:深挖顾客的纠结点——追求目标的过程中,你有什么挑战?探寻顾客的权衡点——过程中需要回避什么陷阱?……通过这些问题,你能知晓产品对顾客是否仍有吸引力。

步骤三　挖掘产品的优劣势

通过挖掘顾客如何比较你的产品和竞品,能够理解顾客如何看待它们之间的差异,以及对某个特定任务而言你的产品究竟是不是一个很好的解决方案,优势在哪,这个优势是否在可预见的未来不可动摇。请注意,这是判断核心业务是否已走到头的一个重要条件。

步骤四　分析购买模式中的异常情况

你还需要高度关注购买模式中的异常情况。例如,某一类人群或某个地区销售下降,顾客对某个新产品的讨论增多等,因为这些都意味着可能有竞品出现在消费者视野中,这些异常预示着顾客可能开始犹豫或者即将要转移到竞品。此时,你非常需要迅速运用转换技术访问流失者:为什么抛弃你而选择别家?

步骤五 量化核心业务的市场潜在规模

理解核心业务所服务的主要待办任务后,可以进一步量化待办任务及其期望成果的重要性和满意度,测算你面对的市场究竟有多大,以及那些重要且未满足需求的规模。这将有助于判断核心业务的增长潜力。

读到这里,你是不是发现究其根本测评五步法力图回答两个核心问题:客户为什么"雇用"你的(核心业务)产品?客户"雇用"你产品的理由未来仍存在吗?如果这两点都无法从用户那获得令人满意、放心的答案,你真的需要思考一下核心业务当前的战略规划是否仍清晰有力。当然,仅仅回答这些问题并不能完全判断核心业务是否要继续前进,Zook 在其论文中还有关于企业内部资源和产业定位的问题,在此不再赘述。

假设评估后,你决定要重新定义核心业务,那么,Zook 的另外一项研究则可以告诉你:重塑核心业务最可靠的途径不是去远方冒险,而是就近挖掘新价值。那些企业已掌握但处于核心业务外围的资产,将提供最丰富的新核心。例如,价值被低估的业务平台,尚未开发关于客户的洞察,未充分发挥的能力……请注意,Zook 重塑下一个核心业务的思路是围绕企业的能力开展进行,然而他仅仅给出几个例子,并未提供具体步骤和方法。对此我们经过思考和实践提出的策略,将在第四节讨论。

这里我们想突出的是 Zook 强调要重视"尚未开发关于客户的洞察"。许多企业积累了关于客户的海量数据,但它们到底理解客户到何种程度却永远是个谜。一份 2014 年贝恩企业的调查要求受访者回答其企业可获得哪些最重要的能力以引发新一轮增长,最终"对核心客户更深入的理解力"这一选项高居榜首,可见拥有客户海量数据并不意味拥有理解客户的能力。

面对海量数据与理解荒漠之间的矛盾,克里斯坦森等研究者指出不是数据越多越好,大多数数据只是结构化地表示相关性,但相关性并不意味着因果关系。企业真正需要关注客户的待办任务。他在 2005 年指出：未来企业的核心竞争力之一是发现客户待办任务的能力。当企业拥有了这种能力，那么就有了开拓下一个核心业务的能力。

第四节　基于任务拓展市场机会

当发展到一定阶段，企业面临着必须去拓展市场机会的挑战。如果停留在自己的舒适区，那么就会有竞争者有意或无意地挑战你当前的地位，它们可能来自你根本想象不到的地方。

一、蝴蝶效应与市场机会

1963 年，气象学家 Edward Norton Lorenz 提出的蝴蝶效应成为在自然和社会生活各个领域得到广为验证的一个现象。其大意为：一只南美洲亚马孙河流域热带雨林中的蝴蝶，偶尔扇动几下翅膀，可能在两周后引起美国得克萨斯的一场龙卷风。其原因在于：蝴蝶翅膀的运动，导致其身边的空气系统发生变化，引起微弱气流的产生，而微弱气流的产生又会引起四周空气或其他系统产生相应的变化，由此引起连锁反应，最终导致其他系统的极大变化。

消费者、待办任务、产品和企业也构成一个系统，这个系统内各个部分之间的依赖性和联动性更复杂、更难预测[10]。例如，智能手机的出现给众多行业带来蝴蝶效应，不仅影响那些将手机作为解决方案的系统，还影响包括游戏设备、导航设备、健身追踪器、计算器、手电筒、扫描仪、条形码扫描仪、摄像机、闹钟、电影院、书籍等在内的系统。

有许多蝴蝶效应可能是你做梦都无法想到。以印度市场为例，因为人均 GDP（国内生产总值）和可支配收入比较低，智能手机正对印度人众多生活系统产生巨大影响。许多印度人每日生活费只有几美元，不得不在购买物品时作出取舍。Lakshmi Kumari 每月通过在富人家里清洗厨具挣得 100 美元，她说："我已经不买护发素了。这是一笔额外开支。洗发水足够好,我可以不用护发素。但是没有手机,我什么都做不了。我不能听歌,不能上网,不能和朋友聊天。"对此,可口可乐公司印度和东南亚区总裁Venkatesh Kini 说:"与我们争夺消费者钱包的不仅是饮料和其他冲动型产品品类,还有智能手机的数据服务。"[11]

蝴蝶效应几乎无法预测。你或许可以预测下一步将发生什么(一阶效应)。例如,当汽车出现时,你也许可以预测几乎每个人都会使用汽车。但是,你还能预测到无数步之后将发生什么(N 阶效应)吗?如城市无序扩张、零售业变革和汽车收藏行业出现?

但是,作为创新者和市场战略制定者,我们必须超越当前的产品及其试图满足的待办任务,学习和理解消费者生活系统的复杂性。一旦理解这种内在复杂性,我们就能够创造和销售能满足当下需求的解决方案,也能预测未来的需求,从而拓展市场机会。

二、拓展市场机会

我们在本章的前三节讨论如何围绕一个待办任务,制定增长策略、防止被颠覆,或者评估核心业务。但是,我们必须从更广阔的视角审视这个待办任务所连带或关联的其他任务。换而言之,当人们寻求满足其需求的解决方案时,我们应关注他们在生活中努力取得的进展。当眼界超出当前任务本身时,更多的市场机会可能将展现在我们面前。

(1)关注被解锁的任务。假设你买了一辆汽车,解决了独立出行的问题。但是之后新的任务将出现并和继续提升生活质量息息相关。例如,新拥有的独立性确保你能在周末开始自驾游。那么为了这个周末的自驾游,你将制订何种计划?事实上,这些新任务与"获得独立性"这一任务的解决方案不一定有关。它们会被解锁,是因为"获得独立性"这一任务得到解决。日常生活中,新任务被解锁的例子比比皆是:买了烤箱解决烤肉的问题,之后新任务出现了:我还能用烤箱做什么菜?如何快速省力地清理烤盘上的油污?……

（2）将企业业务想象为递交一个产品组合，组合内多个产品共同推动提升顾客生活质量——完成更多的任务。产品是你的业务与顾客之间的接触点。作为我们这个时代最成功的产品之一，苹果手机并不是独自做到这一点。许多人并没有意识到苹果手机的价值是在苹果应用商店上线后才开始大幅提升。苹果手机和苹果应用商店是两个独立的产品，但当共同运作时，它们共同推动了顾客向前走[12]。此外，随着苹果硬件销售的放缓——每种产品的销售最终都难免放缓——苹果转向提供互补性产品，这些产品建立在 iPhone 所带来的进步之上。2024 年 2 月 2 日，苹果发布本年第一财季（2023 年四季度）财报，该季度苹果实现营收 1 196 亿美元，同比增长 2%。服务部门营收达到 231 亿美元（这个数字相当于 2015 年苹果 iPhone 之外的全年总收入），比上年同期增长 11%。苹果的付费订阅用户超过 10 亿，其中包括通过 App Store 订阅应用程序[13]。

（3）思考抽象度更高的任务。还是以打孔为例，如果我们询问"为什么"，你会得到的一个答案是"在墙上挂画"。如果将"在墙上挂画"当作一个要帮助消费者解决的任务，那么你的业务范围就不会仅仅局限于"帮助消费者在墙上打孔"这一任务。同样，你在帮助消费者完成"洗碗"任务时，抽象度更高的任务是"清洁厨房"。如果你的眼界超越洗碗，那么你的业务就会扩展到"清洁厨房"领域。

以上三种思路都是关注人们寻求满足其需求的解决方案时，他们在生活中努力取得的进步。经过长期的思考和实践，我们总结出"焦糖布丁市场机会拓展三步法"，用于扩大战略视野、拓展市场机会。

步骤一　查看人们想取得的进展

考虑自己面对的主要任务，并从该角度挖掘与之相关的愿望。通过访问任务执行者，了解他们希望取得的进展。这通常涉及完成多项相关任务。将这些相关任务都考虑在内，然后询问"为什么"扩大你的视野，提升你想解决的目标层次。同时，挖掘你的产品和其他产品共同使用的场景,透过这些场景,发现人们要解决的问题。如图11-2所示,我们有三种不同路径挖掘新任务。

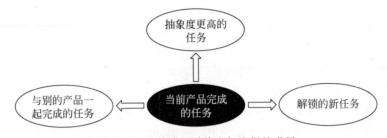

图11-2　三种路径看待人们取得的进展

步骤二　问问"我们到底做什么生意?"

"我们不是在电影产业而是在娱乐产业;我们不是在铁路产业而是在交通产业"。同样,向团队抛出一个简单问题,"我们到底做什么生意?",然后开展讨论并结合从步骤一中收获的不同答案,努力针对"到底做什么生意?"构建一个简单答案,它能反映人们在其生活中想取得的进展。如果最终你有多个答案也不要诧异。

步骤三　拓展你的产品或业务

现在,请考虑一下你目前提供的产品。它们如何满足客户更高层次的任务?还缺少什么?为了拓展业务,是否需要去解决新解锁的任务?是否需要考虑别的产品,从而和你当前的产品共同完成其他任务?从产品设计到营销信息,再到整体组合战略,拓展并设计产品的各个方面,以满足更高层次的任务或其他新的任务。

我们以 Airbnb 为例。其从原来一家将住宿预订解决方案视为产品的企业扩展为将客户旅行视为产品的企业。福布斯的一次采访中,Airbnb 设计者 Rebecca Sinclair 提到她们如何使用设计思维和旅程地图改变她们的观念:"我们意识到'产品就是旅行',并开始转变观念。这个时候我们看到了全新的可能性,即我们如何思考要解决什么问题,要建造什么产品……当我们意识到产品就是旅行时,我们开始将 Airbnb 视为一家生活方式企业,并将其扩展到旅行的更多方面。"[14]

由此，Airbnb 推出包括 Airbnb Experience 在内的新产品。现在，旅行者可以预订由当地人引导的城市之旅、烹饪课程、博物馆参观等。通过将产品从预订住宿升级成旅行预订和管理，他们避免了战略短视，大大拓展了业务的纵深和宽度。现在，Airbnb 的产品可完成多个与旅行相关的任务。这个例子直接反映待办任务让我们用全新的眼光看待企业和业务并挖掘其潜能。

第五节　基于任务的市场战略与蓝海战略

关于战略的书籍里，大家耳熟能详的估计是《蓝海战略》。蓝海战略认为，聚焦于红海等于接受传统竞争方式，即在有限的市场上求胜。例如，比照现有产业最佳实践去赶超对手、瞄准现有市场的"高端"或"低端"客户和一味细分市场满足顾客偏好等。随着越来越多的企业瓜分和拼抢有限的市场份额与利润，无论采取"差异化"还是"成本领先"战略，企业取得获利性增长的空间都越来越小。

《蓝海战略》为企业指明一条通往未来增长的新路。蓝海战略要求企业将视线从市场的供给一方移向需求一方，从关注并比超竞争对手的所作所为转向为客户提供价值的飞跃。通过跨越现有竞争边界看市场以及将不同市场的买方价值元素筛选与重新排序，企业就有可能重建市场和产业边界，开启巨大的市场需求，从而摆脱"红海"——已知市场空间的血腥竞争，开创"蓝海"——新的市场空间。通过增加和创造现有产业未提供的某些价值元素，并提出和减少产业现有的某些价值元素，企业就有可能同时追求"差异化"和"成本领先"，即以较低的成本为客户提供价值上的突破。从这个意义上说，蓝海战略代表着管理领域的范式性转变，即从给定结构下的定位选择向改变市场结构本身的转变。由于"蓝海"的开创基于价值的创新而非技术上的突破，基于对现有市场现实的重新排序和构建而非对未来市场的猜想与臆测，所以，企业能够以系统性、可复制的方式去寻求它。"蓝海"既可以出现在产品疆域之外，也可以萌生在产业现有"红海"之中。

以上读起来是不是很熟悉？如果挖掘出对客户重要但却还未满足的期望成果，并针对性开发价格合理的新产品，是不是就能为客户提供价值上的突破？如果能让客户以更好、更经济的方式完成任务，是不是就能避免现有市场上的竞争？在我们所读过的战略专著中，《蓝海战略》最接近待办任务思想，只不过《蓝海战略》是站在产业和企业发展的角度论述战略行动（strategic move），其包含开拓市场的主要业务项目所涉及的一整套管理动作和决定。而待办任务则从顾客个体完成日常任务的角度发现市场机会，从而帮助企业确定相应的增长战略方向。

塑造新的价值曲线、构思蓝海战略布局需要回答四个问题。

一、哪些被产业认定是理所当然的元素需要剔除

这个问题迫使你剔除所在产业中企业长期竞争攀比的元素，虽然它们不再具有价值甚至还降低价值，但这些元素被习以为常地包含在产品中。从待办任务的角度来看，需要剔除的元素对应的是那些不重要的期望成果。

二、哪些元素的含量应该被减少到产业标准以下

这个问题促使你审视现有产品是不是在功能上设计过头，只为竞争和打败对手。这种情况下，企业给顾客的超过其所需，除了增加企业成本并无更好效果。从待办任务角度来看，需要剔除的元素对应的是那些过度满足的期望成果。

三、哪些元素的含量应被增加到产业标准以上

这个问题促使挖掘和消除产业中消费者不得不作出的妥协。从待办任务角度来看，需要增加的元素对应那些没有被充分满足的期望成果。

四、哪些产业从未有过的元素需要创造

这个问题帮助发现顾客价值的全新源泉,以创造新的需求改变产业的战略定价标准,即发现我们闻所未闻的期望成果。

以《蓝海战略》一书中的卡塞拉酒业为例。该企业发现美国大众抵触葡萄酒,是因为它口味复杂、令人难以品尝出妙处。相比之下,啤酒和鸡尾酒口味更甜、更易饮用。通过上述四个问题重新审视现有葡萄酒产业逻辑,并着眼于他择性(alternative)产业和非顾客群,卡塞拉创造出黄尾葡萄酒。其战略轮廓与竞争对手截然不同,一片"蓝海"也因之得以开创。蓝海战略四步骤见表11-2。

表 11-2　蓝海战略四步骤

剔除	增加
酿酒工艺术语和荣誉奖项	高于经济型葡萄酒的价格
陈酿质量	零售商店的参与程度
高投入的市场营销	
减少	**创造**
酒品的复杂口感	易饮
酒的种类	易选
葡萄园的名声	有趣和冒险

表 11-2 的内容完全可以从待办任务角度解读。原有纷繁多样的葡萄酒产品拥有相同的外观,仅在标签上故弄玄虚地印着不同的制酒工艺术语,只有葡萄酒专家或资深爱好者才看得懂、分辨得清。相反,普通消费者很难从这些备受专家重视的工艺术语元素中获得任何帮助,因此无法快速、正确作出产品选择,完成其待办任务,如"庆祝毕业""聚会"或"周末家庭吃晚餐"等。

黄尾以选择的简便性改变上述一切。首先,剔除葡萄酒行业一贯注重的元素,如丹宁工艺和橡木发酵、复杂口感、陈酿质量等;其次,减少葡萄酒种类,只推出一红一白两个品种;再次,摒弃所有技术术语,只在瓶子外贴上醒目、简单、非传统型的标签,黑色背景上用明亮的橙色和黄色绘制一只袋鼠。其外盒包装也同样色彩

亮丽，为黄尾起到展示作用。最后，让零售商店的推销员都穿上澳大利亚的特色服装，包括丛林帽、油布外衣，让其化身黄尾大使。推销员因为手中要推荐的酒不那么玄而又玄，于是自然而然发自内心用消费者非常易于理解的简单话语向顾客推荐黄尾。黄尾酒品的设计让消费者完成任务变得更容易，增强了产品的吸引力和推力。

全世界的葡萄酒业都乐于将葡萄酒塑造成一种具有悠久历史和传统的细腻饮品。这也反映在美国目标市场上：由受过高等教育、高收入的专业人士所组成的市场。因此，企业都将精力集中于确保葡萄园的品质、推广酿酒城堡或庄园的历史传统以及酒品所获得的奖牌上。企业投入大量的广告资源加强品牌形象。而黄尾意识到葡萄酒的精英形象与普通大众格格不入，于是打破传统创造一种全新的个性——凝聚着澳大利亚的文化特性，即勇敢、休闲、有趣和冒险。黄尾为消费者完成了另外类型的情感任务。最终，黄尾跨越传统酒类市场，吸引了更为广泛的消费者群体，通过提供价值的飞跃，将价格定位于经济型葡萄酒之上。

《蓝海战略》一书虽然列出六条开创"蓝海"的路径，并且呼吁要分析顾客在使用前、使用中和使用后都有哪些需求，但却没有给出分析路径和分析单位。如果只关注成本高的元素或只想创造全新的元素，那么产品的价值判断无从谈起。另外，从分析的角度来看，这些路径缺乏系统性和稳定的框架。书中 EFS 的例子也展示了实施蓝海战略分析的艰难。

相反，待办任务恰恰为蓝海战略的实施提供起始点。发现客户的待办任务，挖掘待办任务的期望成果，能帮助我们有效构思回答蓝海战略的四个核心问题。正因如此，我们建议读者将待办任务和蓝海战略结合起来思考与运用。

章后回顾

我们和一家大型企业一直保持密切合作。一次当探讨如何保持企业增长时，我们讨论了围绕客户需求发现市场机会在哪里。然而，这家企业的一位销售总监却拥有不同的视角："我们必须想办法延长客户的生命价值周期……如果毛巾干了，就使劲挤。"考虑到他的销售目标，其立场可以理解，但他的做法既不恰当，更无法长久。

顾客是企业最宝贵的资产，并不能任由企业予给予求。待办任务、顾客、产品和企业构成一个互相依赖的系统。在这个系统里，顾客认知到一个待办任务，寻求解决方案；企业提供产品帮助顾客完成任务。如果任务圆满完成，顾客生活提升，新的任务将随之而来。如果任务没有圆满完成，那么顾客就在原来任务中徘徊。我们要么帮助顾客更好地完成任务，要么帮助顾客不断解决新的任务。企业的增长与发展机会即建立在发现任务和帮助顾客解决任务的前提之下。

如前所述，增长本身并不具备战略性，因为归根结底每家企业都有增长和扩张的必要。一家企业如何选择发展，决定了它的战略——一套独特、环环相扣的决策，决定做什么和放弃什么。待办任务的思维方式和方法在战略制定里显示出独特力量。

那些熟悉目标导向的研究和设计方法（如任务分析、目标导向设计、情境探究等）的企业人可能很难理解他们所熟悉的方法与待办任务之间的区别。其中一个很大的不同在于商业战略中的应用——从定义市场到制定战略，再到创造未来的客户价值。

待办任务是战略的驱动力。Ulwick 开发的增长战略矩阵提供企业可遵循的战略类型。与其他战略矩阵工具类似，有几种战略可供选择，取决于你的市场分析和战略当务之急。

待办任务也是解决颠覆威胁的一剂良药。Maxwell Wessel 和克里斯坦森展示如何使用任务思维分析市场威胁。在任务的基础上，比较现有产品和竞品的优劣势能提供宝贵的战略洞察。

任务思维和方法也可用于评估企业的核心业务是否值得继续维持，判断标准就是我们的产品是否在解决主要任务上还有可持续的优势。

拓展市场机会、扩大业务，考虑如何解决更抽象的任务或被解锁的新任务，或与别的产品合作解决的任务。问一下自己和团队："我们做何种生意？"然后寻找可行的增长路径。

基于待办任务的战略制定与蓝海战略的构思有异曲同工之妙，但蓝海战略没有给到识别四类元素（剔除、减少、增加、创造）的系统方法。由此，我们建议将发现待办任务和挖掘期望成果的具体方法与蓝海战略的四个核心问题结合起来。

章后思考

1. 运用 Ulwick 的增长战略矩阵这一工具，明确你的产品增长战略属于五种战略中的哪一种。

2. 都说颠覆式创新常常采取闪电战令人防不胜防，如拼多多的逆袭。为了防患于未然，请尝试运用"反颠覆三步骤诊断法"，看看你的产品是否安全可靠还是已有潜在对手伺机而动。

3. 新的市场机会在哪里？请运用"焦糖布丁市场机会拓展三步法"，找找在现有市场条件下，是否有进一步联动的市场机会。

参考文献

[1] FREEDMAN L. Strategy：a history[M]. New York：Oxford University Press，2013.

[2] REEVES M，HAANAES K，SINHA J. Your strategy needs a strategy[M]. Boston：Harvard Business Review Press，2015.

[3] ULWICK A，HAMILTON P. The Jobs-to-be-Done growth strategy matrix[R/OL]. https://strategyn.com/wp-content/uploads/2019/11/The-Jobs-to-be-Done-Growth-Strategy-Matrix-Strategyn-1.pdf.

[4] CHRISTENSEN C，HALL T，DILLON K，et al. Competing against luck：the story of innovation and customer choice[M]. New York：HarperCollins Publishers，2016.

[5] The rise and fall of Skype：a journey through its history[EB/OL]. (2023-04-04). https://www.taskade.com/blog/skype-history/.

［6］ WESSEL M,CHRISTENSEN C. Surviving disruption[J/OL]. Harvard business review,2012：58-64. https：//hbr. org/2012/12/surviving-disruption.

［7］ DANEMAN M. Bausch ＋ Lomb prepares for future growth, new ownership[EB/OL].（2013-01-31）. https：//www. usatoday. com/story/money/business/2013/01/31/bausch-lomb-future/1880607/.

［8］ GAUDET C. The collapse of Polaroid-4 reasons why Polaroid failed and what we can learn[EB/OL]. https：//predictableprofits. com/the-collapse-of-polaroid-4-reasons-why-polaroid-failed-and-what-we-can-learn/.

［9］ ZOOK C. Finding your next core business[Z]. Harvard business review,2007.

［10］ KLEMENT A. When coffee and kale compete：become great at making products people will buy[M]. Charleston：CreateSpace Independent Publishing Platform,2018.

［11］ RANA P. Indians Spurn snack,shampoo to load their smartphones[EB/OL].（2016-08-05）. https：//www. wsj. com/articles/indians-spurn-snacks-shampoo-to-load-their-smartphones-1471163223.

［12］ LARICCHIA F. Apple iPhone unit sales worldwide 2007-2018, by quarter[EB/OL].（2022-07-27）. https：//www. statista. com/statistics/263401/global-apple-iphone-sales-since-3rd-quarter-2007/.

［13］ 王晶,苹果发布2024年第一财季业绩：实现营收1196亿美元 中国市场下滑13％[EB/OL].（2024-02-02）. https：//new. qq. com/rain/a/20240202A04WF700.

［14］ Rosy,Nita,作为行业巨头,携程是如何通过品牌建设实现持续流量增长的？[EB/OL].（2018-10-17）. https：//socialbeta. com/article/103401.

本图片由 DALL·E2 协助制作

第十二章

让待办任务行动起来

行动是一切成功的关键。

——毕加索

早在 1960 年，Thoedore Levitt 就论述了以客户为中心的商业重要性。在其颇具影响力的文章中，Levitt 写道："一个行业始于客户及其需求，而不是专利、原材料或销售技巧。有了客户需求，产业才会逆向发展，首先需要关注的是如何以实际行动让客户满意。然后再进一步，创造出能够部分实现这些满意的产品。"[1]

Levitt 并非只是口头上说要为市场服务。他建议企业围绕满足人们的需求建立业务。以客户为中心并不是一张企业的活动清单，而是公司的核心。

然而，尽管看似简单明了，组织在真正采用这种思维方式时却举步维艰。它们常常停留在过去的管理方式和衡量标准上，无法摆脱传统看待竞争与创新的视角，也无法从外向内审视市场。

部分问题出在"消费者"一词本身，对许多人而言，"消费者"仅限于"消费"。而待办任务关注的是个体以及他们独立于解决方案、公司或品牌之外的目标。Levitt 所说的不仅仅是产品的满意度，而是对人们目标的达成。以客户为中心比单纯地去理解消费更深入，必须包括对人类目标和动机的理解。

除了对消费者的浅层次误解，有时，在组织中推广待办任务将受到抵制或忽略。我为什么要用待办任务？你是说我过去对消费者、对市场的理解都不对？我们企业一直都表现不错，待办任务确定能比现在做得更好吗？……

这些抵制理由虽然增加了前进的难度，但都不应成为我们举步不前的原因。Karin Fenty 发现客户驱动的金融服务公司收入增长比预期高出 30%，股价也比预期高出近 1 倍[2]。Deloitte 的研究发现，相比不以客户为中心的公司，以客户为中心的公司利润要高出 60%[3]。

本章我们先简要回顾本书的出发点，然后将从纵向维度讨论在特定情景中面对某个特定目标，如何综合运用 JBTD 的工具和方法，如何减小阻力将待办任务理念植入组织中，最终胜利实现你的目标。

第一节　对本书的回顾

前面十一章里，我们曾从各个横截面介绍什么是待办任务、如何挖掘和定义任务、如何运用任务或期望成果抓住市场机会、如何基于任务掌控产品创新流程，以及如何从任务出发优化运营和制定市场策略。这些方法既可以单独练习，也可以相互结合学习。它们共同关注人们在独立于既定解决方案之外达成目标时的潜在意图。每种方法都以自己的方式将任务理论转化为有效且可复制的创新和营销实践。

纯粹的待办任务信仰者可能会批评我们这本书，因为这本书一点都不纯粹。的确如此。我们有意将现有方法包括待办任务的方法拆分开来，并以新的方式重新组合。在我们看来，JTBD 是一种视角、一种观察方式，而不是一种单一的技术或方法。

我们还认为，仅仅阅读理论书籍无法完全理解 JTBD 的潜在作用。本书中，我们有意淡化理论，转而解释和介绍实际应用。毕竟在实践中学习比单纯的理论阐述更重要。

我们并不是说理论不重要。相反,我们鼓励你继续阅读有关待办任务更多的书籍和论文,并填补本书留下的空白。但最终,只有在行动中看到和体会到待办任务的价值时,你的团队或组织才会信服并持之以恒。

我们也知道有些批评家指出 JTBD 与现有其他方法的重叠之处。作为一名前产品经理,我非常了解目标导向设计和任务分析等方法。我们在消费者研究和其他客户体验研究技术方面也有多年的直接经验,完全了解待办任务与其他方法的相似之处以及各自的优缺点。

例如,Hugh Beyer 和 Karen Holtzblatt 提出的"情境探究"(contextual inquiry)对我们如何理解用户以及他们寻求的解决方案产生非常重要的影响。在我们看来,它与待办任务有最直接的重叠。作者谈到支持用户的"工作",甚至指出基于人口统计信息细分的缺陷。你完全可以在他们的《情境探究》一书中将"工作"替换为"任务",那么,区别在哪?

首先,待办任务不是一种设计方法。例如,GGD(goal-directed design)专门针对软件界面设计。待办任务的范围要宽泛得多,正如我们希望在本书中所展示的那样。待办任务是一种看待市场的方法,可以加速跨学科创新。

待办任务思维方式可追溯到 20 世纪的创新者、设计师和企业家。从历史上看,待办任务与其他相关领域同时出现,没有证据表明其中一个领域影响了另一个领域。

需要记住的重要一点是,待办任务发源于商科,而非设计、客户体验或产品管理。这赋予待办任务不同的重要性和分量,并使其有可能在整个组织中更加普及。

根据我们的经验,传统的设计和用户体验实践在很大程度上无法告诉企业如何才能做到以客户为中心。"以人为本"的设计实践者可能不得不承认,他们的组织并没有足够重视他们的意见。他们渴望在组织中获得一定的话语权。好在情况正逐步发生变化,例如,IBM 公司多年来在企业设计思维(enterprise design thinking)方面的努力就证明了这一点。但总体而言,仅靠设计还不足以改变整个组织的结构、实践和思维方式。

其次,待办任务提供跨部门和跨角色的具体分析单位。待办任务将所有分析统一为:从主要功能任务开始,然后再叠加考虑情感和愿望,由此避免不同部门处于不同角色而采取不同的分析策略。

坦白说,待办任务所固有的"以人为本"的理念并不新鲜,但传统"以人为本"的理念并没有告诉我们要关注人的哪一方面,因而并不能改变什么。相比较,待办任务让对人的关注更加具象化。JTBD 有可能成为一种贯穿组织的 DNA,就像我们已经在很多公司中看到的那样,它为组织的每项活动提供了一种共同的语言和思维方式,为我们提供了改变组织方向和集体心态的新机遇。

待办任务是在企业中拓宽"以客户为中心"内涵的一种方法。虽然不是灵丹妙药,但它提供一种通用语言和对市场的理解,为从战略到设计、开发到营销、销售到客户支持的所有工作提供依据。作为一种连贯一致的驱动力,待办任务有助于在价值创造周期的各个环节推动有效的决策制定。我们相信,它有可能比其他方法更好地改变思维定式、重构企业与消费者之间的对话。

第二节 待办任务两大阵营的主要方法

如第一章所述,待办任务有两大阵营,各自有其主要方法。阵营外的其他方法可理解为是在这两类中加入若干变量演变而出。这一节我们先回顾一下两个流派的主要方法。

一、阵营一:成果驱动的创新

Ulwick 的 ODI 可以说是当今最全面、最完善的方法。他的方法代表在企业战略中应用待办任务一个从端到端的完整流程。本书介绍由 ODI 所启发的方法和技术来源于我们根据自身多年实践对该方法的思考与诠释。你可直接从每章后面的参考文献中了解更多有关 ODI 的信息。

高度概括一下，ODI 有四个阶段。

（1）识别任务。主要任务是一个宽泛的功能目标，包含一系列的期望成果；主要任务还有情感性和社会性维度；任务通过对任务执行者进行深入的第一手研究发现；选择适当的抽象度水平对输出任务至关重要。

（2）制作任务地图。任务代表一个过程而非某个时间点上的静止状态；任务地图将任务过程以可视化图表的形式展现，让人一目了然；任务地图是整个过程中组织和输出洞察的关键模型。

（3）定义期望成果。需求与主要任务相关联；每项主要任务可能有 50~150 个期望成果表述；期望成果通过研究发现，表述则需要提炼总结。

（4）量化市场机会。使用问卷调查筛选期望成果，发现市场机会所在，或者识别具有相同优先排序期望成果的群体确定目标市场。

一旦完成，这些洞察可用于制定企业战略、构建产品路线图甚至开展营销活动等一切工作。请记住，ODI 不是一种产品设计方法，而是一面可对任何业务进行市场层面审视的滤镜。

作为一种从 20 世纪 90 年代出现延续至今的研究方法，ODI 资料翔实，便于查阅。虽然其名称已注册成商标，其流程也已申请专利，但人们仍可在项目中自由运用 ODI 方法，而无须事先获得许可。

然而，正如任何管理方法所遇到的情景，ODI 也被很多人批评：执行过程太严苛，量化部分存在众多实践疑问，执行成本较高，对受访者要求过于苛刻……这些批评都有其一定的合理依据，但是如果仅仅止步于批评而不去探索如何优化 ODI，我们既无法进步，更无法收获改变的果实。

比如，ODI 并不需要执行全部过程，执行访问和制作一张任务地图在很多情况下足矣；比如，我们改进了量化细分方法能确保产出稳定有效的结果；比如，我们对受访者条件和人数进行多维测试,已找到成本可控、便于操作的解决方案……进步来自深入思考和果断行动,顾虑重重或优柔寡断只能带来原地徘徊。在 ODI 的基础上改进和提高,并基于此更好地解决问题才是我们的目的。

二、阵营二：转换访问和四力模型

转化技术也为应用待办任务提供了一系列指导性步骤。转换访谈后,四力分析法则为了解客户动机提供了一个思考框架。由此获取的洞察可用于改现有产品、创造新的产品。

虽然转换技术并不代表一种完整的创新方法,但它与其他技术,如设计思维、精益方法等现有创新方法非常契合。运用转换技术的一系列步骤如下。

（1）**开展访问**。转换技术的根基在于其直截了当的采访技巧。在这种以待办任务为目的方法中,所有调查都从访谈开始,了解转换行为方式的潜在动机,进而指向需要完成的任务。

（2）**寻找规律**。在转换访谈和四力分析中寻找共同主题,总结发现的主要模式。这样做的目的是找出关键的任务动机,从而有助于预测人们为什么会"雇用"某个解决方案。

（3）**识别机会**。将所确定的驱动因素带入有不同参与者参加的研讨会。首先,介绍发现的主要驱动因素,并让每位与会者提出挑战性问题。指导他们在每个问题开头使用"我们如何……"这样的短语,确保所有问题都有一个统一格式。然后在你的整个团队中对问题进行分组和优先排序,找出最重要的挑战。

（4）**构思解决方案**。引导小组开展有条理的头脑风暴活动。将筛选出的"我们如何……"问题分配给各个小组。然后,每个小组针对各自挑战制订解决方案。最后,将最终解决方案反馈给所有小组,以供讨论和反复推敲。

（5）**使用实验验证**。从构思中产生的想法和概念还不能立即付诸实施,需要通过实验完善解决方案。你需要想方设法快速制作原型、测试和迭代所构思的解决方案。

归根结底,完整的方法固然好,但很少有人有能力完全照搬。

总有一些地方需要变化：时间、预算、涉及的人物和期望的结果都会带来变化。正如我们在本书所述的那样，我们希望通过将待办任务方法分解成模块，给你提供灵感和信心，将各种技巧组合成不同的配方，以满足你的特定目的。

第三节 特定场景下待办任务的运用逻辑

本书旨在提供使用待办任务简洁实用的入门指南。你无须实践书中所有方法才能从任务思维中获得价值，书中介绍的各种待办任务应用工具都可独立或合并使用，从而以足够的灵活性确保你能身处企业管理中的某个横切面环节解决问题。你可以根据自己的实际情况决定采用哪种使用顺序，也可以根据企业经营的逻辑顺序将各种技巧相结合。

请注意，待办任务与众多传统管理方法和工具都相容。例如，任务地图和其中的需求表述，为传统设计思维提供丰富输入；待办任务可以帮助你高度结构化消费者的期望成果，这些期望成果独立于任何一种现有的解决方案，提供寻找跨品类解决方案的共情基础；待办任务研究也可作为精益实验的输入，以人们最重要的任务为基础优先确定需要测试的产品性能和特征。此外，从待办任务提炼的任务故事有助于开发过程聚焦于消费者需求。

换而言之，从待办任务思维来看，你的工作目标是从客户角度理解市场，定义一个问题空间，并且在这个空间里，通过运用各种待办任务工具解决问题。问题空间的不同，决定了你运用各种待办任务工具逻辑的不同。我们在本节列举一些常见场景，以及为这些场景设置的研究逻辑和活动序列，以作为你的实践参考。

场景一　开发一个新产品

如果你是一位创业者或企业家，首要任务是理解市场需求，从而提高成功概率。虽然可以依靠自己不断摸索、不断尝试直到找到一个可行的产品解决方案，但待办任务能够帮助你识别最有潜力、最有影响力的起始点，并大大降低失败概率。

待办任务独立于技术和产品,因此,基于待办任务的调查研究可在产品设计前开展。例如,创业公司可在类似产品尚未出现时,系统研究潜在顾客的意向和动机。在这个阶段,基于待办任务的研究可帮助你更好提升产品与市场的适配度,或者产品满足市场需求的程度。不仅如此,待办任务有助于资源投入始终保持在能带来最大价值的需求维度上。通过先聚焦于功能性的待办任务,然后逐步导入情感性和社交性要素,确保你的产品与市场高适配度,同时大量减少不合适的解决方案造成的资源浪费。

请注意,开发新产品场景下的待办任务执行步骤应为以下几个。

(1)**开展待办任务访问**。虽然你还没有相应的顾客群,但可通过了解那些完成任务的人如何完成任务以获得宝贵信息。因此,你需要找到任务执行者,对他们进行访问。

(2)**制作任务地图**。即便市场上没有对应的产品,一项任务的执行仍然可以被步骤化呈现。一个步骤化的待办任务就是一个讨论的起点,从中可以寻找你的假设、分析你的洞察。

(3)**寻找未被满足的需求**。你需要运用第六章提到的识别未满足需求的方法,从客户角度努力识别最好的机会。

(4)**创造一个价值主张**。基于任务地图和未满足的需求,你将形成一个价值主张,并进行测试和精进。

(5)**验证前提**。完成一个设计模板,形成可验证的概念,并识别被隐藏的前提。接下来,你需要设计实验验证这些前提。

完成以上步骤后,你将发现自己已拥有足够多有意义的洞察和信心继续推进新品上市。

场景二　优化一个现有产品

我们相信,本书的大多数读者正围绕一个现有产品开展工作,因此,更多是希望提升或优化现有产品。那么,产品经理、设计人员甚至开发人员可使用待办任务滤镜,为现有产品找到并优化一个可以提升的领域。

这个场景里,我们的目标是找到最具市场影响力的改进措施,因此，实施待办任务执行的步骤为以下几个。

（1）**开展待办任务访问**。访问任务执行者，找出他们试图要完成的任务。因为已有一个解决方案，你可以从现有顾客群中招募受访者，但是请注意，避免在访问中讨论你的产品，你需要聚焦于受访者的任务和他们如何完成任务。

（2）**与竞品做比较**。从访问中提炼需求，以需求为基础比较不同的竞品如何帮助完成任务。与你的团队讨论竞争范围、分析产品优势。接下来，你需要将收获的洞察输入创新过程，从而获得能更好完成任务的新概念。

（3）**绘制一张消费旅程图**。画出消费者与产品或公司接触的旅程，你需要审视旅程中所完成的功能性、情感性或社交性的任务。

（4）**撰写任务故事**。撰写任务故事，将你的待办任务研究与产品开发和营销活动有机关联起来。

（5）**制订执行计划**。运用待办任务框架指导你的执行，围绕任务的核心主题制订你的执行计划。

请注意，除了任务访问，你也可以采用转换访问识别需要解决的问题。事实上，当访问顾客时，你可能会觉得使用转换访问更容易展开。但是，请不要过多聚焦于购买决策过程，尤其在B2B的场景中，仅访问购买者可能会导致遗漏最终使用者的反馈。

以上活动的输出可直接用于标准设计和开发，从而引领你的团队创想出比现有产品更好的解决方案，或是运用消费地图识别不足之处，开发出能克服矛盾和痛点的方法，又或是将任务故事输入设计阶段，从而确保新的设计聚焦于真正的消费者需求上。

场景三　提升对现有产品的需求

如果你是一位营销者，那么通常你的目标不是改善产品或服务，而是如何让更多人关注、了解、购买你的产品。面对围绕一个现有产品优化认知、推广和沟通的场景，待办任务的执行步骤为以下几个。

（1）**开展转换访问**。对现有产品而言，转换访问是理解需求非常好的起点。采用时间轴技术捕捉客户为什么会产生从你的产品转移到另一个产品这一"可怕"的想法。

（2）进行四力分析。从顾客深访素材分析转换必不可少的"推""拉"等因素。顾客对现有产品有什么问题？新产品哪些方面深深吸引着他们？为了习惯和使用新产品，顾客可能会产生哪些焦虑？更好的洞察需要你将视线放得远一点，努力去识别人们在生活中想收获的进展。

（3）创建任务故事。将以上分析中获取的敏锐洞察融入任务故事，利用这些引发和扩大需求，同时降低需求减弱的因素。努力引导顾客想象你的解决方案将如何提升他们的生活。例如，通过使用证词、使用者故事或案例，向顾客充分展示你非常理解他们的挣扎点，同时你的解决方案优势恰恰在于治愈他们的挣扎，从而吸引顾客愿意试用你的产品。

（4）构建一张路径蓝图。提升需求的措施可能对营销努力和产品开发都产生影响。那么，你需要构建一张路径蓝图，不仅有助于团队明晰实施步骤，更有助于团队紧密围绕顾客需求开展工作。

实践以上步骤的价值在于你是在利用消费者想完成的任务提升需求，由此，高度提升你的信息和消费者产生共鸣的机会。同时，将沟通与推广聚焦于未满足的需求也有助于帮助你的产品在众多竞品中脱颖而出。

场景四　让客户成功

过去十年间，文化趋势、客户期望和商业现实共同迫使越来越多的企业将"客户成功"（CS）放在首位。企业认识到，要使客户的终身价值持续增长，首先要使他们在使用产品时感到成功。如今，"客户成功"已成为企业文化不可分割的一部分。然而，仅靠公司售后支持团队或者客户管理团队来承担客户成功的工作已远远不够；要想让你的客户大放异彩，你需要有专人（或团队）全力以赴。

专门的客户成功管理团队通常采取积极主动、以数据为导向的方法，帮助客户更有效地使用产品。客户成功可以最大限度地提高用户对产品的掌握程度，从而增加用户持续使用产品的可能性。对于基于订阅服务的商业模式来说,这是每月经常性收入(MRR)增长的重要组成部分。对于不采用这种模式的公司来说,客户成功的价值体现在领先的产品洞察力和口碑营销上。

我们认为了解客户的待办任务和使用产品的原因是"客户成功"团队的核心工作,这有别于"客户支持"和"客户管理"团队的工作。以下一组活动可以帮助"客户成功"团队更好地完成他们的任务——帮助客户成功。

(1) **开展任务访问**。虽然你非常希望与客户讨论你的产品,但是,请忍住。你需要聚焦于他们想完成的任务,同时,采用关键事件法引导受访者回忆一个他们所经历的具体场景。

(2) **绘制一张任务地图**。将客户要完成的任务变成步骤、形成一张地图。运用它诊断你自己的工作,识别哪里能让客户更成功,是在完成任务的开始、中间还是结尾阶段?

(3) **吸引顾客**。不要仅仅让客户购买你的产品,而是要帮他们完成任务。待办任务思维告诉你需要超越自身的解决方案,将视线投向客户的工作流程中。假如你能够"刻意"围绕顾客的任务展示解决方案,那么将很快让客户认识到你的独特价值。

(4) **提高客户留存率**。客户完成订阅服务后,你的目标就迅速转变为提高客户留存率。你可以通过聚焦于客户任务主动提高存留率。例如,设计一些活动帮助客户完成更多的任务,或者更好地完成任务。请注意,你需要时常回头查看任务地图,从而计划沟通内容和培训工作。

(5) **提供相关支持**。你也需要为顾客提供支持。客户服务人员最好能解决客户的问题,直接帮助客户完成任务。

场景五　制定一个公司的创新战略

待办任务理论基于一个非常简单但又常常被掩盖的事实:人们不是购买产品,人们是"雇用"产品来完成一项任务。从这一强大认知出发,你能为企业创新战略奠定更坚固可靠的基础。在制定战略这一场景下,待办任务的执行步骤为以下几个。

(1) **开展任务访问**。专业的任务访问在待办任务中既是开始,也是关键一步,没有事实做依据,你的洞察或决策基于什么而来?

(2) **绘制一张任务地图**。将一项任务的完成拆分成多个步骤并绘制成图式,运用地图引导团队充分讨论,从而发现从未被注意或重视过的市场机会。

(3) **找到未满足需求**。请注意你可以运用情景要素或直接将期望成果分类,探寻未满足的需求究竟隐身于何处。

(4) **制定一个基于任务的战略**。你可以采用Ulwick增长矩阵决定选择哪个市场和策略。同时,尽量完善这种策略的隐含意义。例如,你需要何种资源和技能才能确保策略成功。

(5) **围绕任务构建组织**。当然,一个围绕任务的重组并不能解决所有问题,但它恰恰表明你朝正确的方向迈出重要一步。至少,这样做意味着组织结构中围绕任务建立正式汇报线、重新开启思考传统结构的可能性。

此外,当你希望增加市场机会时,运用任务思维探索企业发展的下一步,或是横向发展,为相关任务提供新的产品,你也可以向上移动,解决高阶任务甚至是愿望。

我们所提出的方法组合,并不是"唯一"和"必然"配方。在实践待办任务的过程中,建立于充分消化已有方法的基础上,你也可以发展你自己的方法或方法组合。

第四节　将待办任务带入你的组织

当完成以待办任务为主题的授课或工作坊后,我们常常被眼里有光但内心仍有疑惑的同学所包围,他们常常提出一个问题:"我很想在企业内部开展待办任务,但如何开始?"的确,当下的经济环境刺激着以顾客为中心的管理者希望尽早推动待办任务,但又难免担忧组织内部的障碍。由此,引出本节将要回答的问题:如何让组织更容易接受待办任务带来的改变?

把待办任务方法和工具带入你的组织之前,你需要梳理一下自己目前所处的客观环境:你在团队中的影响力有多大?你是一

第十二章　让待办任务行动起来

个需要说服产品经理的设计者吗？你是一位能对员工施加影响力的企业高管吗？你是希望代表合伙人进行更好投资的风险投资家吗？你的领导力和说服技巧如何？你能接触到客户吗？你现拥有某个产品或正从头开发一个新产品吗？你的组织对新思想、新方法比较开放吗？毕竟，处在不同的组织里，位于不同的工作岗位，你需要不同的待办任务推进方法。

一个好消息：随着待办任务知名度的提升，越来越多的企业开始开展待办任务相关研究。同时，一个坏消息：开展待办任务需要组织里每个人的思维方式和行为模式发生转变。我们都清楚，个人的习惯来自长年累月重复发生，改变的难度可想而知。因此，即使企业管理层有强烈意愿推广待办任务，落地也是一项挑战。我们的思考和实践是：从小着手。

一、从小项目开始

使用独立的待办任务或与其他简单的方法搭配，完成一些独立小项目。这些小项目可以仅仅是一个话题，例如，与你的用户讨论他们第一次使用产品的情况，或者最后一次使用的情况，又或者在使用你的产品前使用过哪些产品，为什么发生转换……接下来，迅速将收获的洞察和发现传播出去，从而帮助你获得更多的支持和资源去尝试更大的项目。

小项目也可以从测试一个创意或概念开始。这是我们一个客户的例子。在设计某产品前，A 先生作为产品经理非常需要而且希望理解顾客的挣扎点。不幸的是，企业内部积累的与顾客挣扎点相关真实可靠的信息非常有限。因此，他期望走出去，与顾客讨论他们的挣扎与困难。然而，为了赶进度，团队成员试图通过自己的直觉和碎片化的数据推动设计决策尽快落地。与同事做事方法上的矛盾让 A 先生感到很为难。在他看来，大组织里人们通常厌恶改变，如果直接向同事们推销一种新的做事方法，那么很有可能获得反对而不是赢得支持。相反，如果让同事们去探索自己的偏见、猜测和直觉，然后对其想法进行重构和加工，使之成为一种每个人都能验证的形式,可能更容易推进。

于是,他将队友的假设转化为一种可测试的调查逻辑:①顾客目前正在挣扎什么?②是什么促使顾客需要新的解决方案?③在不描述产品功能的情况下,一旦这个功能存在,顾客的生活将如何改善?④是什么阻碍顾客采用新的解决方案?

接下来,A先生询问队友:"我能通过电话向几位顾客了解一下这个问题吗?"通话结束后,他向队友们显示顾客在任务完成过程中哪个环节上存在挣扎,并特意引用顾客原话。这个微型待办任务式的访问终于让A先生的团队成员意识到自身对产品存在谜之自信以及数字所不能揭示的问题,他们开始意识到发现顾客挣扎的价值。

请注意,当你将"消费者研究"作为尽职调查和验证现有论断的手段来推销很容易,然而当你将其作为一项新的流程框架来推销却很难。我们发现,对于那些尚未发现待办任务思维价值的人而言,他们不希望改变,甚至认为改变只是在浪费时间和精力。但是,一旦他们理解待办任务的价值,又都往往要求在推出潜在功能前开展待办任务式的访谈,确保创新研发的准确性。

因此,请尽量避免一开始即引入全体系的待办任务方法。一是因为全体系方法非常难以迅速被解释和理解;二是员工需要花费大量时间和精力学习如何将待办任务适配到现有项目和组织中,这是他们非常抗拒的事情。此外,尽量避免一开始就使用各种待办任务的语言,因为陌生的术语往往会让人望而生畏,进而拒绝接受伴随术语的任何一切输入。

二、将待办任务整合到其他活动中

你可以尝试将待办任务的思维融入正在开展的其他研究项目中。例如,一个研究团队执行一项民族志研究,那么你可以将任务访谈的一些问题插入现有访问中,收集相关信息完成一张任务地图。作为一种特别有用的总结洞察方法,任务地图的输出可以用于直观比较你的产品与竞品在用户眼中的差异,也可直接输入设计工作坊。

再比如，假设企业正开展品牌健康度调查，你可以将一些完成任务的期望成果加入品牌评价的指标中。通过调查，你能够清晰地看到在完成某项任务最重要的期望成果上，你的品牌与竞品表现的差异。

再比如，你的企业想开展满意度调查，与其让顾客去评价你的产品总体满意度，不如问问他们，在我们自认为产品被用于解决的任务上，在两个最重要的期望成果上，消费者的满意程度如何。

将待办任务整合到其他活动中的目的是在不影响其他员工日常工作的情况下，推进正在进行的项目并产生直接的额外价值。

三、将更多的人加入学习JTBD中

Ulwick在其书中提道：要将待办任务的决策权限制在一个小的战略组中，"我们学到的是创新不应该是每个人的责任，创新应该是一小部分人的责任。"[4]然而，我们的思考和实践是：不赞同！

现代组织授权不同的小群体作出各种决策，这些决策可能具有相当影响力。因此，如果这些小团队对一个组织应该做什么、往哪里走等重大问题缺少一个共同的视角，那么其在权限内做的决策就有可能偏离组织的大方向。待办任务为组织和团队提供了一个共同、可见的焦点。公司需要给每个人灌输一种以顾客为中心的思维方式，将其植入公司文化中，并且将顾客思维与顾客的一致性和跨团队、跨部门的一致性联系起来。我们不应该将待办任务局限在一个小的团队中，当时机成熟时需要让尽可能多的人进入待办任务的过程中。一旦更多的人理解待办任务并体会到它的价值，你就会多一些待办任务的传播渠道和应用渠道。当然，你需要遵循从小项目开始的原则，耐心、循序渐进地卷入他人，轰轰烈烈的开始很容易激起波涛汹涌的反对情绪。

在任何一家企业中，一开始学习新技能和新方法的员工人数总是相对较少，因此他们很少有机会与他人交流如何利用所学知识产生影响。如果有机会，你可以让其他人加入学习团队，同时推动这些团队在最初的培训或学习结束后继续存在，并有机会在未来的项目中开展合作,定期分享见解、新的学习成果和成功故事。最初参与新技能学习的学员承担起回答后进学员问题的责任,并协助确保当更多人员参与培训活动时,方法应用始终保持一致。

请切记,切勿在完成一个JTBD的项目之后就把JTBD束之高阁,好像已经完成了JTBD的使命。JTBD是一种思想、一种思维方式。当一种思想被更多的人采纳并实践,JTBD的力量才能真正显现。

四、寻求高层支持

在组织中寻找一位对待办任务有兴趣的人,特别是决策者,借助其影响力加速传播任务理念。虽然,将待办任务带入组织既可以自下而上,也可以自上而下,但我们的体会是,在一支庞大的员工队伍中,通过逐级提升逐步建立对一种思维或方法论的支持会扼杀这种学习和应用待办任务的势头。一位重量级高层领导的兴趣和参与将会加快组织对待办任务的接受与推广。事实上,高层领导往往对新视角和新方法更感兴趣,理解和接受程度更高、更快。例如,让他们赞助一个项目,为组织中的其他人树立榜样。换而言之,自上而下将更容易推动组织整体接受待办任务思维,并较快应用于流程各环节。

五、培养内部专家

找到组织中对JTBD感兴趣的其他人,并将其培养成待办任务的内部专家。利用他们的兴趣和热情,帮助传播任务思维,同时也能及时为那些与任务相关的创新项目小组提供帮助和工具。如有可能,可以在组织内部创建一个多层次的认证计划,鼓励参与者继续运用所学知识,在计划的各个层次中不断进步。获得最高级别认证的参与者可自行培训其同事。这不仅使该计划具有可扩展性,还为员工在日常工作中继续使用JTBD原则创造内在理由。

六、提供有效证据

你需要理解待办任务的价值、熟知一些成功案例,当有需要时,运用成功案例抛砖引玉。请尽可能了解竞争对手正在做什么,特别是是否使用待办任务。作为咨询工作者,我们有机会执行大量的待办任务项目,会从中挑选一些有趣的洞察和发现分享给不同行业的客户,让他们看到效果、激发他们的兴趣。尽管有时会隐匿客户的品牌名称,但是我们会努力呈现通过待办任务得出的洞察,以及客户根据这些洞察采取的有效决策。

你可以将你的证据组织成一份讲述文件,说明为什么在某项目中需要运用待办任务,包括什么是待办任务、适用的问题/过程和成果。例如,如果你想要更多的增长,需要借助待办任务;通过待办任务,你可以更好地理解市场需求,以及客户对产品的购买动机;待办任务是一种提升理解顾客的现代技术和方法,越来越多的公司正采用这种方法,我们的竞争者也正在学习和使用;只需要有限的投资,待办任务即可帮助你获取在快速变化的市场上所需要的战略洞察以及关于如何创造顾客想要的产品。

将待办任务引入组织最后并不一定是非黑即白。你可以通过一个小型试点项目或将 JTBD 技术整合到现有项目中来轻松起步。如果贵公司的员工开始采用待办任务的思维方式,你应该能听到他们使用待办任务的语言。

最后,将待办任务引入组织的最高形式应该是围绕任务建设组织。虽然完成这一形式,任务艰巨甚至充满挑战,但之后挂满果实的盛况总是让人期待。

章后回顾

通过上课和读书,鸟是学不会飞的。它们通过尝试、失败和再尝试,实现翱翔蓝天。

事实是，只有亲身经历过，才会懂得更多。看书学不会游泳，你也无法通过阅读学会弹吉他、做心脏手术或写作。在拿起工具前，你永远不会成为一名汽车修理工；在开始烹饪食材前，你永远不会成为一名厨师；在握住方向盘前，你永远不会开车。达·芬奇曾说："我对'做'的紧迫性印象深刻。光知道是不够的，我们必须去应用。仅有意愿是不够的，我们必须去做。"

其他人的认知由来已久，而且可能会保留更长时间。要理解待办任务原则，一个人必须相信待办任务原则本身会帮助他完成任务。毕竟，方法也是一种产品，就像其他解决方案一样。如果有人不将待办任务与他们想做的事情联系起来，那么你永远无法说服这群人。

尽管如此，有抱负的待办任务实践者拥有的最重要的品质就是谦虚。什么都知道的人既不承认无知更不愿意学习。

当你开始分享待办任务这一强大理念时，如果你期望高层领导会大吃一惊并铺上红地毯，多半情况你会失望。那些在企业中步步高升的人通常聪明、勤奋……但可能并不特别谦虚。如果他们很难理解待办任务，可能并不愿意承认这一点。而且，他们往往会表现出对待办任务的不屑一顾。

有了新的认识，就要大胆去做。你已经赢得了自信行动的权利。不过，你应该预料到会遇到阻力——顽固、无知的阻力。特别是在大公司里，高管们喜欢下属听自己说。这是因为公司的阶梯通常会奖励外向的人。你的发现可能与当前的战略背道而驰。在这种情况下，制定这些战略的领导者不会欢迎你的新见解。怎么办？也许带上你的证据，提出你的理由是个好方法，证明你了解你所研究的工作和客户也许是个好路径。

人们有无数种理由无法理解待办任务。有些人很快就理解并兴奋不已，其他人则……就是不明白。对于待办任务不同的态度和接受程度，我们需要学会坦然面对。毕竟被后世奉为公理的哥白尼的"日心说"，也是经过几十年才被广泛接受。

章后思考

1. 请回忆并分别说出你对于本书印象最深刻的三个概念、原则和方法。

2. 在你看来,可从哪种情景在所在组织开展待办任务项目?开展的目的是什么?可运用哪些待办任务工具和方法?

3. 你预计将遇到哪些阻力?如何克服这些阻力从而让待办任务的输入变得更顺畅?

参考文献

[1] LEVITT T. Marketing myopia[J]. Harvard business review,1960,38:45-56.

[2] FENTY K. The business impact of investing in experience[R]. Forrester,April 2018.

[3] Deloitte. Customer-centricity:embedding it into your organization's DNA[R]. white paper,2014.

[4] ULWICK A. Jobs to be done:theory to practice[M]. Denver:Strategyn Holdings LLC,2016.

本图片由 DALL·E2 协助制作

延伸阅读一
目标心理学对待办任务的解释

延伸阅读二
基于"需求"的细分实践

本图片由 DALL·E2 协助制作

后　　记

　　在我们的陪伴下,非常感谢你将书翻到此页。此刻你的感觉是抵达终点时的筋疲力尽,还是因为所获而略有兴奋,抑或是两者皆有?相比大脑,你的身体将说出最诚实、最直白的感受。这种状态也让我想起自己某次从上海到苏州的骑行。

　　我的骑行水准一直徘徊在每次120～150公里距离之间,并且必须依赖同行骑友的鼓励和拉动。我曾想突破这一瓶颈,但体能、勇气和契机并不总是同时具备。直到某次刷到骑友在朋友圈晒出金鸡湖美得令人窒息的照片,心中顿生向往,于是某个周末趁着清晨的明媚,我独自出发了。

　　从上海家中往返苏州金鸡湖路程大约为200公里。在迎头烈日下,我的单车不断穿越颠簸的骑行道、陡峭的桥面、三三两两的人群。在突破接踵而来的挑战之后,我的心也随之明朗、沸腾起来!一路上感觉身体像充满了电,根本停不下来。偶遇骑友,一个招呼,一个笑容,一个挥手致意,身体与头脑皆满足。

　　中午前抵达金鸡湖时,良辰美景让我的愉悦达到巅峰,所有的疲乏都被到达目的地的快乐和景色冲刷得荡然无存。我当时想:完成200公里不过如此!

　　想必你读完本书的心情和我当时的心情非常相似:虽然读(骑)得很累,但感觉见到截然不同的天地。

　　然而,返程才是真正的考验。我没有意识到这一点,直到离开金鸡湖大约半小时后,疲倦和疼痛一并袭来。首先是暴晒的痛,汗珠变成盐粒,烈日当头,大脑昏昏沉沉;其次,全身上下各处都变得不听使唤,臀部酸痛到简直无法安放在车垫上,腿部肌肉疲惫无力,以前的老伤也开始隐隐作痛。想起还有大几十公里,我突然觉得生无可恋。

更可恶的是,去时送我欢快骑行的东南风此刻摇身一变,成了阻碍前进的逆风——配速被迫从每小时 24 公里跌落至 16 公里。望着身边一辆一辆疾驰而过的汽车,我的心情渐渐灰暗无比,好想叫货拉拉送自己回去。

所有曾经觉得欣然有趣的事物——颠簸的骑行路、陡峭的桥面,此时都成为快要压倒我的最后一根稻草。好在接近上海的一处休息区时,偶遇三位从苏州返回上海的骑友,分外友善地给我打气,教我如何放松肌肉,并雪中送炭般分给我一些运动补剂。再次出发时,骑友鼓励我一道同行。虽然担心跟不上,但此时的我深深明白:加入他们我才有可能完成这次挑战,不然,只能收获失败和懊悔。

我咬牙跟在三人小车队后面。每当感觉快拉开距离时,他们就会立马朝我喊"加油";在没有路灯的路段,他们的头盔和自行车上一闪一闪的尾灯像是指引自己前行的启明星,给了我不少安慰和安心。就这样在麻木甚至丧失思考的状态下,我咬紧牙关、没有停歇、机械地骑了 40 多公里。最终当抵达分岔口与他们挥手道别时,我离家已经不远了。

此时,我终于能头脑清醒地给自己打点气,并在一种重新获得的信心和兴奋之下骑回家。下了单车,我感觉自己两腿沉重到几乎不能走路,只能扶墙进门。然而,体力稍有恢复,我就忙不迭地将风景分享给家人和朋友,将经历分享给骑友。太有成就感了!这一天余下的时光我都沉浸在无限的喜悦中,甚至接下来的许多天里,我都无法抑制地想与所有人分享这一路的喜与乐。207 公里永远定格在我的骑行 App 中!

读完本书的你,正像刚完成半程骑行、在金鸡湖畔不断感慨景色优美的我。虽然惯于懒惰的大脑因为接触新的事物、新的思维方式而不断工作,由此导致你感觉有点疲倦,但你一定从书中发现一些让你心跳的新知。跃跃欲试希望将一些可靠的原理和方法应用在日常工作中,你可能憧憬着工作将更加得心应手甚至已经脑补获得领导赞赏的场景。

但是我的那趟金鸡湖骑行之旅必须给你一点提醒：你才刚刚走完前半程，后半程的挑战更大。

当你将待办任务引入组织、应用到工作中，你所遇到的挑战很可能与我在返程路上的困难相差无几——所有的因素都变成阻力，让你想放弃。领导的迟疑、同事的不配合就如同颠簸的路面、陡峭的石桥，让你觉得孤独无助、疲惫不堪。放弃吧，躺平吧，一切照旧吧！常常徘徊在你心口的这些想法会一点一点啃食你的信心。

的确，每个组织都有它行事的惯性。组织越大，惯性越大。你想克服惯性，改变组织内部某些原则和行为，不说难如登天，但也比我返程要困难得多。即使成功后回报可观，但你真的做好投入一趟让人筋疲力尽旅程的准备了吗？

没有一种风景是免费的，没有一种方法可以让你一劳永逸。虽然我的返程苦不堪言，但是归来时的我和去时的我已不再是同一人。同样，虽然实践待办任务前路的崎岖可想而知，但翻山越岭爬过去的你截然不同于仍然在山脚下抱着幻想的你。

为了彼岸到达得更顺利，你也许可以做更多的准备。金鸡湖骑行后在肌肉仍然疼痛的几天里，我做了复盘：可以更好地分配体力，可以准备得更充分（遮阳的帽子或头巾、能照明的车灯和更舒适的座椅、更好的补充剂等），要学会更多的运动技能。此外，返程的时间应该计划得更合理一些，也尽量不要在没有路灯和不安全的路段骑车。

然而，更重要的是，骑友很关键。在我最困难、最想放弃、最无助时，骑友给了我鼓励，帮助我很快作出调整，并让我有信心坚持骑完返程之路。

那么，你的"骑友"在哪？

为此，我们在微信上成立了一个学习小组，欢迎加入我们，请关注公号"猫大人观潮"，成为待办任务的"骑友"。

最后，再一次感谢你对本书的阅读与思考，我们期待你开启后半程的骑行之旅！